U0468038

本书由西安石油大学优秀学术著作出版基金资助出版

本书在出版与发行过程中亦获得西安石油大学经济管理学院和陕西省哲学社会科学重点研究基地西安石油大学油气资源经济管理研究中心的资助

感谢西安石油大学博士科研启动项目青年科技创新基金“微观视角下陕西省农村公共物品供给及其影响研究”和陕西省教育厅专项科研计划项目（17JK0591）的资助

中国农村公共物品投资的区域分布、演变趋势及影响研究

杨　矗◇著

中国社会科学出版社

图书在版编目（CIP）数据

中国农村公共物品投资的区域分布、演变趋势及影响研究／杨矗著．—北京：中国社会科学出版社，2017.10

ISBN 978－7－5161－9929－9

Ⅰ.①中… Ⅱ.①杨… Ⅲ.①公共物品—农业投资—研究—中国 Ⅳ.①F323.9

中国版本图书馆CIP数据核字（2017）第042047号

出 版 人 赵剑英
选题策划 刘 艳
责任编辑 刘 艳
责任校对 陈 晨
责任印制 戴 宽

出 版 中国社会科学出版社
社 址 北京鼓楼西大街甲158号
邮 编 100720
网 址 http://www.csspw.cn
发 行 部 010－84083685
门 市 部 010－84029450
经 销 新华书店及其他书店

印 刷 北京明恒达印务有限公司
装 订 廊坊市广阳区广增装订厂
版 次 2017年10月第1版
印 次 2017年10月第1次印刷

开 本 710×1000 1/16
印 张 16.25
插 页 2
字 数 242千字
定 价 76.00元

目　　录

第一章

绪　　论

第一节　问题的提出

改革开放30余年，我国经济持续快速增长，贫困人口显著减少，基本解决了人民的温饱问题。2014年全国GDP超过63万亿元，是改革开放初期的100多倍，扣除物价因素，实际年均增长速度为9%左右。全面建设小康社会的需求非常迫切，2014年12月习近平总书记在江苏调研时提出要“协调推进全面建成小康社会、全面深化改革、全面推进依法治国、全面从严治党”，即“四个全面”，推动改革开放和社会主义现代化建设迈上新台阶。党的十八大报告中也将全面建设小康社会摆在首要位置，并列出了时间表，它不仅对我国经济持续健康发展提出了明确要求，也对文化、教育、卫生等方面提出了更高的建设要求，还提出要着力提升人民的生活水平，为将我国建设成资源节约型、环境友好型社会而努力奋斗。

虽然我国经济和社会都获得了巨大的发展和进步，但在改革的过程中还存在许多问题，需要我们作深入的分析和进一步关注。这些问题包括居民收入差距过大，区域发展不协调，城乡差距过大等。从居民收入差距看，总体基尼系数已经由1981年的0.28上升到2014年的0.4（周文兴，2003；唐平，1995；赵人伟等，1997；李实，1998，1999；陈宗胜等，1999；万广华，1998；世界银行，1999，2000；国家统计局，2014）。区域经济的发展也呈现出不均衡的态势，尤其是东西部的区域经济差距非常明显，在20世纪80年代，东部人均GDP已经相当于西部的1.8倍，到了20世纪90年代则扩大到了1.9倍，而现在这个差距已经扩大到2倍多（沈开艳，2014）。从城乡收入差距来看，中国城乡之间的人均收入比率也由1995年的2.8提高到2013年的3.0（国家统计局，2014）。

导致出现这种现象的原因很多，其中一个重要的原因是地区间、城乡间公共服务提供存在显著差异，农村和不发达地区公共服务提供严重不足。从理论上看，公共物品有两方面作用：其一是人们由于使用它而获取的效用，例如路灯为走夜路的人提供了效用；其二是人们通过利用它而获取了更多的禀赋，例如人们接受教育可以获取知识，从而提高自身的各方面素质，在生产中都能够提高效率。再者，由于公共投资的非竞争性和非排他性特征，使得这类物品具有外部效应或者其他的一些作用如扩散效应等，也就是说某个人对公共投资的使用不会影响其他人对公共投资的使用。

正是由于以上的原因，一般认为公共投资对于经济发展、社会进步、减少收入差异和降低区域发展差异有显著的作用。有的研究使用生产函数法或成本函数法来对公共物品的作用进行研究。利用生产函数法来探讨公共物品作用的有Aschaur（1989）和Munnell（1990）的规范研究，他们使用国家级或是州级数据研究公共物品投资与产出之间的关系，发现有显著的正向作用。Lynde（1992）和Morrison（1996）利用成本函数法来研究，也得出了类似的结论。

虽然公共物品投资具有外部效应或者说是扩散效应，但是随着研究考虑的区域维度（如国家级、省级和县级等）不同，公共物品的作用可能也不尽相同。另外，由于公共物品包括不同的类别，不同的公共物品对经济发展的作用也可能有所差异。因此，对公共物品作用及影响研究必须分不同维度、不同种类来进行考虑。Fisher（1997）作了一个比较详尽的综述，他指出许多学者利用美国州一级数据考察了公路建设对当地经济的影响。这些研究从不同的侧面来评价经济发展，使用州雇佣人数、州总产出、州外商投资数、州平均工资、州新增小商业企业数、州新增企业数等指标来衡量地区发展。在衡量公路投资方面，使用了公路资本存量、当年公路支出、每平方公里公路里程数、人均公路支出、公路支出和人均收入的比值等指标来衡量。研究结果大多数表明，公路投资对当地经济发展具有正的影响。还有一些学者利用美国县一级数据对公路投资的作用进行考察，使用的指标和上面所述的指标基本一致，大多数也都得出公路投资对地区发展有重要作用。

对于教育对经济发展的作用，许多学者也进行了非常深入的研究。使用美国州一级数据，应用州雇佣人数、州雇佣人数变化、州总产出、州投资总额、制造业投资及雇佣人数、州新增企业数、州新增小商业数、公司迁移数、工资和人均收入等指标作为评价发展的指标。使用人均教育支出、当期教育支出、教育支出和受教育年限、教育支出/人均收入、每个学生教育支出等指标来评价教育公共服务提供的情况。大多数研究得出教育公共服务提供对地区发展有正的影响。还有一些学者利用美国县市数据来考察教育对地区发展的影响，发展评价指标和上述的基本一致，教育评价指标为教育支出变化、每个学生教育支出、教育支出占公共支出的百分比，也得出教育公共服务提供对地区发展有显著的正影响的结论。还有其他的一些研究表明，公共物品投资（如灌溉）也能够显著提高农业生产率，给地区经济带来显著的增长动力（Fan et al.，2000；Molden and Sakthivadivel，1999；Droogers and Bastiaanssen，2002；Kijne et al.，2003）。

除此之外，许多其他的研究侧重于分析公共投资对减轻区域收入不平等和区域差异的作用。Lederman（2004）、Estache（2002；2003）和世界银行（World Bank，2003）等的研究都指出公共服务提供对减少收入差异有显著作用。Calderon（2004）使用100个国家1960—2000年的面板数据分析了公共物品服务对地区收入差异的影响，研究发现公共服务提供数量和质量的提高有助于减少收入不平等。樊胜根等（2000）使用1970—1997年我国的省级数据，通过建立一个联立方程组来探讨公共投资对地区贫困和区域经济差异的影响，研究发现道路、学校以及灌溉投资对于经济增长、减小区域差异和消除贫困有显著作用。

从上述分析可知，许多理论和国内外的实证分析验证了公共服务的有效提供对经济增长、收入分布和区域经济发展有显著的影响，然而我国的公共服务提供情况，特别是农村的公共服务提供状况却不容乐观，这主要是因为我国农村公共物品沿袭了计划经济时代的一些特征。在计划经济时代，为了在我国尽快地建立起自己的工业部门，国家通过户口、统购统销等一系列的政策措施把农业剩余从农村拿走，中国的城市和农村被人为地分割开来。由此，城市居民和农民享受不同的福利待遇，获得不同的公共物品和公共服务。

这种状况在改革开放后虽然有所改善，但在许多方面仍然继续存在，因为我国最初的公共物品投资体制始于人民公社，实行家庭联产承包责任制后，人民公社体制被废除，并在原来的基础上建立了乡镇。虽然名称从人民公社转变为乡镇，但人民公社时期实行的将农村公共物品及其公共服务由体制外来进行提供的体制并未得到根本性的改变。最重要的原因是当时客观条件所限和财政困难，国家没有足够的经费支持乡镇政府更好、更全面地在本辖区内进行公共物品投资，乡镇政府从国家财政获得的经费只能够满足其日常开支和很少的公共服务需求，所以乡镇政府只能自筹资金来满足其他方面的需求，包括交通、教育、优抚、卫生和民兵，即所谓的乡统筹。此外，村一级组织还有三项提留，包括用于生产性投资的公积金、用于特困户补助和福利的公益金，以及用于干部工资和办公的管理费。当然，村级公共物品的提供还有其他来源，如县及县以上政府部门资助、国家专项基金及国际援助等。由此可知，影响农村公共物品提供的关键之一是经费来源问题。当然，还有其他一些影响农村公共物品提供的因素通过影响到可用资金的使用及管理效率来进一步影响农村公共投资。

改革开放后，随着经济的发展和各项改革的不断深入，中央政府为了进一步调动地方政府的积极性，加大了对省一级政府的分权力度，地方政府在地区经济发展上有了更多的决策自主权。决策的民主化导致了中央政府同地方政府的分权，使得我国公共物品的提供主体和决策主体出现了多元化。由于改革的复杂性，虽然对各级政府的事权和财权进行了一些界定，但是这种界定有时候是模糊的，这就导致了在实际操作时暴露出许多问题，这在农村公共物品的提供方面表现得尤为突出。同时，我国农村点多面广，无法像城市一样集中提供公共物品。以上因素结合起来导致我国农村公共物品如教育、卫生设施、道路、水、电等提供严重不足，而公共物品和服务提供的不足又制约了农村经济的发展和农民收入的提高，这反过来又影响农村公共物品的提供。

处于以上描述的大环境下的中国农村公共物品投资现状到底如何呢？很多人对我国农村公共物品现状进行过研究，这些研究主要阐述农村公共物品提供过程中存在的问题和现状，以感性和描述性分析为主。熊景明（2000）、于丽敏（2003）和高峰（2003）的研究指出，目前我国农村虽然已经基本普及九年义务教育，但由于家庭困难而导致学生未能完成学业的情况也很多，还有许多农村居民文化程度很低。公共卫生医疗服务滞后，许多农村居民都享受不到最基本的国家医疗保健服务。农村的基础设施落后，许多村不通公路，很多农村居民都未能喝上自来水，缺乏电信设施和公共文化设施等。叶兴庆（1997）、朱守银（2001）和康静萍（2003）从不同的角度来对公共物品及其提供主体进行分类。总的来说，以前的研究由于数据资料的限制，主要侧重于宏观层面的分析，而且这些研究主要是定性分析或简单的定量描述，数据来源主要是二手统计数据，对我国农村公共物品投资的真实情况很难进行全面的分析，在政策倡导与建议方面也很难从操作层面提出有效的办法。

通过以上分析可知，要想统筹区域和城乡协调发展，进一步推进新农村建设，一个重要的可供选择的方法是大力加强农村基础设施建设，改善农村公共服务提供。进一步说，如果我们能通过研究找到可持续而且有效地促进农村公共投资的方法，那么这种研究将为我国解决“三农”问题提供一个好的思路，而且也有助于我国新农村建设及新世纪建设和谐社会目标的早日实现。因此，研究我国农村公共物品投资现状及影响农村公共物品投资的因素具有一定的理论意义和重要的现实意义。

本书希望通过进一步的研究能够得到以下问题更理性的答案：我

国农村公共投资现状如何，包括哪些种类？这些公共投资的目的是什么？我国农村公共投资的区域分布情况如何，有何特征？我国农村公共投资的影响因素是什么？到底这些已经完成的或者正在实施的农村公共投资的绩效如何，也就是说我国农村公共服务投资的效果怎么样？由于农村公共投资具有促进经济发展、减小收入差异的重要作用，对这些问题的回答也将为我国解决“三农”问题、统筹区域和城乡协调发展以及全面建设小康社会提供更有力的政策参考和决策依据。

第二节　研究目的与意义

随着改革开放的持续推进，我国经济保持了持续快速的增长速度，城乡差距进一步缩小，但城乡发展不均衡的矛盾依然突出，迫切需要进一步破除城乡二元结构，构建以工促农、以城带乡的长效机制，以促进城乡的协调发展。借鉴国际上发达国家的成功转型经验，我国已经跨入了工业反哺农业、城市反哺农村的发展阶段（Timmer, 1998；苏明，2007）。在准确把握国民经济和社会发展现状及要求的基础上，党的十八大适时提出了解决城乡二元结构矛盾、统筹城乡经济社会发展的指导思想和基本方略，随后出台了一系列方针政策，明确提出要从完善资源要素配置的角度来进一步统筹城乡协调发展。

从完善资源要素配置的角度看，当前有两个因素严重制约了我国城乡协调发展目标的实现：其一是农村生产要素市场发育相对滞后；其二是农村地区公共物品和公共服务长期得不到有效提供，造成我国农村地区的公共物品和公共服务处于短缺状态。为了更好地建设社会主义新农村，消除城乡发展差距，促进城乡协调发展，不仅需要进一步完善农村要素市场的改革，充分发挥市场对要素和资源配置的基本职能，从政府公共财政的角度看，更需要进一步完善政府公共财政资源的配置，确保财政支出优先支持农业和农村发展。国内外大量研究表明，为了促进减贫和城乡统筹发展，通过政府公共财政提供基本公共物品和服务是最重要的途径之一。

事实上，要想统筹城乡协调发展，就必须要破除我国长期以来的城乡二元经济结构，而现在我国农村公共物品的投资很难实现这一要求。目前，农村公共基础设施非常落后，农村居民的生产生活受到极大的限制（财政部农业司，2004）。城乡义务教育经费差距明显，达到2—4倍（教育部和国家统计局，2004；财政部农业司，2004；曾满超、丁延庆，2005；陈锡文等，2005）。农村卫生健康经费投入不足，卫生健康资源在城乡之间的分配非常不均衡，农村公共卫生服务功能缺失，农民因病致贫和因病返贫的现象较为普遍（张元红，2004；韩俊等，2005；易红梅等，2009）。有鉴于此，建立统筹城乡发展的公共财政体系，向各类地区、各类社会阶层提供均等的公共物品和公共服务，以更好地服务于国家和社会的公共需要，就显得尤为紧迫和重要（张馨，2004；陈锡文，2005；高培勇，2000；皮国忠，2004；苏明，2007；刘银喜，2007；丁学东、张岩松，2007）。

基于这一认识，统筹城乡发展的公共财政要求进一步加大对农村公共物品和公共服务提供的投入力度，切实提高农村公共物品和服务提供的水平和质量，从而逐步消除旧体制下形成的城乡间存在的公共物品和服务提供差距。财政部2003年提出公共财政支持“三农”工作的指导思想后，公共财政覆盖农村得到了各界广泛认同，开始走向政策实施层面（丁学东、张岩松，2007）。农村公共物品投资的覆盖面越来越广，中央财政不仅仅保持投资农业生产的力度不变，还延伸到公共基础设施和服务上来，逐步将中小型基础设施建设纳入政府财政基本建设投资范畴（苏明，2007；邓子基，2009）。在教育方面，自2005年起“两免一补”在贫困农村地区实行，使得免费义务教育不再遥远（国务院办公厅，2005）。在农村卫生健康方面，公共财政加大了对农村公共卫生和防疫体系的建设，逐步建立和完善了农村新型合作医疗和社会保障制度（丁学东、张岩松，2007；邓子基，2009）。

尽管各级政府在公共财政覆盖农村的实践中逐步加大了对农业与农村公共物品和服务提供的投入力度，但我国在农村公共物品和服务提供中还存在一些亟待解决的困难和问题。举例来说，有研究指出虽然各级政府对农村公共基础设施建设的力度不断加大，但现有的投资强度仍然弱于日本、韩国等国家经济快速转型时期对农业和农村的扶持力度（张林秀等，2006；罗仁福等，2008）。在教育方面，城乡差距依然巨大，这个差距已经超过了城乡在收入上的差距，缺乏学前教育，寄宿设施落后，甚至很多学生由于经济问题无法接受完义务教育就早早步入社会（苏明，2007；刘承芳等，2008；罗仁福等，2009）。在医疗卫生方面，城乡公共卫生服务还存在非常巨大的差距（苏明，2007；丁学东、张岩松，2007），新型农村合作医疗还难以承担保大病的重要责任等（易红梅等，2009）。

上述问题和困难形成的原因很多，从学术研究的角度看，主要是缺乏对我国农村公共物品投资进行微观层面的细致研究，无法科学评估各项公共投资政策的效果和影响，缺乏对公共物品和服务有效提供的分析。因此，本书将在了解农村公共物品投资现状、区域分布特征与演进趋势的基础上，深入分析影响我国农村公共物品投资的主要因素，系统评估农村公共物品投资的效果，分析现阶段农村公共物品和服务提供的影响效果，同时探索改善农村公共物品和服务有效提供的可行办法，并在此基础上提出适应城乡协调发展的国家公共财政体系、管理体制及相应的政策措施。在这个意义上，本书的研究对于如何进一步推进公共财政覆盖农村，提高农村公共资源利用效率，改善公共物品和公共服务提供水平，促进我国城乡二元经济的成功转型和城乡协调发展目标的实现有很强的现实意义和政策含义。

第三节　研究内容与方法

一　研究内容

本书的研究内容可以概括为“一横一纵一点”，具体包括如下几个部分：

（一）农村公共物品投资的区域分布

本模块的主要研究内容是从供给角度出发，在宏观（省级）和微观（村级）层面详细分析不同财政体制下，我国农村公共投资以及公共物品和服务提供方面横向的基本情况、分布特征和区域差异，即“一横”。从供给方面了解我国农村公共物品投资和公共服务提供方面存在的体制性问题、困难和挑战，找到问题的切入点。

农村公共物品投资的基本情况：当前一段时间内，面向农村地区的公共物品和服务投资都有哪些？投资的重点是什么？

农村公共物品投资的分布特征：现有投资在不同类别公共物品间是如何分布的？投资结构在不同投资体制下是否有差异，在哪些方面存在不同？

农村公共物品投资的区域差异：农村公共服务提供是否存在数量/质量上的差异，有何特征？现有的农村公共投资策略是否向贫困地区和环境敏感地区倾斜，是否有助于城乡和区域协调发展目标的实现等等。

（二）农村公共物品投资的演变趋势

本模块依据我国在农村发展战略上的政策变化，将调查期划分为三个阶段，主要从微观层面了解和分析农村公共物品和服务投资的动态演进趋势、影响因素及其作用，通过本模块的研究，可以从纵向上提炼出我国农村公共物品投资的动态特征及其变化趋势，即“一纵”。

不同发展阶段农村公共物品投资的基本情况：以我国政策变迁为划分依据，将调查期划分为三个主要阶段，分阶段考察农村公共物品投资的总体情况。

农村公共物品投资的动态演进：分别从投资时间和投资结构了解农村公共物品投资的情况和变化趋势，分析我国农村公共基础设施及服务提供的变迁方向。

不同发展阶段农村公共物品投资的影响因素分析：依然按照三个阶段，分阶段从少数民族人口比例、区位和地理特征、村总人口数、村集体企业数、自营工商业比例、人均土地和社会关系等方面分析影响农村公共物品投资的因素，以及这些因素与农村公共物品投资的相关性。

（三）农村公共物品投资对农民生活的影响评估

本模块以农村养老保障服务为研究对象，系统地分析和评估农村养老保障制度给农民生活带来的微观影响，即“一点”，其他类型公共物品投资和公共服务提供效果的评估可以采用相似的方法进行。

新型农村社会养老保险实施情况及特征分析：以新型农村社会养老保险为例，比照国际经验系统分析农村社会养老保险的政策演变以及实施现状和特征。

新型农村社会养老保险对农民参保行为的影响因素分析：以最近一段时间国家在农村养老保障服务提供中实施的一些重要政策措施为例，介绍如何评估这些政策措施的实施对农民行为选择的影响。

新型农村社会养老保险对农村家庭福利的影响：以消费和储蓄生命周期理论为基础，结合我国新农保政策实践，构建了新农保政策实施对农村居民消费影响的研究框架并提出待检验假说，分析新型农村社会养老保险对农村家庭日常费用支出的影响。

（四）提高农村公共物品和服务提供效率的政策建议，探索符合城乡协调发展的农村公共物品和服务的制度安排及相应的提供体制

了解现有财政体制下我国农村基层公共资源配置现状、存在的问题，分析可能的影响因素，本书通过探讨如何从投资主体、投资需求、投资布局、筹资来源和运行管理几个方面建立适应城乡协调发展的农村公共物品有效投资的制度安排。

二　研究方法

本书不同的研究模块将使用不同的数据，采用不同的研究方法。在采用的研究方法中，使用最多的是描述性的分类比较分析方法，在本书所有模块中都需要使用。本书的计量经济分析方法主要有以下五种：

第一种是普通最小二乘回归（OLS）分析方法，主要用于分析影响因素和目标变量之间的相关关系。

第二种是意愿调查分析方法，这一方法主要用于环境经济学的研究中。该方法的使用是由于相关物品或服务缺乏有效市场，在农村公

共物品和服务提供的研究中，很多公共物品和服务的提供者是政府，缺乏有效的市场，因此可以采用这一方法来分析人们的投资意愿和支付意愿等。

第三种是面板数据分析方法，由于许多我们无法观测到的影响因素并不会随着时间的变化而变化，该方法可以很好地克服这些因素的影响，因此可以很好地识别我们需要关注的因素与目标变量之间的关系。

第四种和第五种方法是工具变量法和倾向得分匹配法，工具变量法可以很好地通过工具变量来识别因果关系，而倾向得分匹配法可以通过配对来分析某种政策的确切影响，这两种方法主要用来评估农村公共投资和公共服务提供的影响，探讨提高农村公共服务提供效率的可行办法。倾向得分匹配法（PSM）是一种非确切匹配，它比较的是参与项目的概率（P-Score）相似的个体。它实际上是一个条件概率，即参与项目的条件概率，如果可以将影响因素中可观测到的主要因素进行控制，那么我们就可以认定所选择的对照组与处理组之间具有可比性，所以说 PSM 是降维算法。一旦控制了可观察的因素，处理与结果之间相互独立。倾向得分匹配法的主要原理是通过倾向得分匹配的方式为处理组找到具有相同或类似特征（可观测到的）的对照组，在多个维度将干预组和对照组进行匹配，以减少估计偏误。然后对比两组在干预前后的差异，从而得出项目对于农户的净影响，即识别出项目真正的影响。因为项目实施之初没有进行基线调查，评估方法采取 PSM 方法可以较好地纠正这一不足，保证处理组和对照组有一定的可比性。而且项目必须进行大样本的调查，保证根据倾向得分匹配法找到可配对的农户，这样既可以保证最终选取的对照组和处理组具有可比性，还可以保证评估项目的准确性和可靠性。

第四节　研究思路与技术路线

根据研究目的和内容，可以将本书的研究思路概括如下。

首先，参考大量相关理论文献，利用农户长期跟踪调查数据，从供给角度横向分析具有代表性的中国农村公共物品投资的现状、分布特征和区域分布差异。

其次，根据政策演进过程将调查期划分为三个阶段，利用调查数据纵向分析农村公共物品投资的动态演进趋势，以及影响我国公共物品投资的主要因素。

再次，结合农村公共物品投资的现状，以农村养老保障服务为突破口对农村公共物品投资的影响进行深入分析，对现阶段农村公共物品投资现状对农户的行为选择和生活状况进行影响评估。

最后，探索在现行制度安排下提高农村公共物品投资效率的可行方法，从制度层面提出改善我国农村物品投资现状的政策参考。

本书的技术路线图见图 1。

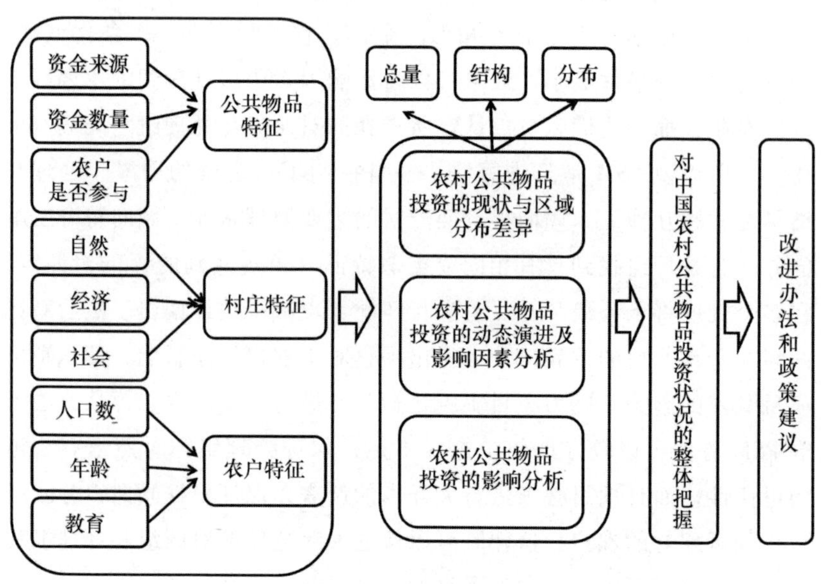

图 1　本书的技术路线图

第二章

理论综述

本章第一部分对公共投资研究的框架和结构进行简要描述，进而对其内在关系进行简要述评。第二部分介绍公共投资研究的几个重要领域和热点研究方向。在第二部分，我们从公共物品研究的两个主要方面展开论述，在公共物品研究中，从研究问题的逻辑看，首要问题是提供的公共物品是否有作用，有什么作用；然后才是如何有效地提供公共物品。因此，在本章第二部分首先对公共物品的影响进行综述，着重讨论公共物品对经济发展和收入分配的作用。然后再详细介绍国内外关于公共物品投资的研究，并简要进行评论，从而引出本书的研究问题。

第一节　公共物品基本理论

公共品又称公共产品、公共物品或公共服务，它具有两个最显著的特征，一是具有非竞争性，二是具有非排他性（Samuelson，1954）。非竞争性和非排他性都体现在人们对某种公共物品消费的共享上，其中：非竞争性是指即使某一个人对某个公共物品产生了消费也不能减少或者影响到其他人对这个公共物品的消费；而非排他性是指任何一个人都不能将某个公共物品据为己有而将其他人排除在外，任何人都有权利共同享有对这个公共物品同时消费的权利。正是因为公共物品具备这两个特点，阻碍了私人为社会提供公共物品，也使得边际成本定价规律在对待公共物品的问题上失效。从理论层面上看，私人或者市场都没有足够的资源动力提供公共物品，也就是说公共物品的提供是市场失灵的，那么这就对政府提供公共物品提出了更高的要求。

Samuelson（1954；1955）对于公共物品提供的理论分析，我们可以通过以下推导来实现：假设有 I 个消费者，他们的效用函数都是拟线性的，为了简化他们用于交换的产品，我们假设他们都使用相同的计价物品，并且每个消费者拥有相同的数量，我们用 i 来指代每一个消费者，假定消费者效用函数为 $\phi_i(x)+\omega_i$，公共物品数量在拟线性效用函数中表示为 x。我们再假定 $\phi_i(x)$ 二次可微，当任意的 $x\geqslant 0$ 时，$\phi_i(x)$ 的一阶导数都大于0且二阶导数都小于0，即 $\phi_i'(x)>0$ 和 $\phi_i''(x)<0$。另外，公共物品的成本函数表示为一个二阶可微函数 $c(q)$，其中 q 为公共物品的数量单位，若 $q\geqslant 0, c(q)$ 的一阶导数和二阶导数都大于0，即 $c'(q)>0$ 和 $c''(q)>0$。前面的假设条件中已经提到，每个消费者 i 的效用函数都是拟线性的，那么对 I 个消费者的加总可以看成是社会总禀赋，且 ω_i 对目标函数没有任何影响。因此在社会层面上，当满足上述一系列条件时，可以用下式表达提供公共物品的社会最优数量：

$$\underset{q\geqslant 0}{\text{Max}} \quad \sum_{i=1}^{I}\phi_i(q)-c(q) \tag{2.1}$$

用 q^o 表示满足社会最优数量的 q，同时还要满足：

$$\sum_{i=1}^{I}\phi_i'(q^o)\leqslant c(q^o) \tag{2.2}$$

当 $q^o>0$ 时，$\sum_{i=1}^{I}\phi_i'(q^o)=c(q^o)$。这就意味着，当满足消费者公共物品边际效用的总和等于边际成本的条件时，就可以认为公共物品供给达到社会最优水平。

下面我们再假设公共物品由市场上的一个私人供应商提供，其成本函数为 $c(.)$。假设市场价格为 p，消费者购买的公共物品 $x_i\geqslant 0$，那么可以用 $x=\sum_i x_i$ 表示社会上所有消费者购买的公共物品总和。如果用 p^* 表示竞争性均衡时的价格，消费者又要满足自身的效用最大化，那么在购买公共物品时就有：

$$\underset{x_i\geqslant 0}{\text{Max}} \quad \phi_i\left(x_i+\sum_{k\neq i}x_k^*\right)-p^*x_i \tag{2.3}$$

其中，x^* 表示消费者购买公共物品的数量，在消费者决定自己的最优购买量时，必须满足如下的一阶条件：

$$\phi_i'(x_i^* + \sum_{k\neq i} x_k^*) \leqslant p^* \tag{2.4}$$

当 $x_i^* > 0$ 时表达式（2.4）取等号。如果令 $x^* = \sum_i x_i^*$ ，那么以上的一阶条件就变为 $\phi_i'(x^*) \leqslant p^*$ 。

我们用 q^* 表示该私人提供商的公共物品最优供给量，且满足企业利润最大化，即：

$$\mathrm{Max}_{q\geqslant 0}(p^* q - c(q)) \tag{2.5}$$

可得表达式（2.5）的一阶条件为 $p^* \leqslant c'(q^*)$ ，当 $q^* > 0$ 时，$p^* = c'(q^*)$ 。当达到竞争性均衡的条件时，$x^* = q^*$ ，若 $x_i^* > 0$ ，那么令 $\delta_i = 1$ ；相反，若 $x_i^* = 0$ ，那么令 $\delta_i = 0$ ，则 $\sum_i \delta_i[\phi_i'(q^*) - c'(q^*)] = 0$ 。由于 $\phi_i'(.) > 0$ 和 $c'(.) > 0$ ，因此当 $I > 1, q^* > 0$ 时有 $\sum_{i=1}^{I} \phi'_i(q^*) > c'(q^*)$ 。图 2 中表明了以上结论，如果社会上的公共物品全部由私人提供，此时即使达到均衡，其供应量也无法达到公共物品供给的最优水平。

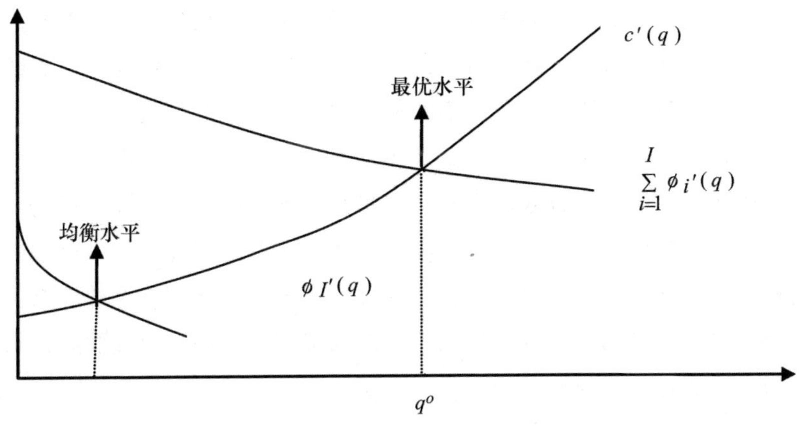

图 2　公共物品提供的社会最优水平和私人提供水平

上面的研究结论虽然解释了公共物品不能由私人提供的原因，但是该模型的假定条件太多，与现实社会中情况不符，真实世界的各方面条件无法一一满足模型中的假定条件。因此后来有许多学者都以上述模型为基础，通过放宽不同的限制条件，来进一步完善和丰富该理论模型。

首先，从公共物品提供者的角度来说，前文已经提到理论上私人无法提供公共物品，但是如果政府能够介入公共物品的提供，情况又该如何？到底何种方式才是政府介入的最优方式？政府应该采取直接提供公共物品这种直接供给的方式，还是采用税收或者补贴等间接供给方式？假如说政府采取了直接供给的方式，那么如何能够保证政府的公共物品供给都是有效的且是最优的，在这种直接供给的方式中，政府官员的激励问题如何解决？假如说公共物品由私人来提供，有没有一种方法或者有效的机制，或者达到什么条件，能够帮助私人的公共物品实现有效供给。

其次，在上面的模型中，其他商品的价格并没有受到公共物品价格的影响，但实际情况并不是如此，公共物品的价格必然会对其他商品的价格有所影响，公共物品的提供可能会挤占提供其他私人物品的资源，但是这种挤占的影响到底有多大？换句话说就是，公共物品提供对经济的发展到底有何影响？在这个问题上，不同的学者有着不同的态度和不同的理解，所以前人的研究还是具备一些多样性，他们通过不同角度和不同指标来分析不同的公共物品对经济发展的影响。

再次，公共物品投资的资金筹备是通过融资完成的，而税收是最常见的融资手段，但税收的方式有很多种，不同的税收方式会影响到公共物品的提供，如是一次性的收入税还是消费税；此外，不论采取何种税收方式，税率确定为多少才是最优税率。另外，外部效应对公共物品提供也是有影响的，如到底是集权提供好还是分权提供好，集权与分权的比例如何确定等。

最后，由于公共物品的提供方式、融资渠道和方式、税收手段和税率都不尽相同，这些因素对于享受到公共物品的不同人群来说，其影响也是有差异的，从而导致影响到收入分配和行为选择。对于这类问题的研究也是比较常见和重要的，我国幅员辽阔，行政区划众多，在不同地区的各项政策也千差万别，这些都会影响到区域经济的协调发展。

综上所述，以 Samuelson（1954；1955）的研究模型为基础，通过完善和丰富该模型以达到适应实际情况的目的，为后续的研究拓展了思路。本书对公共物品提供的研究可以划分为两个方向：一是如何提高公共物品提供的有效性，如何设计最优税种和最优税率来达到最优规模，分权化和集中化提供，政府提供和私人提供，由政府提供时政府官员的激励机制问题等；二是探讨公共物品提供对经济发展、人民生活和地区经济协调发展的影响等。下面将着重综述以上两个方面的研究内容。

第二节　公共物品作用及影响研究

如上所述，对公共投资的研究拓展主要分为两大类：其一是探讨公共物品对经济的影响；其二是研究如何最有效地提供公共物品。根据公共物品研究的内在逻辑，我们首先评述公共物品的影响研究，然后再评述公共物品提供方面的研究内容。

一　公共物品的影响研究

前文已经叙述了公共物品对经济社会有两方面作用：其一是人们由于使用它而获取的效用，例如路灯给走夜路的人提供了效用；其二是人们通过利用它而获取了更多的禀赋，例如人们接受教育可以获取知识，从而提高自身的各方面素质，在生产中都能够提高效率。再者，由于公共投资的非竞争性和非排他性特征，使得这类物品具有外部效应或者其他的一些作用如扩散效应等，也就是说某个人对公共投资的使用不会影响其他人对公共投资的使用，例如对于生活用水的公共投资改善了人们的生活水平，提高了人们的福利水平，间接地促进了经济社会的发展。从收入分配的角度来分析，不同人群对于公共物品的负担是不尽相同的，这是由公共物品提供的融资差异和区域差异共同决定的，公共物品的投资对于不同人群的影响也不尽相同，给地区或者区域经济发展带来的影响也是有差异的，最终这些影响导致区域或者城乡之间出现经济发展不协调或者收入分布不均衡等。

（一）公共物品对经济发展的影响

在这一方面的研究有很多，研究者们大多通过定量分析来研究公共物品对经济发展的影响及其影响的程度。在这部分研究中，最常用的方法是生产函数法和成本函数法，例如通过对美国的年度加总数据（1989）或者各州加总数据（Munnell，1990）进行分析研究，其结果表明公共物品投资在很大程度上促进了产出的提升。利用成本函数法来进行分析，也能够得到类似的结论（Lynde，1992；Morrison，1996）。

由于以上研究的对象是发达国家，这种影响在发展中国家是否存在需要进一步验证。也有许多学者对中国公共投资对收入分布的影响进行了分析，由于中国的城乡分治，因此对中国农村公共物品提供作用的研究相对于城市而言得到了更多学者的关注。黄季焜等（1999）研究了农村的公共投资对农业产出的影响。樊胜根（1997）认为，从20世纪60年代到90年代对于农业科技的投资显著促进了农业产出的增长。

一般来说，公共物品也具有一定的外部效应，但是这种外部效应不是一成不变的，它的变化会受到时间和空间变化的影响。所以在选择公共物品研究对象的时候也要注意这一点，因为选取的区域单元不一样，其对外部环境的作用也会有所不同。另外，公共物品的类型和种类繁多，不同类型的公共物品的外部效应也有所差异。所以，对公共物品作用及影响进行研究时必须区分不同维度，对不同种类分别进行考虑。由于对于地区的经济发展而言，有几类公共物品如道路、灌溉和教育等占有相当重要的位置，因此下文侧重于对这几类公共投资作用的综述。

Fisher（1997）的研究对以上问题作了一个比较详尽完整的综述。对于道路建设而言，Evans 和 Karras（1994），Garcia-Mila 和 McGuire（1992），Coughlin 等（1991），Jones（1990），Luce（1990；1994），Mofidi 和 Stone（1990），Bartik（1985；1989），McGuire 和

Wasylenko（1989），Place（1986），Helms（1985）等利用美国的州一级数据考察了公路建设对当地经济的影响（见表1）。

表1　　　　道路建设对经济发展影响的一些研究及其结果

作者（年份）	道路建设衡量指标	经济发展衡量指标	研究维度	研究结论
Helms（1985）	道路建设支出/人均收入	人均收入	州级	正显著
Bartik（1985）	每平方公里公路里程	新建工厂数	州级	正显著
Place（1986）	道路建设支出	雇佣劳动人数	州级	不显著
Carlino and Mills（1987）	每平方公里公路里程	雇佣劳动人数	县级	正显著
McGuire and Wasylenko（1989）	人均道路建设支出	雇佣劳动人数	州级	不显著
Bartik（1989）	每平方公里公路里程	新增工商企业数	州级	不显著
Reynolds and Maki（1990）	人均道路建设支出	新建工厂数	劳动市场区	不显著
Mofidi and Stone（1990）	道路建设支出/人均收入	雇佣劳动人数	州级	正显著
Luce（1990）	道路建设支出/人均收入	雇佣劳动人数	州级	不显著
Jones（1990）	人均道路建设支出	人均收入和投资	州级	正显著
Coughlin, Terza and Arromdee（1991）	每平方公里公路里程	外商投资金额	州级	正显著
Garcia-Mila and McGuire（1992）	每平方公里公路里程	总产值	州级	正显著
Luce（1994）	是否有公路和铁路经过	雇佣劳动人数	当地社区	正显著
Evans and Karras（1994）	道路建设支出	总产值	州级	不显著
Dalenberg and Partridge（1995）	道路建设支出/人均收入	雇佣劳动人数	都市统计区	不太显著

他们从不同的侧面来评价经济发展，使用州雇佣人数、州总产出、州外商投资数、州平均工资、州新增小商业企业数、州新增企业数等指标来衡量地区发展。在衡量公路投资方面，使用了公路资本存量、当年

公路支出、每平方公里公路里程数、人均公路支出、公路支出和人均收入的比值等指标来衡量。大多数研究结果表明，公路投资对当地经济发展具有正的影响。Dalenberg 和 Partridge（1995）、Luce（1994）、Reynolds 和 Maki（1990）、Carlino 和 Mills（1987）利用美国县一级数据对公路投资的作用进行考察，使用的指标和上面所述的指标基本一致，大多数也都得出公路投资对地区发展有重要作用。樊胜根（2000）使用中国省级数据所做的研究表明道路投资显著促进了地区经济。

灌溉方面，许多学者的研究发现灌溉也能够促进经济的发展，这种促进是通过提高农业生产率来间接完成的（Fan et al.，2000；Molden et al.，2001；Droogers and Bastiaanssen，2002；Kijne et al.，2003；Liao，2003；Liu et al.，2009）。研究还发现，灌溉投资对提升全要素生产率也有显著的正向作用（Bhattarai et al.，2002；Roy and Shah，2003）。如果保持其他条件不变，增加灌溉投资和农业科技投资，也能够极大地提高农业生产率，当这个投资速度达到 4.5% 时，我国就能够在保证本国粮食供给的前提下实现出口（Huang et al.，1999）。

对于教育投资的影响作用来说，国际上也有许多学者就这一问题进行了深入的研究。许多学者就美国在教育方面的公共投资对经济发展的作用进行了研究，使用美国州一级数据进行研究的有 Tannenwald 和 Kendrick（1995），Evans 和 Karras（1994），Garcia-Mila 和 McGuire（1992），Jones（1990），Luce（1990；1994），Mofidi 和 Stone（1990），Reynolds 和 Maki（1990），Bartik（1989），Carroll 和 Wasylenko（1989），McGuire 和 Wasylenko（1987），Testa（1989），Nakosteen 和 Zimmer（1987），Quan 和 Beck（1987），Place（1986），Helms（1985），Wasylenko 和 McGuire（1985）等（见表 2）。在他们的研究中，评价经济发展的指标有州雇佣人数、州雇佣人数变化、州总产出、州总投资形成额、制造业投资及雇佣人数、州新增企业数、州新增小商业数、公司迁移数、工资和人均收入等；评价教育的指标有人均教育支出、当期教育支出、教育支出和受教育年限、教育支出/人均收入、每个学生教育支出等。大多数研究得出教育提供对地区发展有正的影响。Dalenberg 和 Partridge（1995）、Luce（1994）、

O'hUallachain 和 Satterthwaite（1990）等利用美国县市数据来考察教育对地区发展的影响，发展评价指标和上述所说的基本一致，教育评价指标为教育支出变化、每个学生教育支出、教育支出占公共支出的百分比。得出的结论是教育服务提供对地区发展有显著的正影响。

表2 **教育公共投资对经济发展影响的一些研究及其结果**

作者（年份）	教育投资衡量指标	经济发展衡量指标	研究维度	研究结论
Wasylenko and McGuire（1985）	教育支出/人均收入	雇佣劳动人数	州级	正显著
Helms（1985）	教育支出/人均收入	个人收入	州级	正显著
Place（1986）	教育人均支出	雇佣劳动人数	州级	不显著
Quan and Beck（1987）	教育人均支出	工资和雇佣劳动人数	州级	不显著
Nakosteen and Zimmer（1987）	教育人均支出	公司迁移数	州级	不太显著
Testa（1989）	人均教育支出	N. A	N. A	正显著
McGuire and Wasylenko（1987）	人均教育支出	雇佣劳动人数	州级	不显著
Carroll and Wasylenko（1989）	教育支出/人均收入	雇佣劳动变化数	州级	不显著
Bartik（1989）	人均教育支出	新建工商企业数	州级	不显著
Reynolds and Maki（1990）	人均教育支出	新建工厂数	N. A	不显著
O'hUallachain and Satterthwaite（1990）	教育支出所占比例	N. A	社区	不显著
Mofidi and Stone（1990）	教育支出/人均收入	制造业投资	州级	正显著
Luce（1990）	教育支出/人均收入	雇佣劳动人数	州级	正显著
Jones（1990）	人均教育支出	雇佣劳动人数，个人收入，投资	州级	多数正显著
Garcia-Mila and McGuire（1992）	教育支出	总产值	州级	正显著
Luce（1994）	人均教育支出	雇佣劳动力人数	社区	正显著
Evans and Karras（1994）	教育支出	总产值	州级	正显著
Dalenberg and Partridge（1995）	教育支出变化	雇佣劳动人数	都市统计区	正显著
Tannenwald and Kendrick（1995）	教育人均支出变化	投资形成额	州级	正显著

许多学者对中国教育投资的影响进行了深入的研究，Nguyen 和 Cheng（1997）、Li 和 Zhang（1998）在他们的研究中指出教育对农业生产力有巨大作用。Zhao（1999）、Yang（1997）以及 Zhang、Rozelle 和 Huang（2001）的研究指出农村教育发展能增加农村人口参与非农就业和城市就业的机会。Fan 等（2002）和 De Brauw 等（2002）的研究都发现教育公共投资对经济发展有显著正面影响。

（二）公共物品对收入分配和区域经济差异的影响

如上所述，对公共物品或服务的投资能够显著促进经济的发展，而且对于不同人群，其影响的效果和程度都有所不同，所以公共物品投资也能在一定程度上影响人们的收入分配、行为选择，进而对区域经济产生影响。如果能够加大对贫困地区的公共物品投资，就能够帮助更多的低收入人群融入到地区或者区域的经济活动中来，从而使得地区或区域的生产成本显著降低，同时能够缩小该区域的交易成本，给这些低收入人群带来更多的发展机会，从而帮助他们获取更多的福利（Estache，2003）。Ferreira（1995）通过理论模型建构和分析，认为公共物品投资能够缩小收入差距。此外，公共投资还能够帮助欠发达地区更好地协调区域经济发展水平（Gannon and Liu，1997），减少区域差异，实现社会均衡发展（Estache and Fay，1995；Jacoby，2000）。

不但如此，许多有助于提高人力资本的公共投资通过提高欠发达地区人口的人力资本，通常也能起到减少收入和区域差异作用。Brenneman 和 Kerf（2002）综述了一些对以上影响进行分析的研究。许多的研究指出教育服务提供有助于减少收入差异及降低区域间经济发展差异，而且卫生方面的公共投资也有这种影响（Leipziger et al.，2003；Behrman and Wolfe，1987；Lavy et al.，1996；Lee et al.，1997；Jalan and Ravallion，2002；Galiani et al.，2002）。

也有许多学者研究了中国公共投资对城乡和地区收入分布的影响。Nguyen 和 Cheng（1997），Li 和 Zhang（1998），Zhao（1999），Yang（1997）以及 Zhang、Rozelle 和 Huang（2001），De Brauw 等（2002）的研究指出教育能有效地促进收入增长和区域平等。以上研究主要侧重于公共投资的某个或某些方面的影响，Fan 等（2004）和樊胜根等（2002）构建了一个联立方程模型，用以分析公共物品投资对区域经济的影响，发现在促进经济发展的同时还缩小了收入分布差距。

二　公共物品提供的影响因素研究

如上所述，公共物品投资对经济发展和收入分布有显著作用，那么合乎逻辑的下一个问题是如何更好地提供公共服务，以促进经济发展和增进社会公平。国内外许多学者就这一问题做出了重要的研究，研究的范围和领域相当复杂，本部分着重在如下几个方面展开：首先是公共服务提供的最优规模及税收政策研究；其次是介绍分权化与集中提供公共物品的重要分析结果。

（一）公共物品提供与税收政策研究

在前文中提到 Samuelson（1954；1955）的理论分析中有一个重要的假设条件，就是把一次性收入税作为公共物品投资的融资手段，与此同时，再配合一次性的转移支付方式来实现收入的最优分布。当同时满足以上两个假设条件的时候，才能实现公共物品投资的最优水平。Pigou（1947）认为，如果不能满足一次性收入税这种融资手段，那么当变换其他融资方式的时候，公共物品投资的最优水平也会发生变化。但是，在某些特定的情况下，公共物品投资的最优水平不会发生改变（Diamond and Mirrlees，1971；Stiglitz and Dasgupta，1971）。

在分析公共物品投资最优规模与融资手段之间的关系时，必须要注意以下两点（Atkinson and Stern，1974）：一是公共物品投资的外部效应如何评价；二是其最优水平如何确定。假定有 h 个相同的家庭最大化他们的效用函数 $U(x,e)$ ，面临的约束条件是 $q \cdot x = 0$ ，x 表示消费的 n 类私人物品，q 代表他们的价格向量，e 代表公共物品提供水平，$V(q,e)$ 表示间接效用函数。如果生产函数用 $G(X,e) = 0$ 表示，其中 $X = h \cdot x$ 指总的私人物品消费，最后对商品 k 收取的税率为 $t_k = q_k - p_k$ ，其中 p_k 表示商品 k 的生产者价格。假定公共物品由政府提供，那么政府的问题是在给定的生产条件下最大化社会效用函数

$hV(q,e)$ ，也就是求解如下的最大化问题：

$$\text{Max} \qquad hV(q,e) - \lambda G[X(q,e),e] \tag{2.6}$$

如果假定 $p_1 = q_1 = 1$（商品 1 为计价物商品）及 $G_1 = 1$ ，那么有 $G_k = p_k$ ，求解表达式（2.6）的一阶条件可得：

$$h\frac{\partial V/\partial e}{\alpha q_k} = \frac{p_k}{q_k}\frac{\lambda}{\alpha}\frac{G_e}{G_k} + \frac{\lambda}{\alpha q_k}\sum_{i=1}^{n} p_i \frac{\partial X_i}{\partial e} \tag{2.7}$$

将表达式（2.7）通过一些简单转换，上式可写为：

$$\frac{G_e}{G_k} = h\frac{\alpha}{\lambda}\frac{\partial V/\partial e}{\alpha} - \sum_{i=1}^{n}(q_i - t_i)\frac{\partial X_i}{\partial e} \tag{2.8}$$

假定 $k = 1$ ，上述表达式可写为：

$$MRT = \frac{\alpha}{\lambda}\sum MRS + \frac{\partial}{\partial e}\sum_{i=1}^{n} t_i X_i \tag{2.9}$$

其中，α 是收入的边际效用，λ 为公共服务提供的社会边际成本。由表达式（2.9）可以看出，非一次性收入税的作用会因为公共物品和私人消费物品之间的互补或替代效应而发生变化，从而改变公共物品投资的最优水平。即使公共服务和私人消费品无法相互替代，又或者公共服务与私人消费品不能实现相互补充，如果 $\alpha \neq \lambda$ ，那么扭曲效应还将存在。以上分析给了我们一个启示，税收结构和税收水平对我国农村公共服务的提供有重要影响。

（二）公共物品提供与分权化研究

前文已经提到公共物品具有外部性，Weisbrod（1964）和 Break（1967）则认为，如果由地方政府分别负责本地区的公共物品提供，其最终的结果就是供给不足。但是也有学者认为，随着时间和空间的不断变化，导致公共物品的外部效应随之改变，所以在不同区域之间，外部性与偏好差异才是决定公共物品供给是否采取分权化的依据（Pauly，1970；Oates，1972；Besley and Jewitt，1991；Besley and Coate，2003）。

Pauly（1970）认为不同类型的公共物品，其最优提供条件也不同，他将公共物品划分为三类：在区域内外都是公共物品的产品；区域内是公共物品、区域外是非公共物品的产品；区域内是非纯公共物品、区域外是非公共物品的产品。Oates（1972）则为公共物品投资的分权化提出了这样的规则：第一，如果各个区域没有差别，且不存在溢出效应，那么公共物品的集权化和分权化提供是同样有效的；第二，如果各个区域之间存在差异，且不存在溢出效应，那么分权化提供更加有效；第三，如果各个区域没有差别，且存在溢出效应，那么集权化提供更加有效。Timothy 和 Jewitt（1991）对三条规则进行了更加深入的分析，即假设有 n 类私人物品，x 表示消费的数量，q 代表它们的税后价格向量，p 代表它们的税前价格，消费者秉赋用 T 表示，l 表示闲暇数量，价格为 w，假设有 m 类公共物品 z，假定代表性消费者的直接效用函数为 $U(x,l,z)$，同时代表性消费者的间接效用函数可以用以下表达式表示：

$$V(q,z,w,wT) = \underset{x,l}{\mathrm{Max}}\{U(x,l,z) \mid q'x + wl \leqslant wT\} \tag{2.10}$$

根据 Lau、Sheshinski 和 Stiglitz（1978）的研究，社会计划者的问题是：

$$\underset{q,z}{\mathrm{Max}} V(q,z,w,wT)\text{，s. t. } (q-p)'x(q,z,w,wT) \geqslant r'z \tag{2.11}$$

如果定义消费者的支出函数为：

$$C(q,z,w,u) = \underset{x,l}{\mathrm{Min}}(q'x + wl \mid U(x,l,z) = u) \tag{2.12}$$

从支出最小化的角度上述问题可表示为：

$$\underset{q,z,u}{\mathrm{Max}} U \quad 2.11 \quad \text{s. t. } C(q,z,w,u) = wT\text{，}(q-p)'\frac{\partial C}{\partial q}(q,z,w,u) = r'z \tag{2.13}$$

解这个问题可得到最优化的一阶条件为：

$$t'\frac{\partial^2 C}{\partial q \partial q} = \mu \frac{\partial C}{\partial q} \tag{2.14}$$

和

$$t'\frac{\partial^2 C}{\partial q \partial z} - r = \mu \frac{\partial C}{\partial z} \tag{2.15}$$

表达式（2.14）表示，如果实现了最优税收条件，每种商品的税收也会成比例地发生变化，这种变化无法改变各种需纳税物品的希克斯相对需求，即拉姆齐税收法则。表达式（2.15）表示，公共物品投资的边际成本必须等于边际收益。进一步推导可得出最优税率情况下分权化提供公共物品的条件为$t'\frac{\partial^2 C}{\partial q\partial q}=\mu\frac{\partial C}{\partial q}$和$t'\frac{\partial^2 C}{\partial q\partial z}=\xi\frac{\partial C}{\partial z}$。

以上两部分研究主要是一些理论分析，这些理论分析告诉我们对于公共物品提供研究，一个重要的因素是财政体制和税收。改革开放以来，我国财政体制经历了巨大的变化，因此这些财政体制和政策的变化不可避免地会对我国的公共物品提供造成一些影响。

第三节　我国农村公共物品投资的研究综述

在现有的农村公共物品研究中，有很多学者都对其投资现状进行了分析，如于丽敏（2003）、高峰（2003）、还有熊景明（2000）等，他们主要侧重于阐述农村公共物品提供的现状和存在的问题。他们的研究指出：教育方面，九年义务教育虽然已经在我国农村得到大范围普及，并且免除了学费，但是学生仍要缴纳数百元的杂费，对于农村家庭来说，即使只有数百元也比较高，仍然有很多农村孩子交不起杂费，辍学现象时有发生，我国农村小学以下文化程度的人口仍然有35%。公共卫生方面，收费仍然在医疗服务中唱主角，而基本医疗服务的标准仍然难以达标。文化方面，大部分农村的文化设施都很落后或根本无法使用。20世纪90年代时，我国农村没有通饮用自来水的村达到83%，没有公路到达的村不足15%，没有通电话的村超过一半以上，且通信设施落后，农用电价是城镇电价的2倍以上且电压经常不稳定，虽然拥有电视信号的村超过90%，但是信号质量不高。此外，我国的社会保障体系也没有覆盖农村居民，农民的医疗和养老问题无法解决。

按照公共物品类型来划分，农村的公共物品分为纯公共物品和准公共物品，其中，纯公共物品包括农村基础设施、农村战略规划、农村水利、环境保护、基层行政服务等；准公共物品包括农村道路、农村灌溉、农村医疗、农村社保、电网改造、生活用水、文化设施、农村教育、农村公共卫生等（康静萍，2003）。

朱守银（2001）从另一个角度来探讨公共物品类型，他认为公共物品提供者及其提供规则也是公共物品的一部分。从外形的角度来划分，可以划分为有形的公共物品（农村基础设施）和无形的公共物品（公共服务和制度环境）；从公共物品产生的外部效应角度来划分，可以划分为好的公共物品（外部正效应的公共物品或制度环境）和坏的公共物品（外部负效应的公共物品或制度环境）。

从成本分摊方式来看，可以划分为制度内公共物品和制度外公共物品，制度内公共物品是由政府的税收提供的，制度外的公共物品是由非政府的组织或社区提供的（叶兴庆，1997）。

从上面的综述中不难看出公共物品的分类众多，按照不同的分类可以看出公共物品具有不同的特征，根据不同的特征其提供方式也是有所差别的。那么，分析不同公共物品的提供方及其融资方式就显得很有必要。

我国农村公共物品提供体制沿袭了许多计划经济时代的方法，在计划经济体制时期（1957—1979），我国实行的是统收统支的集中财政管理体制，所有的收入都上缴中央政府，各级政府的大部分支出由中央政府统一拨付，只允许地方政府自筹少量的经费用于地方开支（World Bank，2002）。随着我国经济体制改革的深入，1980—1988年逐步建立和完善了财政包干体制。由于我国财政包干体制存在许多缺陷，比如缺乏横向公平、基数核定方式不科学以及中央财政收入份额逐步下降等，因此到了1994年，我国开始了以财政分享体制为基础的财政体制改革（Wong，1997）。

黄佩华（2003）认为，我国的省级及其下级政府是公共支出的主体部门，有70%的公共支出来自这些部门，而在这些公共支出费用中，地市级及其下级部门承担了55%。我国的预算法中明确规定，各级政府需要编制本级政府的预算方案，且要经过本级人大审议。在现实情况中，地方政府确实编制了本级政府的预算，但是这种看似独立的预算其实是一种嵌套分层系统，地方政府的预算内容在很大程度上受到中央和省级政府的限制。同样，支出分配也是如此安排。地方政府尤其是县乡政府的支出压力非常大，因为大部分公共物品供给的责任都落在了这两级政府身上，例如七成的教育预算支出，公共卫生支出也达到了五至六成。在城市中，社会保险和福利均由地级政府承担，这种支出分配方式在现有的收入分配体制下无法延续。1994 年我国进行了分税制改革，中央虽然加强了对收入的控制，但是并没有改变公共物品提供的责任分配，地方财政本就不富裕，现在就更加举步维艰，中央政府 70% 的支出都通过转移支付来完成，而地方政府 40% 的支出来自转移支付。在这种制度安排下，对于不发达的农村地区来说，获得上级政府的转移支付就成了各级政府的主要工作，其公共物品的提供主要就是通过这种融资形式来完成的。

虽然分税制改革取得了很大的效果，但离建立规范合理的公共财政体系还有很长的一段路要走。由于没有对地方政府的各种非税收入进行具体规定，所以地方政府为了促进地方经济发展和体现政绩的需要，以各种手段收取名目繁多的费用（World Bank，2002）。同时，以分税制为基础的财政体制对各级政府的财权和事权并未做出合理明确的规定，这些缺陷导致了地方政府和中央政府对公共服务提供的互相推诿，也给了地方政府不合理收费一个冠冕堂皇的借口。更为严重的是，有些地方政府不顾农民利益，随意收取名目繁多的费用。作为这一体制的严重后果之一是我国农村居民的负担变得越来越重，严重威胁着我国经济的长期发展和社会稳定。这说明有必要深入地了解农村公共服务的提供主体和他们在农村公共服务中所作的贡献。

到了 20 世纪 90 年代末，农民负担问题成了各级政府和社会最为关注的焦点。农民收入长期停滞不前，农民负担逐步加重，城乡差距进一步扩大，为此中央政府在十六大报告中提出五个统筹的全新发展观。同时，安徽省 2000 年成为农村税费改革的试点省份。到了 2001 年，农村税费改革的试点扩大到东部沿海省市的一些富裕地区，如江苏省。2002 年，我国农村税费改革开始大规模地实行。

农村公共物品提供离不开融资，探讨影响融资数量的因素，并进而定量地分析这些因素对融资方式、融资数量的影响，这对于提高农村公共物品提供水平是非常重要的。由于转移支付在各级支出中占很大比重，因此，我们可以检验国家对贫困地区、生态脆弱地区和少数民族地区是否有适当的倾斜性的政策。对公共物品融资能力进行分析是研究公共物品提供的一个方面，在融资数量既定的情况下，如何用好、管好这些资金是公共物品提供研究的另一个方面，甚至是更重要的一个方面。在农村，许多资金的管理和使用是由农村基层政府决定的，这就要求我们把公共物品提供和农村治理结合起来进行研究。

在以上财政体制和公共物品提供体制下，农村公共物品提供有许多显著的特征，由于许多本质特征是一致的，因此以下仅就农村教育服务提供为例进行说明。新中国成立后，政府做出巨大的努力，普及农村教育、扫除文盲，取得了巨大的成就。可是，教育也像其他公共物品一样，政府拨款集中在城市，有研究显示 90 年代政府对城镇中小学的教育投资每年每人 200 元左右，而对农村儿童的教育投资不到城市儿童的 1/10。

出现这种情况的原因可追溯到 1976 年引入的教育体制改革。在计划经济时代，中央政府既要制定国家政策又要负责财政拨款，省级及其下级政府负责执行，贫困和富裕地区的中学得到的资助是有差别的，而教师工资的支付方式是相同的，民办教师也能够得到补贴。剩下的费用由县级教育部门进行分配，用来支付维护学校设施的费用。农村学校由人民公社管理，其资金来自国家和地方，不足的部分由生产大队用实物和劳力补足。在这样的背景下，有一半的县无法补足上面提到的支出，这时候，其上级政府将会给予补贴，也就是说贫困地区的财政“赤字”由富裕地区补足。到了 1990 年，随着改革的深入，大部分权力被下放到省级以下的政府，实行所谓的“分级办学、分级管理”，学校资金的筹措方式也发生了变化，地方政府不再负责补足地方教育资金缺口，而是通过其他渠道或者说多渠道来筹措资金，在这些渠道中，教育费附加税是最重要的一个来源，其他来源还有学费和慈善捐助等。

1992 年，财政经费改革为包干体制，教育经费也包括在内，学校的教育经费完全由乡镇或村级政府包干，国家教师的工资主要由县级政府筹措，上级政府部门予以支持，但是这种资金筹措方式的变革客观上带来了许多困难。其他措施如国家为了救助失学儿童，建立了希望工程和春蕾工程等，可是这些措施作为一个辅助手段，虽然能减轻改革造成的一些消极影响，但不能完全解决改革后农村教育面临的严重困难。何广文等（2003）就农村教育融资问题作了一个很好的评述。马戎（2000）认为教育资金的筹措方式有很多，从历史上来看，这是由我国政府理财的传统方式决定的。由于义务教育还没有在农民心中形成观念，很少或根本没有争取自己的权利，也不知道该如何争取，再加上政府对教育需求估计不足，导致基础教育支出不足（郭建如，2003）。

农村义务教育需要投入大量资金，但是乡级财政无力支撑，导致一些地方出现了乱收费、乱摊派。为了解决出现的严重问题，以乡镇为主的模式逐步向以县级政府为主的模式过渡。因为提供义务教育的责任应该由政府承担，在乡级政府无力支撑的时候转为由县级政府承担，这在一定程度上也推动了政府职能转变，进而建立更加合理的公共财政体制。

这种农村教育供给主体的变化对于促进我国农村义务教育起到了巨大的作用，在这种制度安排下，中国农村教育融资渠道、融资数量、资金管理、使用效率如何？黄佩华（2003）深入地研究了很多问题。她指出，中国农村教育融资渠道包括财政拨款、城乡教育费附加税、收取的学杂费、校办产业收入、勤工俭学收入和社会捐款捐资等。由于考虑到教育支出对地方政府的财政压力，90年代中期引入了教育专款。许多专款需要各级地方配套资金，包括省配套、地区配套和县乡配套。支出包括人员经费开支、公用经费和特别项目经费等。在资金使用效率方面，政府部门更关注的是如何提供更好的硬件设施，着眼于改善学校的物质条件和提供教学材料。而学生和家长更关心的是学费、教育质量等方面。因此，服务的提供与需求会出现一定的脱节，这就造成服务提供的低效性。还有很多其他关于中国农村教育提供方面的研究，由于缺少微观数据，宏观加总的数据虽然能反映一些问题，但也不可避免地会忽略许多信息。因此，有必要从微观层面，即从社区角度对这个问题进行分析，以加深我们对农村公共服务提供现状的了解。

第四节 我国农村养老保障服务的研究综述

自2008年金融危机以来，国际市场需求不足导致出口增速放缓，扩大内需和促进消费成为确保我国经济持续、快速发展的关键。党的十八大报告进一步指出，需要牢牢把握扩大内需这一战略基点，加快建立扩大消费需求长效机制，扩大国内市场规模，加速我国经济发展方式的转变。我国居民高储蓄率也为通过扩大内需、促进经济增长提供了可能，其中占我国人口60%的农村居民是我国最大和最具潜力的消费群体。如何增加居民消费，扩大内需、打破储蓄率居高不下的状况，促进经济增长成为政府和学术界普遍关注的问题，学术界也存在一些不同的观点（白重恩等，2012）。有学者认为根源在于我国还没有建立健全的社会保障体系，家庭不得不为养老、教育及可能发生的大额医疗支出进行预防性储蓄，从而导致消费倾向偏低，因此应该通过提高社会保障水平来促进消费。也有一些学者认为当前扩大内需、促进消费的根本在于提高居民可支配收入，考虑到提高社会保障水平有可能间接减少家庭的可支配收入，因此应该更多地通过国民收入的再分配来扩大内需，促进消费，在很大程度上提高家庭的福利水平。

通过建立健全我国的社会保障体系，能否促进居民消费，扩大内需，提高居民福利并进而促进经济增长，需要经济理论的支撑和实证研究的验证。在理论研究方面，Modigliani（1970）提出并形成了消费和储蓄的生命周期理论，认为理性经济人会在相当长时期的跨度内进行消费和储蓄决策，根据效用最大化的原则在整个生命周期内实现消费的最佳配置，从而为研究社会保障对消费和储蓄的影响提供了理论基础。随后，一些学者对这一理论进行了丰富和扩展。费尔迪斯坦在分析财富替代效应和引致退休效应的基础上提出扩展生命周期理论（Feldstein，1974），认为居民社会养老保险体系会影响个体生命周期内的收入流，并进而对个体的消费和储蓄决策产生影响，社会保障对消费和储蓄的净影响取决于财富替代效应与引致退休效应之间的权衡。在一个不考虑借贷约束及不确定性的生命周期消费储蓄模型中，消费、储蓄和养老金之间存在三种不同的关系。当养老保险的缴费和收益相当时，不会影响当期的消费；如果养老保险收益大于缴费，将会增加消费；当养老保险的缴费小于收益时，消费会下降（Feldstein and Liebman, 2002）。巴罗等人提出了代际转移支付理论，在消费和储蓄的生命周期理论中引入了代际之间的利他主义，进一步分析了社会保障对储蓄和消费的影响（Barro，1974）。也有研究沿着 Fisher（1930）的思路，结合心理学理论，从个体行为分析的角度推演出理性经济人假定不完全满足时社会保障对个人储蓄和消费的影响及其作用机理。上述研究为分析社会养老保险对储蓄和消费的影响进一步提供了理论分析框架。

以上述理论分析框架为指导，国际上有一些研究开始利用统计数据验证上述理论，实证地分析社会保障，特别是社会养老保险对储蓄和消费的影响，多数研究指出社会养老保险对减少储蓄或促进消费有一定的影响。Feldstein（1974）利用美国 1927—1971 年总量时间序列数据，通过对消费函数的分析，估计出美国社会保障计划导致私人储蓄降低了 30%—50%。Danziger、Haveman 和 Plotnick（1981）使用同样的数据，在调低 Feldstein（1974）研究中社会保障计划条件下的资本存量比率后，得出了不尽一致的结果。Feldstein（1995）利用更新到 1992 年的时间序列数据，对上述关系再次进行验证，得出了相似的结果。但 Leimer 和 Lesnoy（1982）使用 1957—1977 年间美国时间序列数据进行分析，实证估计结果表明社会保障对储蓄基本没有产生作用。也有研究利用养老保险在不同地区的差异估算社会养老保险对储蓄的挤出效应。Dicks-Mireaux 和 King（1984）使用加拿大的截面数据，估计出加拿大的社会养老保险缴纳的养老金替代了约 25% 的家庭储蓄。Hubbard（1986）利用美国的截面数据进行研究，结果发现美国社会养老保险缴纳的养老金对储蓄的替代率为 18%。也有研究分析了养老保障对不同人群的消费和储蓄决策影响的异质性，指出社会养老保险对不同教育程度和资产家庭的消费和储蓄决策的影响存在较大差异（Kotlikoff，1979；Gale，1998）。也有一些研究直接分析社会保障体系对居民当前消费的影响，指出社会保障体系对消费有显著促进作用（Kantor and Fishback，1996；Engen and Gruber，2001）。

国内也有一些关于社会保障对居民消费行为影响的实证研究。刘畅（2008）、张继海（2008）以及杨河清等（2010）的研究指出，提高社会保障水平能够改善居民的消费预期，从而拉动消费，即社会保障对居民消费存在正向的引致效应。王晓霞和孙华臣（2008）使用多元回归模型证明了社会保障支出是居民消费的格兰杰原因，社会保障对我国居民消费存在挤出效应，社会保障每增加1%，消费支出就下降0.37%。整体来看，国内关于养老保险对家庭消费和储蓄的实证研究还处于发展中阶段，且主要集中于研究城市养老保险对家庭消费和储蓄行为的影响。即使是自20世纪80年代中期开始的主要针对城市居民的养老保险改革，其对家庭消费和储蓄的影响还没有被充分地评价（何立新等，2008）。由于我国农村养老保险改革滞后于城市，因此研究社会养老保险对农村居民储蓄和消费以及居民福利的影响的文献非常少见，使用微观调查数据分析农村养老保险对农民消费支出的实证分析更是缺乏。

近几年，各级政府逐渐认识到老年人福利保障的重要性。21世纪初，各省开始自主实施农村社会养老保险。直到2009年国务院出台关于实施新型农村社会养老保险试点的指导意见，决定在农村开展新型农村社会养老保险（即“新农保”）试点改革，并开始探索建立个人缴费、集体补助、政府补贴相结合的新农保制度，通过社会统筹与个人账户相结合的方式，同时与家庭养老、土地保障、社会救助等其他社会保障政策措施相配套，保障农村居民老年的基本生活。随后，国家又出台了一系列老年工作政策，例如于2013年7月1日起实行的《中华人民共和国老年人权益保障法》，同时也提出了要使老年人实现“老有所养、老有所医、老有所为、老有所学、老有所乐”，希望能够通过法律来保障老年人的福利。

目前，农村养老主要包括政府实施的农村社会养老保障和传统家庭养老方式。农村社会养老保障基本可归结为三类：社会救助、社会福利和社会保险三大类（张丹等，2012）。社会救助又包括两方面制度，一是农村最低生活保障制度，二是五保户制度；社会福利分为三部分，一是机构供养服务，二是社区养老服务，三是高龄老人生活津贴。上述两大类别在农村的保障对象有限，大部分农村老人还无法享受到此项保障（何英华，2008；周志凯，2005）。农村社会保险也包括三部分，一是农村社会养老保险，二是被征地农民社会保障，三是农民工社会养老保险（赵殿国，2007）。2009 年新型农村社会养老保险（即“新农保”）开始试点。截至 2011 年底，参保县的比例接近 20%（人力资源和社会保障部，2012），预计 2020 年才能达到全国农民的全覆盖（国务院，2009）。目前，第一批领取养老金的 60 岁及以上老人，可以不必缴纳保费而直接领取养老金，但是每个月仅能获得 55 元。实际上，尽管中国城市化进程和产业结构调整对传统农村经济模式产生了重要影响，农村大批青壮年外出务工，但是目前农村地区老人依然延续传统家庭养老模式的比例仍然达到 95%（陈欣欣等，2011）。

随着改革开放的深入推进，人民生活水平不断提高，我国人均寿命延长，且受到计划生育政策的长期影响，我国人口趋于老龄化。其中，农村更为突出。据统计，2012 年全国 65 岁以上的老年人口比例已达到 14.3%（中国老龄事业发展报告，2013），其中农村老年人口占了 48.73%（中国统计年鉴，2012）。对于如此庞大的农村老年群体而言，无任何收入，全靠儿女扶养，他们参加新农保是否改善了他们的福利？这样的养老保险制度对农村老年人的福利影响到底是怎样的呢？这都是需要我们回答的问题。

国内学者对农村老年人福利的研究主要围绕提高农村老年人生活质量、农村养老等内容开展研究。对于如何提高农村老人生活质量，一些学者认为中国目前无法建立覆盖全国所有人口的养老保险制度，当前情况仍应以家庭养老为主，国家在一定程度上给予资助。还有一些学者认为农村老年人最需要的是子女的关心以及亲戚朋友的关照，导致很多地方出现老年人协会，来帮助农村老年人消磨时间。还有学者通过实地调查比较不同村庄的老年人福利的差异，希望能够在最大程度上改变老年人的福利状况。周林和丁士军（2003）通过通常所说的老人赡养的三指标——经济供给、生活照料、精神慰藉来比较经济发展水平相近的两村庄的养老状况。王习明（2006）则将福利水平用8个指标（居住条件、零用钱数量、家庭地位、调节纠纷的能力、安排婚丧等事的权威、村治作用、定期集会的规模和频率、自杀率）表示，并比较了7个不同地区的老人福利水平。但是，目前还没有学者用具体的数据实证分析新农保对农村老年人福利的影响，本书希望能够填补这样的空白。

已有研究从家庭层面分析了可能影响老人养老保障的因素。研究发现，老人的社会经济地位越高、存活子女越多，得到子女的净现金资助额越大。张文娟等（2004）将农村家庭养老归结为三个部分：经济支持、器械支持（即家务帮助和日常照料）和情感支持，研究表明劳动力外流削弱了家庭的养老功能，导致老年人的代际支持特别是器械和情感支持减少，但是增加了经济支持的力度。王萍等（2011）在安徽的研究发现，老年人获得子女提供的经济支持、代际间双向的家务帮助和情感支持提升了老年人的生活满意度。

新农保基金由个人缴费、集体补助、政府补贴三部分构成，缴费标准目前设为每年100—500元5个档次，地方可以根据实际情况增设缴费档次。中央基础养老金标准为每人每月55元，地方政府可以根据实际情况提高基础养老金标准。因此，新农保政策的实施既体现了政府的责任，增加了对农民参保和缴费的激励，更具有社会福利性，还部分解决了老农保保障水平过低和基金难以安全运营的问题（徐清照，2009）。由于保障力度加大，同时这一政策采取先试点后推广的方式逐步展开，这为实证研究新农保政策对农村居民消费及家庭福利的影响提供了可能。

在构建“内需驱动、消费支撑”发展模式，加速经济发展方式转变的要求下，分析新农保政策对农村居民消费支出及家庭福利的影响就具有重要的现实意义。因此，本书将根据相关经济学理论，使用农户层面的微观调查数据系统分析新农保对农村居民消费的影响及其作用机理。具体来说，在本节中我们采用农村居民日常费用支出表示农民的福利水平。在当前人口逐步老龄化和促消费、保增长的背景下，新农保政策的实施是否会影响农村居民的家庭日常费用支出，从而提高农村居民的福利？如有影响，是正向还是负向？影响的程度有多大？这些问题我们将通过深入的实证研究给出答案。

第五节　本章小结

总结目前国内外的相关研究，本书认为在农村公共投资的研究中还需要进一步搞清楚以下问题：我国农村公共投资现状如何，包括哪些种类？这些公共投资的目的是什么？我国农村公共投资的区域分布情况如何，有何特征？我国农村公共投资的影响因素是什么？这些已经完成的或者正在实施的农村公共投资的绩效如何，也就是说我国农村公共服务投资的效果怎么样？最后，通过定量分析来验证以上问题的答案。

第三章

理论框架和研究设计

根据第二章的综述并结合我国农村的具体情况，本章提出了本书的分析框架和理论起点。因此，在本章主要介绍本书的分析框架和模型的设定，模型中各个因素的定义及用来刻画各个因素的变量的具体含义，并介绍本书采用的一些计量估计方法、估计程序及其优缺点。最后介绍调查方案的设计、样本选取规则、调查的主要内容及其考虑的主要因素以及核心问题。

第一节　理论框架

本书首先通过全国性的抽样调查来增进对我国农村公共投资基本情况的了解，厘清我国农村公共投资现状及区域分布差异，包括农村公共投资的类型、分布特征以及区域差异。接着，分析在我国不同发展阶段公共物品投资的基本情况、动态演进以及影响因素，特别是我国是否对少数民族地区、偏远贫困地区、人口大村、自营工商业活跃地区等地区实施倾斜性的政策。随后本书选取农村养老保障服务这一关乎农村居民切实利益的公共服务为研究对象，侧重分析我国农村社会养老保障制度的现状、特征以及实施效果，探讨新型农村养老保险制度对我国农村居民行为选择和家庭福利的影响。最后，本书讨论了如何建立更好地促进农村公共投资形成的制度保障。为此，下面描绘了本书的分析框架图（见图3）。

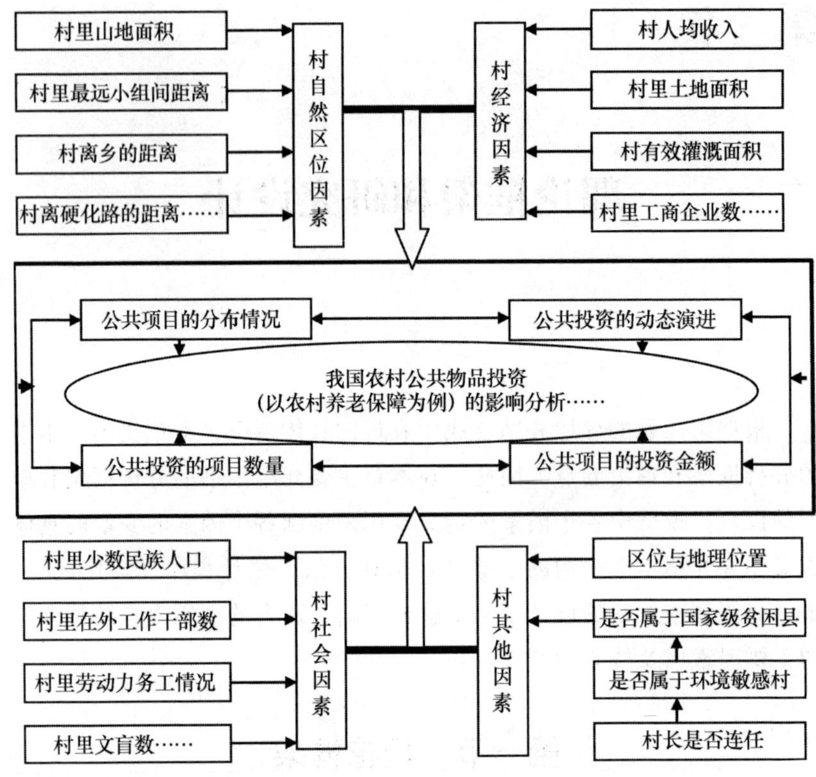

图 3　理论框架图

由于农村公共服务的形成主要是通过农村公共项目投资完成的，因此对我国农村公共服务提供的分析从农村公共投资的角度着手。首先详细了解我国农村公共投资的投资现状及其水平，以村级为单位，研究我国农村公共投资项目是否存在分布差异，从公共投资的动态变化来分析我国农村公共投资的时序特征、结构特征、影响因素以及这种投资策略的合理性。由于是以村级为单位，因此一个村一个观测值，这种村级总量分析的好处是可以很好地看出我国农村公共投资的策略是否向某些地区倾斜。为此，根据前面的理论框架设定了如下的理论模型：

调查期间农村村级公共投资情况（投资项目总数、投资总金额、上级投资份额等）＝f（村自然区位因素、村社会因素、村经济因素、

其他因素）

为了进一步分析具体公共投资项目的影响评估，即公共投资项目给农村和农村居民带来的微观影响，在本书的第六章，将以农村养老保障服务为例探讨我国公共物品（服务）投资对农村居民行为选择及其家庭福利的影响。以下将简要介绍内生性问题和在模型中要使用的估计方法。

第二节　分析方法

一　内生解释变量

对于公共物品问题的分析研究，有一个重要的问题是如何进行实证估计，一个重要的手段是运用回归分析的方法。依据 Green（2003）和 Wooldridge（2002）的介绍，对于简单的线性模型：

$$y = \beta_0 + \beta_1 x_1 + \beta_2 x_2 + \cdots + \beta_k x_k + u \tag{3.1}$$

使用普通最小二乘法估计，必须满足两方面条件：一是 $E(x'u) = 0$；二是秩条件，即 $E(x'x) = K$。如果不能满足第一个条件，就说明该模型存在内生性。造成内生性问题的原因是多方面的，一般来说有以下几个方面：

1. 省略变量

在建立模型的时候，由于种种原因未能观测到某个非常重要的控制变量，从而导致了模型的内生性问题，我们可以用如下表达式表示：

$$y = \beta_0 + \beta_1 x_1 + \beta_2 x_2 + \cdots + \beta_k x_k + \gamma q + v \tag{3.2}$$

其中，q 为未被观测到的因素，在这个模型的众多 x 中，也许某一个或者某几个与 q 之间相关，即：

$$q = \delta_0 + \delta_1 x_1 + \delta_2 x_2 + \cdots + \delta_k x_k + r \tag{3.3}$$

将式（3.3）代入式（3.2）可得：

$$y = (\beta_0 + \gamma\delta_0) + (\beta_1 + \gamma\delta_1)x_1 + (\beta_2 + \gamma\delta_2)x_2 + \cdots + (\beta_k + \delta_k\gamma)x_k + v + \gamma r \tag{3.4}$$

从表达式（3.4）可以看出，这样的估计结果是有偏差的。

2. 观测误差

有些变量我们无法很好地进行观测，我们将这样的变量表示为 x_k^* ，但是由于种种原因，我们只能观测到 x_k 。在这种情况下，如果解释变量不受这种观测误差的影响，那么其估计也不会受到影响。有影响的是自变量的观测误差问题，这个问题可以简单表述如下：

$$y = \beta_0 + \beta_1 x_1 + \beta_2 x_2 + \cdots + \beta_k x_k^* + v \tag{3.5}$$

我们用 $e_k = x_k - x_k^*$ 表示观测误差，假设 e_k 与解释变量之间不存在相关关系，如果假定 $Cov(x_k, e_k) = 0$ ，那么式（3.5）可写为：

$$y = \beta_0 + \beta_1 x_1 + \beta_2 x_2 + \cdots + \beta_k x_k + (v - \beta_k e_k) \tag{3.6}$$

此时观测误差的问题就转变为代理变量问题，其估计结果不会受到影响。如果假定 $Cov(x_k^*, e_k) = 0$ ，那么：

$$Cov(x_k, e_k) = E(x_k e_k) = E(x_k^* e_k) + E(e_k e_k) = \sigma_{e_k}^2 \neq 0 \tag{3.7}$$

因此，普通最小二乘法估计将是有偏的。

还有一个导致内生性问题的原因是联立性问题，如果某（几）个自变量同时又由因变量决定，也就是说：

$$y = \beta_0 + \beta_1 x_1 + \beta_2 x_2 + \cdots + \beta_k x_k + u \tag{3.8}$$

同时，其中的某（几）个 x ，如 x_k 也是 y 的函数，那么直接最小二乘法估计也会导致估计偏误。

二　内生性问题的解决方案

解决内生性问题的方法有很多，最常用的方法有工具变量法、面板数据法和联立方程模型等。以下对这几类方法分别进行简单介绍。对于工具变量法，假设：

$$y = \beta_0 + \beta_1 x_1 + \beta_2 x_2 + \cdots + \beta_k x_k + u \tag{3.9}$$

满足

$$E(u) = 0, Cov(x_j, u) = 0, j = 1,2,\cdots,k-1 \tag{3.10}$$

而 x_k 和 u 之间可能有相关关系。换句话说就是，解释变量 x_1，$x_2,\cdots,x_{k-1}$ 是外生的，而 x_k 可能是内生的。我们可以把上述问题想成有一个未被观测到的重要变量 q,而且 q 和除 x_k 外的其他变量都不相关。上面的分析已经告诉我们，普通最小二乘法估计是有偏的，而使用工具变量法可以很好地解决这一问题。工具变量 z_1 必须满足两个条件，其一是 $Cov(z_1, u) = 0$，也就是说 z_1 是外生的；第二个条件是对于 x_k 在所有外生变量上的投影，也就是对于以下表达式要满足条件 $\theta_1 \neq 0$：

$$x_k = \delta_0 + \delta_1 x_1 + \delta_2 x_2 + \cdots + \delta_{k-1} x_{k-1} + \theta_1 z_1 + r_k \tag{3.11}$$

合并以上两式可得：

$$y = \alpha_0 + \alpha_1 x_1 + \cdots + \alpha_{k-1} x_{k-1} + \lambda_1 z_1 + v \tag{3.12}$$

其中，$v = u + \beta_k r_k, \alpha_j = \beta_j + \beta_k \delta_j$，还有 $\lambda_1 = \beta_k \theta_1$。由此可知，通过工具变量法可以识别所有的 β。为了进一步对这一问题进行说明，可以使用矩阵的方法描述如下：

$$Y = X\beta + U \tag{3.13}$$

其中，$X = (1, x_2, \cdots, x_k)$，所有的外生变量使用 $Z = (1, x_2, \cdots, x_{k-1}, z_1)$ 表示，如果所有的外生变量满足 $E(Z'U) = 0$，在表达式（3.13）两边同时左乘矩阵 Z'，然后计算期望可得：

$$E(Z'X)\beta = E(Z'Y) \tag{3.14}$$

如果 $E(Z'X)$ 的秩等于 K，也就是说 $E(Z'X)$ 是满秩的（这可以从 $\theta_1 \neq 0$ 和 $x_k = \delta_0 + \delta_1 x_1 + \delta_2 x_2 + \cdots + \delta_{k-1} x_{k-1} + \theta_1 z_1 + r_k$ 得出），那么求解式（3.14）可得：

$$\beta = [E(Z'X)]^{-1} E(Z'Y) \tag{3.15}$$

表达式（3.15）中的期望可以从随机样本中估计得出，因此给出总体的一个随机样本：

$$\{(X_i, Y_i, Z_i): i = 1, 2, \cdots, N\} \tag{3.16}$$

我们可以得到总体参数 β 的工具变量估计值：

$$\hat{\beta} = (N^{-1} \sum_{i=1}^{N} z_i' x_i)^{-1} (N^{-1} \sum_{i=1}^{N} z_i' y_i) = (Z'X)^{-1} Z'Y \tag{3.17}$$

工具变量法可以很容易地推广到更一般的情况，也就是多个内生变量以及多个工具变量的问题。对于这一问题的估计，可使用工具变量法来推广，也就是两阶段最小二乘法来估计。

假定对于表达式

$$y = \beta_0 + \beta_1 x_1 + \beta_2 x_2 + \cdots + \beta_k x_k + u \tag{3.18}$$

存在一个 $1 \times L$ 维向量 z 满足 $E(z'u) = 0$，同时 $E(z'z)$ 的秩等于 L，$E(z'x)$ 的秩等于 K，$L \geqslant K$。那么，我们可以得到总体参数 β 的两阶段最小二乘法估计值：

$$\hat{\beta} = [(\sum_{i=1}^{N} x_i'z_i)(\sum_{i=1}^{N} z_i'z_i)^{-1}(\sum_{i=1}^{N} z_i'x_i)]^{-1}(\sum_{i=1}^{N} x_i'z_i)(\sum_{i=1}^{N} z_i'z_i)^{-1}(\sum_{i=1}^{N} z_i'y_i) \tag{3.19}$$

而且，根据 Wooldridge（2002）的解释，工具变量法也可用于解决观测误差问题。

另外一种解决省略变量问题的重要方法是面板数据模型，假定有如下模型：

$$y_{it} = x_{it}\beta + c_i + u_{it},\ t = 1,2,\cdots,T \tag{3.20}$$

如果 c_i 和 X 之间不存在相关关系，那么在对模型进行估计的时候，可以考虑使用随机效应模型，但是实际情况中无法满足其假设条件，那么其估计结果也是有差别的。

此时，我们可以考虑借助其他方法来进行估计，例如固定效应模型或一阶差分模型。首先来看固定效应模型，简单平均表达式（3.20）中的 $t = 1,2,\cdots,T$ 期数据，即：

$$\bar{y}_i = \bar{x}_i\beta + c_i + \bar{u}_i \tag{3.21}$$

其中，$\bar{y}_i = T^{-1}\sum_{t=1}^{T} y_{it}$，$\bar{x}_i = T^{-1}\sum_{t=1}^{T} x_{it}$，$\bar{u}_i = T^{-1}\sum_{t=1}^{T} u_{it}$。表达式（3.20）减去式（3.21）可得

$$y_{it} - \bar{y}_i = (x_{it} - \bar{x}_i)\beta + (u_{it} - \bar{u}_i) \tag{3.22}$$

或简单表示为

$$\ddot{y}_{it} = \ddot{x}_{it}\beta + \ddot{u}_{it},\ t = 1,2,\cdots,T \tag{3.23}$$

如果 $E(u_{it} \mid x_i, c_i) = 0, t = 1,2,\cdots,T$，那么可推出 $E(\ddot{x}_{it}'\ddot{u}_{it}) = 0, t = 1,2,\cdots,T$。因此可以将

$$\ddot{y}_{it} = \ddot{x}_{it}\beta + \ddot{u}_{it},\ t = 1,2,\cdots,T; i = 1,2,\cdots,N \tag{3.24}$$

做混合的普通最小二乘回归。在 $\sum_{t=1}^{T} E(\ddot{x}_{it}'\ddot{x}_{it}) = E(X_i'X_i)$ 的秩为 K 的条件下，可以得到总体参数 β 的一致的固定效应估计值为：

$$\hat{\beta}_{fe} = (\sum_{i=1}^{N} X_i{}'X_i)^{-1}(\sum_{i=1}^{N} X_i{}'\ddot{y}_i) = (\sum_{i=1}^{N}\sum_{t=1}^{T}\ddot{x}_{it}{}'\ddot{x}_{it})^{-1}(\sum_{i=1}^{N}\sum_{t=1}^{T}\ddot{x}_{it}{}'\ddot{y}_{it}) \quad (3.25)$$

再来看一阶差分法，对表达式（3.20）求一阶差分

$$\Delta y_{it} = \Delta x_{it}\beta + \Delta u_{it},\ t = 2,3,\cdots,T \quad (3.26)$$

如果同时满足，且 K 为在 $\sum_{t=2}^{T} E(\Delta x_{it}{}'\Delta x_{it})$ 的秩，那么其一阶差分估计就能够与总体参数 β 保持一致。当 $t = 2$ 时，固定效应模型的估计结果与一阶差分估计结果一致。当 $t > 2$ 时，并满足以下矩条件

$$E(u_{it} \mid x_{it}, x_{i.t-1}, \cdots, x_{i1}, c_i) = 0 \quad t = 1,2,\cdots,T \quad (3.27)$$

那么固定效应模型的估计结果要比一阶差分估计结果好（Hamilton，1994；Wooldridge，1994）。

由于

$$E(x_{is}{}'u_{it}) = 0 \quad s = 1,2,\cdots,t \quad (3.28)$$

所以可推出

$$E(x_{is}{}'\Delta u_{it}) = 0 \quad s = 1,2,\cdots,t-1 \quad (3.29)$$

因此，可以把 $x_{it}^{o} = (x_{i1}, x_{i2}, \cdots, x_{it})$ 作为 Δx_{it} 的工具变量，从而通过一阶差分广义矩估计或者一阶差分两阶段最小二乘法估计得到总体参数 β 的估计结果。

三　二元解释变量问题

当因变量不是连续变量时，就需要用到其他估计方法。此时的因变量可能是离散型的，也可能是截断型的，我们首先讨论因变量是离散型变量的情况。

对于线性概率模型

$$P(y = 1 \mid x) = \beta_0 + \beta_1 x_1 + \beta_2 x_2 + \cdots + \beta_k x_k \quad (3.30)$$

可以推出

$$E(y \mid x) = \beta_0 + \beta_1 x_1 + \beta_2 x_2 + \cdots + \beta_k x_k \quad (3.31)$$

和

$$Var(y \mid x) = x\beta(1 - x\beta) \quad (3.32)$$

因为存在异方差，所以此时的普通最小二乘法估计结果是无效

的。另外，线性预测值很有可能没有落在［0，1］区间以内。最后，在线性概率模型当中有一个假设条件，即保持各个变量的边际影响不变，这个假设条件在现实当中也很难被满足。

为了解决上述问题，我们令：

$$P(y = 1 \mid x) = G(x\beta) \equiv p(x) \tag{3.33}$$

分布函数 $G(.)$ 的不同会导致估计模型的不同，这其中最常用的有两个模型，一是 Probit 模型，二是 Logit 模型。我们再用隐变量表示

$$y^* = x\beta + e \quad y = 1[y^* > 0] \tag{3.34}$$

因此

$$P(y = 1 \mid x) = P(y^* > 0 \mid x) = P(e > -x\beta) = 1 - G(-x\beta) = G(x\beta) \tag{3.35}$$

如果选取的函数

$$G(z) = \Lambda(z) \equiv \exp(z)/[1 + \exp(z)] \tag{3.36}$$

那么这一模型将变为 Logit 模型。

如果选取的函数

$$G(z) = \Phi(z) \equiv \int_{-\infty}^{z} \phi(v)\,dv \tag{3.37}$$

其中 $\phi(z) = (2\pi)^{-1/2}\exp(-z^2/2)$ 是标准正态分布函数，此时就变为 Probit 模型，再用最大似然法进行估计；如果 x_i 是确定的，那么 y_i 的密度函数为

$$f(y \mid x_i;\beta) = [G(x_i\beta)]^y [1 - G(x_i\beta)]^{1-y} y = 0,1 \tag{3.38}$$

两边取对数，可以得到第 i 个观测值的对数似然函数为

$$l_i(\beta) = y_i \lg[G(x_i\beta)] + (1 - y_i)[1 - G(x_i\beta)] \tag{3.39}$$

此时，总体参数 β 的最大似然估计值可以由最大化 N 个观测值的对数最大似然函数之和获得。

若上述 Probit 模型中存在一个内生的二元自变量，可以将该模型表述为

$$y_1 = 1[z_1\delta_1 + \alpha_1 y_2 + u_1 > 0] \tag{3.40}$$

同时

$$y_2 = 1[z\delta_2 + v_2 > 0] \tag{3.41}$$

此处 (u_1, v_2) 和 z 之间相互独立，而且服从标准二元正态分布，$\rho_1 = Corr(u_1, v_2)$。由于

$$f(y_1, y_2 \mid z) = f(y_1 \mid y_2, z)f(y_2 \mid z) \tag{3.42}$$

同时

$$P(y_1 = 1 \mid v_2, z) = \Phi[(z_1\delta_1 + \alpha_1 y_2 + \rho_1 v_2)/(1-\rho_1^2)^{1/2}] \tag{3.43}$$

当且仅当 $v_2 > -z\delta_2$ 时，$y_2 = 1$，因此在 v_2 服从标准正态分布的情况下，可以推出在 $v_2 > -z\delta_2$ 时 v_2 的密度函数为

$$\phi(v_2)/P(v_2 > -z\delta_2) = \phi(v_2)/\Phi(z\delta_2) \tag{3.44}$$

由于

$$\begin{aligned} P(y_1 = 1 \mid y_2 = 1, z) &= E[P(y_1 = 1 \mid v_2, z) \mid y_2 = 1, z] \\ &= E\{\Phi[(z_1\delta_1 + \alpha_1 y_2 + \rho_1 v_2)/(1-\rho_1^2)^{1/2} \mid y_2 = 1, z]\} \\ &= \frac{1}{\Phi(z\delta_2)}\int_{-z\delta_2}^{\infty}\Phi[(z_1\delta_1 + \alpha_1 y_2 + \rho_1 v_2)/(1-\rho_1^2)^{1/2}]\phi(v_2)dv_2 \end{aligned} \tag{3.45}$$

同时还可以推出 $P(y_1 = 0 \mid y_2 = 1, z)$、$P(y_1 = 0 \mid y_2 = 1, z)$ 以及 $P(y_1 = 0 \mid y_2 = 0, z)$。如果合并上述四种情况，就可以推导出 Biprobit 模型的最大似然函数，从而得出估计结果。

四　解释变量的截断问题

对于从总体中随机抽取的观测值 i，如果

$$y_i^* = x_i\beta + u_i,\ u_i \mid x_i \sim Normal(0, \sigma^2) \tag{3.46}$$

$$y_i = \max(0, y_i^*) \tag{3.47}$$

也就是说观测到的 y_i 是截断的，那么这类模型叫 Tobit 模型。对于这类模型：

$$\begin{aligned} E(y \mid x) &= P(y = 0 \mid x) * 0 + P(y > 0 \mid x) * E(y \mid x, y > 0) \\ &= P(y > 0 \mid x) * E(y \mid x, y > 0) \end{aligned} \tag{3.48}$$

而且

$$P(y^* > 0 \mid x) = P(u > -x\beta \mid x) = \Phi(x\beta/\sigma) \tag{3.49}$$

进一步推导可得出

$$E(y \mid x, y > 0) = x\beta + E(u \mid u > -x\beta) = x\beta + \sigma \frac{\phi(x\beta/\sigma)}{\Phi(x\beta/\sigma)} \tag{3.50}$$

和

$$E(y \mid x) = (x\beta + E(u \mid u > -x\beta)) * \Phi(x\beta/\sigma) = \Phi(x\beta/\sigma) * x\beta + \sigma\phi(x\beta/\sigma) \tag{3.51}$$

因此，用普通最小二乘法来估计将会产生严重的问题。如果使用 $y_i > 0$ 的子样本来估计的话，那么根据式（3.50），我们可得到：

$$y_i = x_i\beta + \sigma\lambda(x_i\beta/\sigma) + e_i \quad E(e_i \mid x_i, y_i > 0) = 0 \tag{3.52}$$

因此，直接回归 $y_i = x_i\beta + e_i$ 将产生不一致的估计结果。

如果使用所有的样本，根据式（3.51），$E(y \mid x)$ 是 x、β 和 σ 的非线性函数，因此直接回归 $y_i = x_i\beta + e_i$ 也不会得到一致的估计结果。

以上模型可以使用最大似然法进行估计，由于 $y_i^* \mid x_i \sim Normal(x_i\beta, \sigma^2)$，因此

$$f(y_i \mid x) = \{1 - \Phi(x_i\beta/\sigma)\}^{1[y_i=0]} \{(1/\sigma)\phi[(y_i - x_i\beta)/\sigma]\}^{1[y_i>0]} \tag{3.53}$$

进一步可以得到对数似然函数和总体参数的最大似然估计。本书对实证模型进行估计主要采用以上介绍的模型估计方法。

第三节 调查设计

为了保证研究的严谨性，笔者及研究团队在前期进行了充分的准备工作。虽然在本项目之前已经对样本地区连续进行过三轮调查，但是在第四轮调查开始之前研究团队还是进行了多次预调查，以确保研究质量。在预调查中，笔者及研究团队走访了国内多个省份的农村地区，深入田间地头，白天入户与村干部和村民进行定性访谈，检测我们的调查表是否能够收集到我们需要的信息，晚上回到宾馆共同讨论修改调查表，分析并解决在白天访谈时遇到的各种各样的问题，如此往复，不断地积累经验、修改调查表。同时，我们也非常注重采纳访

谈对象给我们提出的建议或意见，正是在他们的帮助下我们的调查表才能够更加贴近实际情况，并收集到更加真实准确的信息。

与此同时，我们也要注意访谈者与访谈对象之间的沟通方式，因为沟通方式、问题的提出方式、问题的逻辑顺序等细节问题都会影响到数据收集的准确性。所以，我们在预调查中也会考察不同的沟通方式对访谈对象反馈的影响，从而总结出组织访谈时应该采取何种方式才是最准确的。从被访谈者的反应来看，当访谈时间超过 2 小时后他们将变得比较缺乏耐心，因此通过权衡分析，较好地处理了问卷问题量和访谈时间之间的关系问题。最后，通过对不同村干部的访谈，我们在预调查时发现村里的会计和村主任对于村里的情况把握较准，特别是对于村里的一些基本情况及统计信息（如村里人口、耕地面积和人均收入等），因此在调查时我们特别要求村里的会计和村主任同时回答本调查问卷。

在预调查后，我们会将上面提到的内容一一记录下来，编写成调查员手册。与此同时，我们在一些高校招募调查员，来自西北大学、南京农业大学、吉林大学和四川大学等许多相关专业的研究生都对本项目非常感兴趣并报了名，我们从中进行择优选取，并组织他们在正式调查前进行为期一个月的集中培训。培训分为室内培训和实地培训两部分，在室内培训中，我们会向调查员介绍本项目的背景、目的和意义，再详细向调查员解释调查表，每一个调查问题的意义、访谈目的和访谈方式，在培训中要着重强调调查员与访谈对象的沟通方式，不能让访谈对象对题目产生误解和歧义，更不能误导访谈对象做出反馈。接着讲解正式调查的流程，我们会在每个调查组中配备先锋员，主要负责每个调查组的打前站工作，比如事先联系样本地区的负责人以及访谈对象、安排好整个调查组的调查行程等。我们还会在每个调查组中配备问卷检查员，指导他们如何对已完成的问卷进行检查，提早发现问题并及早解决，保证数据收集的准确性。确保在所有问卷检查无误后才可以离开该地到下一个调查地点。室内培训结束后进行实地培训，我们专门联系了陕西几个村来做实战演练，通过两天的实战演练后找出存在的问题，最后通过一次集中讨论和交流才完成培训，开始正式调查。

第四节　样本选取

农村公共物品的提供经历了税费改革和新农村建设的政策变迁，本书中所使用的长期追踪的微观层面面板调查数据跨越了这两个时期，结合相应的数据分析方法较系统地评估农村公共物品提供和公共服务改善对农民生产、就业和收入的影响，据笔者所知这在国内尚属首次。本书所使用的是在1998—2011年间四次在5省25个县50个乡镇（以及50个乡镇卫生院）100个样本村（以及100个样本村村诊所）对样本点开展实地跟踪调查所收集的数据。在四次调查中，不仅收集了村基本情况等信息，还收集了村公共物品提供项目的情况。在2003年9月开展的第一次调查中，收集了样本村1998—2002年间各项公共物品提供的情况，包括投资项目数量、类型、规模和村基础设施及服务现状的信息。2005年4月进行了跟踪调查，除了收集2003—2004年间新增公共物品提供项目的信息外，还对1998—2002年的村公共物品提供情况进行了重新确认。2008年4月再次进行了跟踪调查，对上一轮调查期间公共物品提供项目进行了必要的核实，并收集样本村2005—2007年新增公共物品提供项目信息。2012年4月又进行了新一轮的跟踪调查，调查了2008—2011年样本村新增公共物品提供情况，同时确认上一轮调查时村公共物品提供项目的情况。

乡村层面包括公共物品和服务提供情况、卫生健康方面、乡村财务、公共资源的来源和配置情况、乡村治理结构、公共服务提供方式、公共项目管理方式、公共项目质量评估等信息（我们前期调查已经聘请了道路、灌溉和饮用水等领域的专家设计了专门的项目质量评估表，通过这个评估表可以很好地对比和评估项目投资质量）。微观农户层面数据包括农户家庭成员个人信息，农户家庭农业生产、就业和收入，农户健康和就医行为，村民组织和农户参与，以及农户对公共物品和服务提供的需求、意愿及满意程度等方面的调查数据。

本书研究的样本从全国随机抽取，整个选取过程采用分层逐级抽样和随机抽样相结合的办法。调查样本的具体抽样方法是：将所有省份（台湾、香港、澳门除外）按农业生产条件和社会经济发展水平分成五大农业生态区域，同时由于北京、上海和天津的大部分地区已发展为城市，而西藏、新疆等地难以开展调研，因此在随机选择样本省时没有包括上述省、市或自治区。根据上述样本框，将全国分为5个农业生态区，在每个农业生态区随机选出1个样本省。这5个省分别是：江苏省代表东部沿海发达区域（江苏、浙江、山东、福建、广东及海南）；四川省代表西南地区的省份（四川、贵州、云南、广西和重庆）；陕西省代表黄土高原地区和西北地区（山西、陕西、甘肃、青海、宁夏和内蒙古）；河北省代表中北部省份（河北、河南、安徽、湖北、湖南和江西）；吉林省代表东北地区（辽宁、吉林和黑龙江）。在选取了样本省以后，在每个省又随机选取了5个样本县。选取样本县的方法是先将全省各个县按人均工业总产值大小降序排列，然后按5等份分组，最后从每组中随机选出1个样本县。用人均工业总产值这一指标是基于相关研究结论而确定的（Rozelle，1996）。因为人均工业总产值能很好地预测当地的生活水平和发展潜力，同时这一指标相对于农村人均纯收入等指标而言，具有更高的可信度。在每个样本县中，同样按照以上方法，先将每个县的各个乡镇按贫困和富裕程度分为2组，在每个组里随机抽取1个乡镇作为样本乡镇，每个县抽取2个乡镇，共计50个乡镇。在选出样本县和样本乡镇后，在每个乡镇随机选取了2个样本村，选取样本村的方法和样本乡镇选取的方法基本一致，最终调查了101个样本行政村。（在此需要说明的是：最初随机选取的是100个村，但是实际分析时有101个村，比按选样标准操作多出1个村，原因是在吉林做第一轮调查时恰好有两个样本村合并后又分开了，所以将两村的信息一起收集了，因此在吉林的调查中多了一个村，为了保持和跟踪样本，在以后的跟踪调查中就一直沿用第一次调查时的样本。）在选定的样本村里，每个村根据花名册按照随机数表抽取20个农户，101个村共随机抽取2020个农户样本。

选取好样本省、样本县及样本乡镇之后，将我们的调查员随机组合为 5 个调查组，每个省派出一个调查组，每个调查组 18 个调查员，共 90 个调查员。

第五节 调查的主要内容

为了实现本项目的研究目标，结合前文中提到的在预调查中获取的信息，形成最终的调查问卷，主要包含以下三个部分：第一部分，村基本信息，例如少数民族人口比例、区位和地理特征、村总人口数、村集体企业数、自营工商业比例、人均土地和社会关系等，这部分信息用于分析农村公共项目实施情况、动态演进特征以及影响因素。第二部分，收集了样本村从 2008 年到 2011 年这 4 年里实施的公共投资项目信息，包括项目类型、项目实施的目的、项目的起止时间、项目的投资主体以及投资金额等信息，这部分信息用以分析我国农村公共项目的区域分布问题。第三部分，收集了农户层面的数据，包括农户的家庭状况、参加养老保险的基本情况、从哪一年开始实施新农保、新农保基金筹集情况、新农保养老金待遇及领取、新农保基金管理，以及养老金个人缴费标准和补贴水平等。在农户层面，还收集了家庭成员基本特征如年龄、性别等，以及家庭成员就业情况、教育情况、家庭资产、参加新农保情况。家庭日常费用支出方面，收集家庭电费、水费、电话手机费、有线电视费、网络费、礼金等家庭日常费用支出等。

在调查收集了本项目必要的数据后，我们进行了数据的录入工作，共花了近一个月的时间。随后笔者花了将近 3 个月的时间对数据进行了清理，以保证所用数据的可靠性，例如处理异常值、核实异常值出现的情况等，以上步骤是实证研究中必不可少的，特别是对于调查数据而言。最后，本书的附录部分展示了正式的调查表。

第四章

农村公共物品投资的区域分布

本章主要介绍两方面内容：一是1998—2011年期间，101个样本村农村公共物品提供的基本情况，包括提供的项目和规模，以及由哪一级政府提供村级的公共物品和服务，从总体上了解目前农村公共物品提供的情况；二是我国农村公共物品提供的区域分布差异。

第一节　农村公共物品投资的基本情况

调查数据显示，自1998年以来，我国农村公共物品提供力度加大，公共物品提供项目数量明显高于部分发展中国家。在1998—2011年，101个样本村共实施了2124个公共物品提供项目，平均每个样本村实施了21个公共物品提供项目，相当于每个样本村每年大约有1.5个新的公共物品提供项目实施。其中，20%的样本村在样本期间平均每年有2个或以上的公共物品提供项目，而平均每年仅有不到1个公共物品提供项目的样本村占比仅为16%。根据Khwaja（2009）的研究，巴基斯坦北部地区仅有不到1/3的村在过去10年里有1个或以上的公共物品提供项目。虽然我国农村公共物品提供项目数量比部分发展中国家多，但和日本、韩国等国家在相同发展阶段的投资规模相比，还存在一些差距（罗仁福等，2008）。

样本村公共物品提供项目涵盖了农民生产、生活和环境保护等诸多方面，公共项目提供类型高达17类，但农村公共物品提供项目主要集中于道路、灌溉、电力设施和饮用水公共服务等重要领域，和上级政府公共物品提供方向一致。从调查数据看，提供策略较为合理，道路、灌溉和饮用水三项公共物品提供的项目数量占比接近 50%。具体而言，道路项目的提供数量最多，101 个样本村调查期间共有 583 个农村道路项目实施（见表 3），在提供项目数量中占比超过 1/4。平均而言，101 个样本村在 14 年间每年至少有 1 个新增道路提供项目。从村级层面实施的道路项目数量不仅体现了调查期间农村地区确实在农村道路“村村通工程”方面做了大量的工作，而且在一定程度上反映了“要想富，先修路”这一以道路基础设施提供促发展的投资思路。同时灌溉和排水项目、生活用水项目这些对农民生产生活有重要影响的项目依然在公共物品提供中占有优先地位，80% 左右的样本村在调查期间至少实施了一个灌溉和排水项目或生活用水项目。在调研期间共实施了 222 个灌溉和排水项目和 178 个饮用水项目，分别占同期样本村公共物品提供项目数的 10.5% 和 8.4%。

在突出重点的同时，农村公共物品提供涵盖了其他影响农民生产和生活的众多方面。在农村公共物品提供项目中，对于提供教育和卫生服务的重要载体，农村学校和诊所也有涉及，65% 的样本村在调研期间实施了修建学校项目，一半左右的样本村在调研期间实施了修建诊所项目。在村庄生态环境改善方面，样本村共投资 230 个项目，涵盖村庄环境整治、生活垃圾处理、生态林建设、退耕还林、封山育林和小流域治理等多个方面。针对农民对文化生活的要求逐步提高的实际，样本村在调研期间实施了 173 个修建文化活动场所的项目，占比达到 8.2%。

值得注意的是，企业也在农村公共物品提供方面做出了较大贡献。主要由企业参与的公共物品提供项目多集中于电力、广播电视与通信服务改善方面，样本村在过去 14 年里共实施了 376 个相关投资项目，占农村公共物品提供项目数量的 15%。说明农村公共服务提供中，可以充分发挥企业的作用，采取政府主导，由企业提供的方式改善农村公共服务提供，减轻了政府在农村公共服务提供上的压力。

表 3　　1998—2011 年样本村公共物品提供的项目数量分布

项目类型	项目数（个）	项目占比（%）
修路和修桥	583	27.45
灌溉和排水	222	10.45
修梯田	13	0.61
土壤改良	16	0.75
生活用水	178	8.38
电力设施	188	8.85
广播电视线路	108	5.08
电话通信设施	80	3.77
修建学校	91	4.28
修建诊所	64	3.01
环境整治	80	3.77
生活垃圾处理	67	3.15
退耕还林	95	4.47
封山育林	61	2.87
生态林	30	1.41
小流域治理	44	2.07
文化活动场所	173	8.15
其他项目	31	1.46
总计	2124	100

数据来源：作者调查。

公共物品提供项目投资金额的分布特征和公共物品提供项目数量的分布特征基本一致（见表 4），体现了突出重点和广覆盖的特点。公共物品提供资金主要集中于道路、灌溉和饮用水等方面。道路项目提供规模占比最大，将近 38% 的农村公共物品提供资金用于农村道路项目建设，但对比韩国在 20 世纪 70 年代的经济起飞时期道路公共物品提供规模，我国道路提供规模仍稍显不足。根据朴振焕（2005）的研究，韩国在实行新农村运动（1971—1978）的 8 年时间里，每个农村平均道路改善 0.325 公里；根据我们的调查数据，在 1998—2011 年的 14 年里，样本村平均道路改善 0.352 公里，考虑到样本村的平均规模是韩国村庄规模的 6 倍多，农村道路还有很大的改善空间。虽然合计大约有一半的公共物品提供资金用于道路、灌溉和饮用水的公共物品提供项目中，但用于灌溉排水和生活用水项目的提供金额仅为 12%，说明从资金投入看，农村灌溉排水和饮用水项目可能需要加大投入力度。

公共物品提供金额的分析进一步显示企业确实在农村公共物品提供方面做出了较大贡献。主要由企业提供的电力、广播电视与通信项目投资金额占总投资金额的 12%。这说明充分利用不同类型农村公共服务提供的特点，引入相应主体参与公共服务提供可以有效减轻政府改善农村公共服务提供方面的资金压力。

虽然从投资金额看，我国农村公共物品提供的策略基本体现了突出重点和广覆盖的特征，但也存在一些需要注意的问题。作为提供教育和卫生服务的重要载体，农村学校和诊所修建的提供金额占比仅为 5%，可能对农村村级教育和卫生服务的提供带来负面影响。除了上述道路、灌溉、饮用水、学校、诊所、电力通信、文化活动场所和环境等方面项目外，其他项目数量仅占不到 2%，但投入的资金占比竟高达 11%。进一步分析表明这些项目主要是村庄美化（墙体刷白）、村办公室建设等项目，虽然这类项目在部分地区确有必要，但将如此大规模的资金（远高于学校和诊所建设金额，仅稍小于灌溉和饮用水投资金额）用于这类公共物品提供项目值得特别注意。

表 4　1998—2011 年样本村公共物品提供的项目资金规模分布

项目类型	项目总金额（万元）	项目占比（%）
修路和修桥	17801.85	38.49
灌溉和排水	2852.38	6.17
修梯田	344.70	0.75
土壤改良	184.30	0.40

续表

项目类型	项目总金额（万元）	项目占比（%）
生活用水	2843.77	6.15
电力设施	3189.83	6.90
广播电视线路	1096.64	2.37
电话通信设施	948.63	2.05
修建学校	1997.25	4.32
修建诊所	349.70	0.76
环境整治	1588.18	3.43
生活垃圾处理	151.24	0.33
退耕还林	1105.53	2.39
封山育林	174.45	0.38
生态林	69.41	0.15
小流域治理	2643.70	5.72
文化活动场所	3649.95	7.89
其他项目	5257.95	11.37
总计	46249.45	100.00

注：1998—2011 年 101 个村公共物品提供项目共有 2124 个，但是其中 162 个项目不知道总投资规模，因此公共物品提供规模的样本数是 1962 个。

数据来源：作者调查。

第二节　农村公共物品投资的分布特征

我国幅员辽阔，行政区划众多，地区与地区之间的差异非常大，那么公共物品投资究竟向哪些村倾斜？如何分布？哪些因素会影响到区域间差异的形成？本节将主要分析这一部分内容。首先，我们来看收入水平是否与公共投资项目之间存在相关性。从调查数据的简单分布来看，按人均收入将样本村由低到高分为 5 组，每个组的公共项目平均都在 3.0—3.2 个，人均收入与项目数量之间并没有显示出某些趋势（见图 4）。

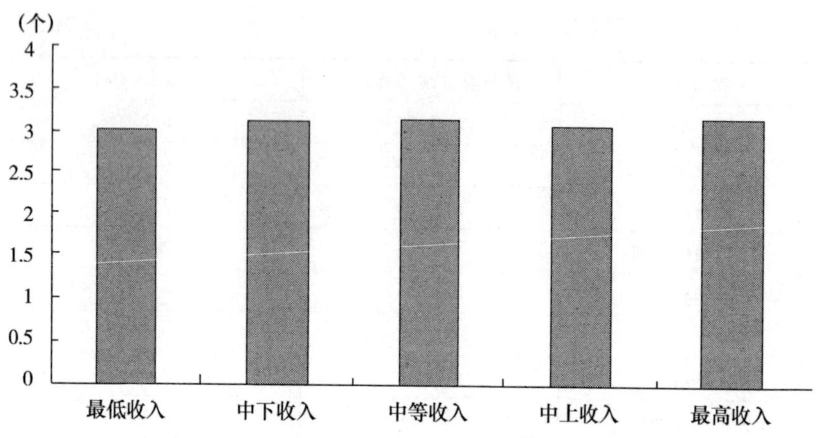

图 4　农村公共提供项目数量分布

数据来源：作者调查。

但是，如果按照公共项目的提供者划分为两个类别，即项目由上级部门投资和完全由村里投资，我们发现这两个类型的公共项目数量差异明显。对于前者来说，村的人均收入越高，上级部门提供的项目数量越少，公共项目平均数从 0.8 个减少到 0.33 个，这种减少的趋势在图 5 中表现得非常明显。对于后者来说，这种趋势正好相反，村人均收入越高，完全由村自筹的项目数量越多，公共项目平均数从 0.68 个增加到 1.4 个，图 6 体现了这一趋势。这充分表明我国上级政府的公共物品提供策略明显具有侧重于向贫困地区倾斜的特征。另外，人均收入高的村，也就是较为富裕的村，更有能力也更愿意提供更多的自筹项目。

从公共物品项目提供总额的角度看，也可以发现收入水平和公共物品提供金额之间比较显著的关系。对于完全由上级提供的公共项目总额而言，较为贫困的村能够获得上级部门较多的投资金额，人均收入最低和较低的两个组获得上级平均投资金额都在 10 万元以上，而收入较高的样本村从上级部门获得的平均投资金额却不足 10 万元（见图 7）。结合上面的分析，我们不难发现较贫困的村在获取上级公共项目投资数量和金额方面，都比富裕的村获得的多，这说明我国在农村公共物品投资策略方面坚持了向贫困地区倾斜但兼顾公平的原

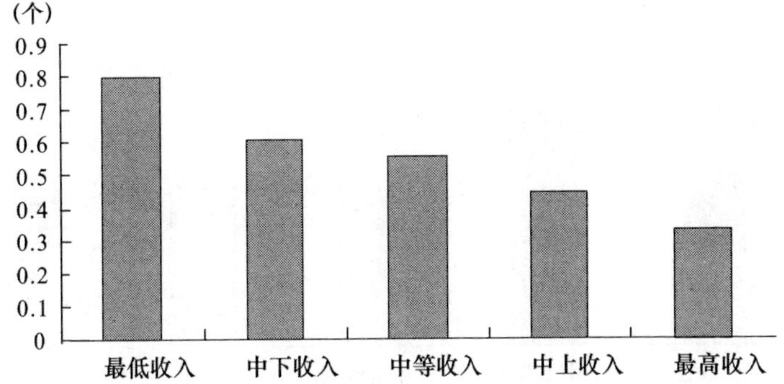

图 5　完全由上级提供的农村公共项目资金数量分布

数据来源：作者调查。

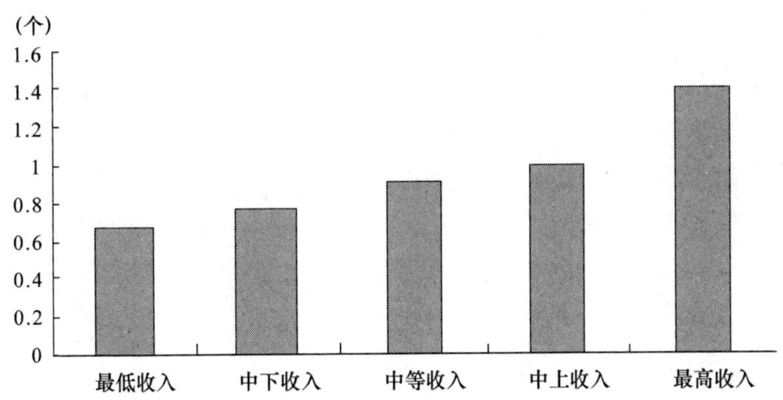

图 6　完全由村里提供的农村公共项目资金数量分布

数据来源：作者调查。

则。而对于完全由村里提供的项目，最低收入样本村的完全自筹公共投资项目平均金额只有 2.8 万元，这一数字在最高收入村达到了 14.8 万元，富裕村是贫困村的 5 倍；在按照人均收入划分的 5 个组别中，样本村的收入越高，完全自筹公共项目投资金额也越高（见图 8）。

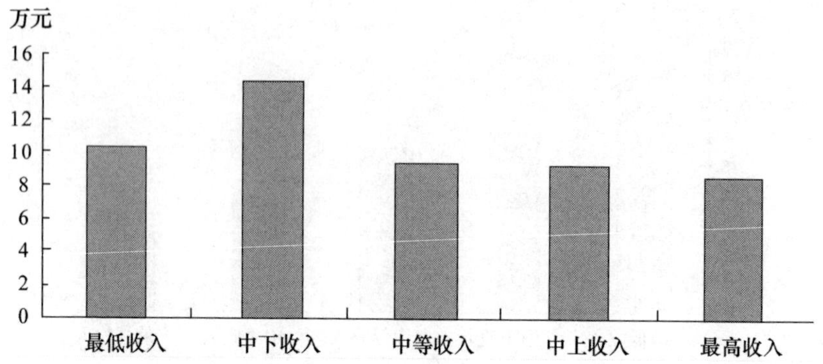

图 7　完全由上级提供的农村公共项目资金规模分布

数据来源：作者调查。

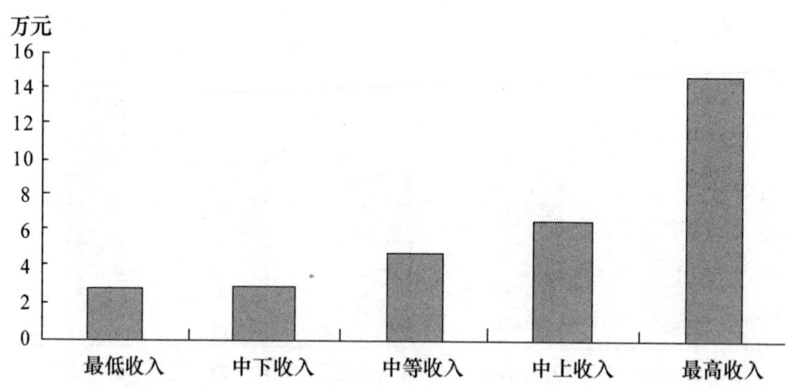

图 8　完全由村里提供的农村公共项目资金规模分布

数据来源：作者调查。

本书再以样本村山地面积比例的高低，将调查的样本村划分为环境敏感村和环境非敏感村：如果样本村山地面积占村总面积的比例超过 10%，我们就认为这个样本村是环境敏感村；山地面积比例低于 10%，则认为是环境非敏感村；下面分析这两种样本村公共物品投资的差异。在表 5 中，环境敏感村完全自筹的公共项目平均为 0.8 个，而环境非敏感村的这一数字达到了 1.1 个。这可能是由于在环境敏感村生产环境比较差，因此村里提供公共物品的能力相对较弱，导致完全由村里提供的农村公共物品项目相对较少。另外，环境敏感村完全自筹的公共项目平均投资额为3.2万元，而这一数字在环境非敏感村达到了9.4万元，是环境敏感村的近3倍。再来看公共项目完全由上级提供的情况，环境敏感村完全由上级投资的公共项目平均有0.9个，这一数字在环境非敏感村只有0.2个。由此不难看出，环境敏感村获得的完全由上级投资的公共项目不但数量多而且规模大。在公共项目投资的目的方面，上级政府更倾向于向环境敏感村提供环境保护项目，用以改善当地的环境，帮助其可持续发展。

表5　**环境敏感样本村和环境非敏感样本村公共项目情况**

	环境敏感样本村		环境非敏感样本村	
	公共项目数（个）	公共项目平均提供规模（万元）	公共项目数（个）	公共项目平均提供规模（万元）
完全由村里提供的项目	0.8	3.2	1.1	9.4
完全由上级提供的项目	0.9	13.0	0.2	8.1

数据来源：作者调查。

第三节　农村公共物品投资的区域差异

上节从公共投资项目的数量和规模上考察了我国农村公共物品投资的分布特征，下面我们来看看这些数量众多、规模庞大的公共投资项目到底都做了什么，也就是它们的投资目的到底是什么。在过去的三轮调查中，我们询问了样本村过往的公共投资项目到底流向何处，得到的反馈大多表示其投资项目主要是增加了农民收入和就业机会，在本轮调查中，我们也询问了样本村公共项目的投资目的，备选项主要包括五个方面：一是增加收入；二是提高生活质量；三是环境保护；四是增加就业；五是增加村集体收入。就这一问题，我们询问了所有样本村的村干部，他们的回答基本上都包括增加收入，但也出现了许多不同的声音，例如村干部认为农民生活水平在41.4%项目的影响下得到了提高，村环境在15.6%项目的影响下得到了改善，真正认为公共投资的目的是增加村集体收入和就业机会的比例并不高（见图 9）。这么看来，我国农村公共物品投资的目的已经发生了转变，投资的目的更加多样。

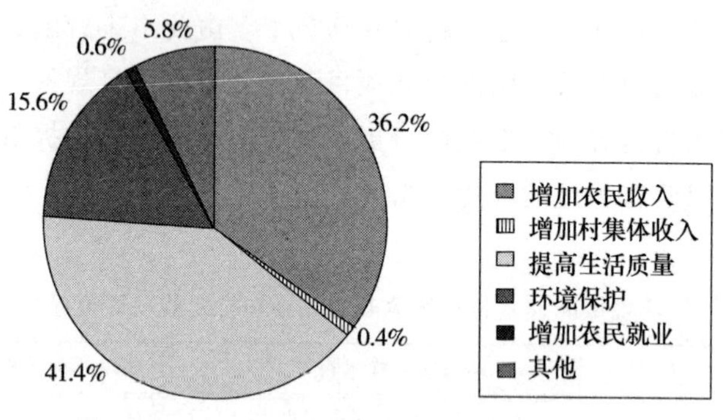

图 9　我国农村公共物品提供的目的

数据来源：作者调查。

如果将样本分为贫困地区和富裕地区，通过比较可以发现它们所实施项目的目的还是存在一定的差异。通过对图 10 和图 11 的比较可以看出，对于非国家级贫困县，和国家级贫困县相比，环境保护、增加农民就业、增加村财政收入等项目所占的比例基本不变。相对而言，变化较多的是提高生活质量和增加农民收入，对于非国家级贫困县，和国家级贫困县相比，相对较多的公共物品提供的主要目的是提高生活质量，相对较少的公共物品提供是用来增加农民收入。具体来说，国家级贫困县的公共物品提供中，37% 的项目的主要目的是增加农民收入，而非国家级贫困县这一比例为 32%。同时国家级贫困县的公共物品提供项目中，36% 的项目的主要目的是提高生活质量，而非国家级贫困县这一比例为 43%。这说明虽然两类地区都很关注增加农民收入，但是与国家级贫困县相比，非国家级贫困县的人们更关注生活质量的提高。

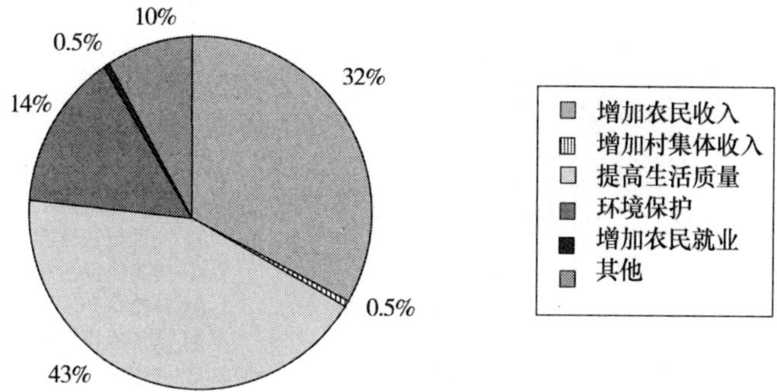

图 10　我国非国家级贫困县农村公共项目提供的目的

数据来源：作者调查。

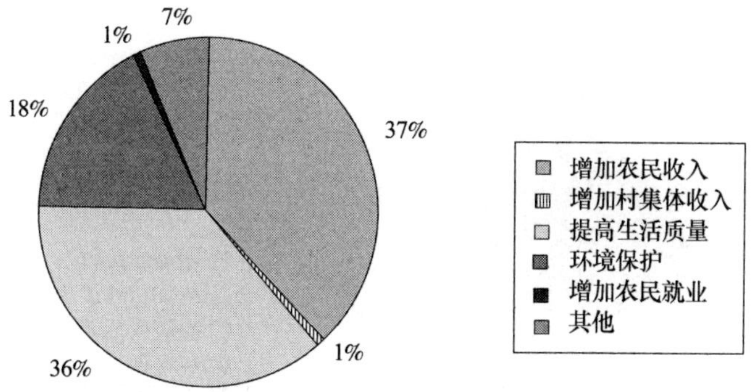

图 11　我国国家级贫困县农村公共项目提供的目的

数据来源：作者调查。

如果将调查的样本村分为环境敏感村和环境非敏感村，我们发现对于环境敏感村和环境非敏感村，增加农民收入的公共项目比例变化不大。差异特别显著的是环境非敏感村投资相对较少的公共物品用于环境保护，而环境敏感村会对环境保护项目进行大量的投资。从这一方面来说，我国农村公共物品提供的策略还是比较合理的（见图 12 和图 13）。

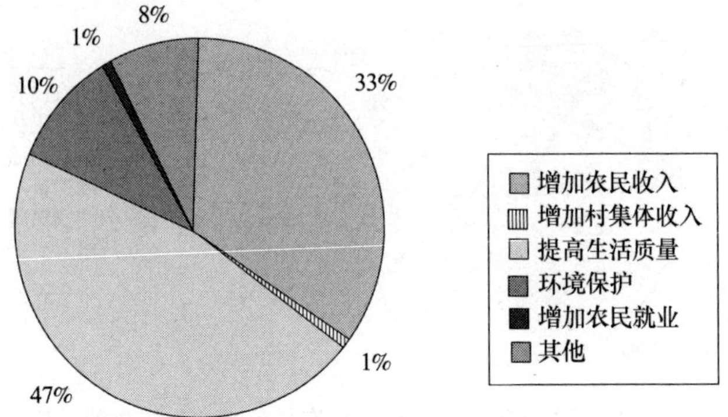

图 12　我国环境非敏感村公共项目提供的目的

数据来源：作者调查。

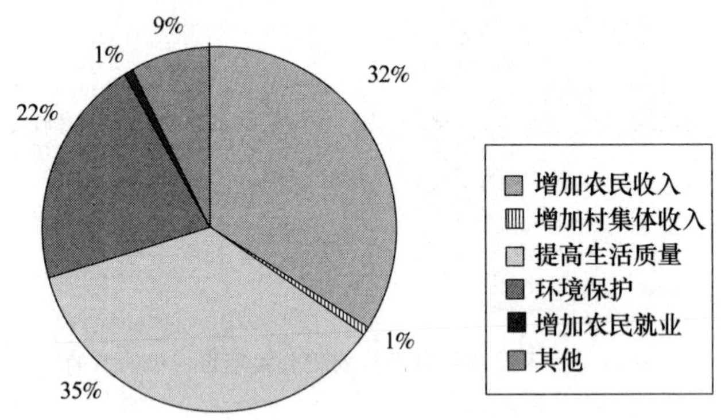

图 13　我国环境敏感村公共物品提供的目的

数据来源：作者调查。

上面的分析结果表明，不仅我国农村公共物品投资目的发生改变，其流向在不同区域中也是有差异的。例如，样本村公共项目的简单平均数是 3.1 个，有两成样本村都实施了 5 个及以上的公共项目，但是却有 12% 的样本村只实施了 1 个公共项目，甚至有 5% 的样本村没有实施任何公共项目。这种公共项目的数量分布是不均衡的。再看看公共项目的投资金额。公共项目投资总额在样本村中的平均数是 10 万元，但是有的样本村达到了 50 万元，而大部分的样本村不足 2

万元。那么，如果按照投资经费来源对公共项目进行分类，其分布是否均衡呢？分析结果发现，其分布更不均衡。在完全由上级投资的公共项目中，20%的样本村投资的某种项目，同时却有将近一半的样本村没有实施这类项目。这种分布的不均匀，在完全由村自筹资金的样本村中也是一样的，1/4 的样本村实施的某种项目，同时却有将近2/3的样本村没有实施该类项目。

第四节　本章小结

通过本章的分析发现，我国在近几年的农村公共物品投资活动还是比较多的，而投资的主要方向还是公共物品，包括道路、灌溉、饮用水、电力设施以及环保等。村级组织在公共物品投资中也发挥了不可替代的作用，而上级政府则倾向于向贫困地区和环境敏感地区投入更多的公共项目和资金，这一投资策略有利于协调区域经济发展，缩小贫富差距，而富裕地区农村则主要依靠自筹项目来提供其所需的公共物品。应该说，我国在农村公共物品投资的策略上还是值得肯定的，但还远远不能满足农村进一步发展的需求，应该继续坚持下去并加大投资力度，帮助贫困地区和环境敏感地区可持续发展。另外，由于村集体的自有资金在逐步减少，村民自筹资金的难度也在加大，上级政府应该对这一点予以关注。

第五章

农村公共物品投资的演变趋势

在面板数据收集和跟踪的过程中，对我国农村公共物品投资影响较大的政策有两个，分别是2002年推行的农村税费改革和2006年实施的新农村建设。为了反映这两次重大政策调整对农村公共物品提供的影响，本书将1998—2011年的调查分为三个时间段，分别是税费改革前（1998—2001）、税费改革时期（2002—2005）和新农村建设时期（2006—2011），分析三个时间段农村公共物品提供的基本情况、差异及其影响因素。

第一节　不同发展阶段农村公共物品投资的基本情况

本节主要介绍税费改革前、税费改革时期和新农村建设时期农村公共物品提供的数量、规模以及不同省份和区域之间的差异。

一　税费改革前农村公共物品提供的基本情况

税费改革前，城乡的公共物品提供有很大的差别，大部分农民所能够享受到的公共物品和服务与城市居民相比还是有很大差距的（李明芳，2011）。城市的公共物品提供靠财政解决，而农村公共物品供给资金来自各项收费、摊派、集资等制度外资金，与城市居民相比，农民在享受基本公共物品时要付出更高的成本（刘建平等，2006）。长期以来，农村“自给自足”的筹资方式不可持续，只得通过增加收费、摊派、集资来获得更多的资金，农民因此而承受的负担越来越重（廖清成等，2004）。

根据我们的调查数据，在1998—2001年间，101个样本村共开展了347个公共物品提供项目。许多新的投资项目仍然是以提供公共物品为目的，但是提供项目的类型范围很广。在347个公共物品提供项目中，至少有20个村提供了17种不同类型的公共项目（见表6第1列）。所有项目提供的年平均规模达到13.6万元（见表6第3列）。1999年开始实施退耕还林的政策，从表6中也可以看出，此项政策的年平均规模为26.8万元，其中规模最小的是封山育林，年提供金额仅为0.7万元。

所有样本村中都有各种类型的项目，但是公共项目提供的类型仍然集中在少数几个方面，比如，有18.2%的项目在修路和修桥上提供资金支持，并且修路和修桥占所有公共物品项目提供规模的25.7%。有超过10%的项目为电力设施、灌溉和排水以及修建学校方面的公共提供项目。另外，电话手机、退耕还林和生活用水的项目数量也接近10%。总的来说，68.4%的公共物品项目属于上述几种类型。

修路和修桥、电力设施、灌溉和排水、修建学校、退耕还林这几类项目，无论在提供数量还是在提供总额方面都占有较大的份额。累计有82.6%的经费用于上述5项公共物品的提供活动中。在税费改革前，中国农村村级公共物品提供中有25%的投资经费是用于修路和修桥，16%的投资用于退耕还林，12%的投资用于修建学校。另外，电力设施、灌溉和排水项目都占到了总投资的10%以上。总体而言，税费改革前对于农村上述5类公共项目的投资数量和投资额度都最大。

表6　　　1998—2001年税费改革前农村公共物品提供情况

项目类型	项目数（个）	项目平均金额（万元）	项目占比（%）
修路和修桥	63	17.3	18.2
电力设施	50	21.5	32.6
灌溉和排水	49	8.3	46.7

续表

项目类型	项目数（个）	项目平均金额（万元）	项目占比（%）
修建学校	37	14.3	57.4
电话手机	34	10.2	67.2
退耕还林	27	26.8	75
生活用水	26	8	82.5
广播电视线路	19	9.8	88
修建诊所	12	2.2	91.5
封山育林	10	0.7	94.4
文化活动场所	6	2.1	96.1
小流域治理	5	12.4	97.5
环境整治	3	7.6	98.4
生态林	2	15	99
修梯田	2	6.9	99.6
土壤改良	1	16	99.9
其他项目	1	2	100
加总/平均	347	13.6	100

数据来源：作者调查。

税费改革前，不同省份在公共物品提供的数量、来源和份额上有很大差异。根据调查数据，在公共物品提供方面，平均而言，有44.2%的项目是完全由村一级自己提供（见表7第7行）。完全由上级政府拨款实施的项目数占了33.1%，同时22.7%的项目需要村里筹措资金进行配套。区域分布方面，在富裕的江苏省，完全由村自筹的项目数超过一半（55.3%），远高于西北地区的陕西省（13.2%）。而完全由上级政府提供的项目比例在江苏省仅为15.8%，远小于西北地区的陕西省（51.5%）。这表明，税费改革前，在中国农村公共物品提供决策中，上级政府还是倾向对落后的西部地区的公共物品供给。

表 7　　1998—2001 年样本省份公共物品提供项目资金来源

省份	项目总数（个）	上级提供项目总数		村自筹项目总数		两者共同提供项目总数		上级提供份额	村自筹提供份额
		（个）	（%）	（个）	（%）	（个）	（%）	（%）	（%）
江苏	57	21	15.8	28	55.3	8	28.9	41.2	58.8
四川	76	12	37.0	42	52.1	22	11.0	72.4	27.6
陕西	43	10	51.5	23	13.2	10	35.3	74.8	25.2
吉林	68	35	23.3	9	53.5	24	23.3	26.6	73.4
河北	73	27	36.8	38	49.1	8	14.0	60.5	39.5
合计	317	105	33.1	140	44.2	72	22.7	60.7	39.3

数据来源：作者调查。

二　税费改革时期农村公共物品提供的基本情况

税费改革期间，中央政府取消了多种不规范的收费，于是出现了资金缺口，上级政府的财政转移支付填补了这一缺口，再加上“一事一议”的村民集资，这样一来，农村公共物品投资由制度外供给转为制度内供给（廖清成等，2004；刘建平，2006）。这样做的初衷是减轻农民负担，但是其效果却没有达到，改革之后的资金筹措问题日益突出（曾长福等，2007）。向农民要钱的主体已由过去的乡村基层组织转变为涉农部门和单位，甚至出现了一些新的收费名目，乱罚款、克扣、挪用、截留农民应得利益的现象时有发生（罗贤松，2012）。

另外，税费改革后，国家和地区之间的资源分配方式发生了巨大变化，国家不再从地方提取资源，而是向村庄输入资源，从而引起农村公共物品的供给模式发生了巨大变化（耿羽，2011）。村税费改革在很大程度上规范了农民税费，但是却限制了基层政府和组织的融资能力（陈默等，2007）。尽管乡村两级组织公共物品供给的方式比以往更为规范，但是筹资渠道却明显减少。乡镇财政压力增大，农村公共物品的短缺问题更加突出（廖清成等，2004）。总体而言，这种改革使我国农村原本就供给不足的公共物品更加短缺（兰晓红，2007）。

随着税费改革的深入，再加上农村公共物品投资方式的转变，上级政府对农村公共物品的投资目的与农民的需求正在逐步匹配，但需要指出的是，政府依然在农村发展中占据主导地位，村级组织依然作为政府在农村的延伸而存在（韩国明等，2011）。为了避免过多的财政输出，地方政府在税费改革后往往不向农民提供公共服务或者提供公共物品（杨林，2013）。

根据调查数据，税费改革期间，101 个村总共进行了 705 个公共项目，大约有 1/3（66.2%）都投到了修路和修桥、灌溉和排水、退耕还林、电力设施、生活用水和修建学校上。其中，修路和修桥的项目数超过了 1/4，其他项目数量也占总项目数的 10% 左右（见表 8）。

从公共物品提供的类型来看，分布在将近 20 个领域中，涉及农村生产、生活、教育、环境和医疗卫生。但是从提供的数量来看，主要还是以基本的生活和生产服务为主，提供数量最多的项目是修路和修桥（179 个），最少的是修梯田（4 个）。从提供的金额来看，这一阶段的公共物品提供更加多样化，注重了农村文化活动场所（15.3 万元）和生活用水（10.3 万元）方面的提供力度。尤其加强对生产活动和环境整治方面的公共物品提供，其中包括土壤改良（10.3 万元）、环境治理（21.1 万元）和小流域治理（12.3 万元）。

表 8　　2002—2005 年税费改革后农村公共物品提供情况

项目类型	项目数（个）	项目平均金额（万元）	项目占比（%）
修路和修桥	179	25.7	25.4
灌溉和排水	70	7.2	35.3
退耕还林	62	6.8	44.1
电力设施	58	17.9	52.3
生活用水	56	10.3	60.2
修建学校	42	20.8	66.2
广播电视线路	41	10.9	72
封山育林	37	4.0	77.2
环境整治	31	21.1	81.6
文化活动场所	31	15.3	86
电话手机	27	14.1	89.8
生态林	22	1.6	92.9
小流域治理	17	12.3	95.3

续表

项目类型	项目数（个）	项目平均金额（万元）	项目占比（%）
生活垃圾处理	10	1.7	96.7
修建诊所	10	1.1	98.1
土壤改良	7	10.3	99.1
修梯田	4	31.0	99.7
其他项目	1	0.5	100
加总/平均	705	15.1	100

数据来源：作者调查。

尽管如此，税费改革期间，村一级仍然负担了公共物品服务提供中的很大一部分份额（见表9第6列）。将近一半的项目是完全由村自己提供的（见表9第7行）。完全由上级拨款实施的项目占了27.9%，上级政府和村里共同提供的项目占到30.4%。在提供的份额上，上级政府与村自筹的公共项目几乎各占一半。从提供的区域分布看，江苏、河北和吉林完全由村自筹的项目比例（65%左右）远远高于陕西（13.3%）。而完全由上级政府提供的项目比例在江苏省仅为3.5%，远小于陕西（50.0%）的公共物品提供。在提供的份额上，上级政府在江苏的提供规模（14.0%）小于在陕西的提供规模（85.0%）。总体而言，虽然上级政府提供的公共物品和村自筹的公共物品在比例和金额上相差不大，但上级政府提供的公共物品还是倾斜于西部落后地区。

表9　　2002—2005年样本省份公共物品提供项目资金来源

省份	项目总数	上级提供项目总数		村自筹项目总数		两者共同提供项目总数		上级提供份额	村自筹提供份额
	（个）	（个）	（%）	（个）	（%）	（个）	（%）	（%）	（%）
江苏	96	15	3.5	62	65.8	19	30.7	14.0	86.0
四川	114	4	30.7	75	45.6	35	23.7	77.7	22.3
陕西	115	32	50.0	41	13.3	42	36.7	85.0	15.0
吉林	166	83	27.8	22	35.7	61	36.5	36.9	63.1
河北	114	35	15.6	52	64.6	27	19.8	23.4	76.6
合计	605	169	27.9	252	41.7	184	30.4	54.1	45.9

数据来源：作者调查。

三　新农村建设时期农村公共物品提供的基本情况

建设社会主义新农村，是为改变城乡的“二元经济结构”，统筹发展的一个重要举措。新农村建设中农村公共物品的有效供给是基础，但是我国的农村公共物品供给量无法满足新农村建设的需要（王友成，2010；谭水平，2011；崔晓芳，2012；韦双莉等，2012），并且供需的不匹配问题也较为突出（林万龙，2007；谭淼，2013）。对于一些有关可持续发展的公共物品供给比如教育、医疗、环境保护等方面存在严重的短缺。农村公共物品投资的总量依然不足，投资效率不高，投资结构也不够合理，这些都限制和阻碍了新农村建设的进程（李春燕等，2011）。这样一来，农民对公共物品的迫切需求得不到满足，公共资源也存在浪费的风险（朱荣飞，2010）。到2020年，新农村建设的资金需求将会达到20万亿元（李明芳，2011）。

调查数据显示，在新农村建设时期，在101个村共投资了1072个项目（见表10）。从数量上来看，提供最多的项目是修路和修桥（341个），值得关注的是，这一时期加大了对农村文化生活方面的建设（136个），重视了对农民生活环境和公共服务方面的提供力度，比如生活用水（96个）、垃圾处理方面（57个）、环境整治（46个）和修建诊所（42个）。另外，从2001年开始进行农村小学布局结构调整，农村小学大幅度缩减，样本中修建学校的数量仅为12所。总体而言，88.6%的农村公共物品提供项目集中在上述几个方面。

从提供的平均金额来看，新农村建设时期，样本村的项目平均规模为32.4万元。上述几个项目中，除了生活垃圾处理（2.4万元）和修建诊所（7.6万元）外，修路和修桥、文化活动场所建设、灌溉和排水、生活用水和环境整治等项目的平均提供规模都在20万元以上。

因此，总体而言，在新农村建设时期，依然持续对农村基础设施进行投入，比如修路和修桥以及灌溉和排水，同时也将农村的公共环境和文化生活建设作为农村公共物品提供的重要方面。

表 10　　2006—2011 年新农村建设时期农村公共物品提供情况

项目类型	项目数（个）	项目平均金额（万元）	项目占比（%）
修路和修桥	341	38.5	31.8
文化活动场所	136	25.0	44.5
灌溉和排水	103	20.6	54.1
生活用水	96	22.8	63.1
电力设施	80	22.0	70.6
生活垃圾处理	57	2.4	75.9
广播电视线路	48	16.1	80.4
环境整治	46	20.4	84.7
修建诊所	42	7.6	88.6
其他项目	29	187.7	91.3
小流域治理	22	108.4	93.4
电话手机	19	34.9	95.2
封山育林	14	3.0	96.5
修建学校	12	61.0	97.6
土壤改良	8	15.2	98.3
修梯田	7	29.6	99
生态林	6	0.8	99.6
退耕还林	6	2.7	100
加总/平均	1072	32.4	100

数据来源：作者调查。

新农村建设时期，样本省份之间公共物品提供的数量和来源也有不同。上级提供项目、村自筹项目和两者共同提供的项目各占 30% 左右，但是上级提供的份额占到了 72.6%，远高于村自筹的项目金额 27.4%。说明在新农村建设时期，上级提供的项目数量较税费改革时期有所减少，但是金额比较大。从各个地区的情况来看，江苏和河北都有近一半的公共物品提供来自于村自筹，而陕西和四川则有一半左右的项目来自于上级提供。在提供的金额上，除了江苏和河北，其他各省来自于上级的提供都在 70% 以上，四川更是达到了 94.2%，这可能与 2008 年四川地震灾后重建有关。

表 11　2006—2011 年样本省份公共物品提供项目资金来源

省份	项目总数（个）	上级提供项目总数		村自筹项目总数		两者共同提供项目总数		上级提供金额	村自筹提供金额
		（个）	（%）	（个）	（%）	（个）	（%）	（%）	（%）
江苏	160	34	19.0	72	42.4	54	38.5	39.7	60.3
四川	205	39	45.4	87	22.4	79	32.2	94.2	5.8
陕西	153	45	51.8	49	17.0	59	31.2	76.4	23.6
吉林	247	128	29.4	42	32.0	77	38.6	69.5	30.5
河北	205	93	21.3	46	45.0	66	33.8	43.5	56.5
合计	970	339	34.9	296	30.5	335	34.5	72.6	27.4

数据来源：作者调查。

第二节　农村公共物品投资的动态演进

本节利用长期跟踪调查数据，结合国家农村公共物品提供重要政策节点，在描述我国农村 1998—2011 年间村级公共物品投资时序和结构特征的基础上，进一步分析我国农村公共物品的投资策略及其存在的问题，为提高农村公共服务提供水平，统筹城乡发展提出一些建议。

一　农村公共物品投资的时序特征

调查数据显示，虽然我国现阶段农村投资力度没有日本、韩国等国家相同转型阶段投资力度大，但公共物品提供项目数量增加明显，农村公共物品提供策略逐步趋向合理（见图 14）。在农村税费改革前，农村公共物品提供项目数量相对较少，平均每年每个村仅有 0.86 个公共物品提供项目。但在税费改革时期（2002—2005），平均每年每个村新实施的公共物品提供项目达到 1.75 个，比上一时期增加了 1 倍还多。这说明国家在实施税费改革的过程中，配套设施的“六小工程”等投资项目推动了提升公共物品投资项目数量的进程。而在 2006 年开始实施新农村建设后（2006—2011），样本村年均公共物品提供项目数量基本维持不变，仅小幅增加，为 1.77 个。

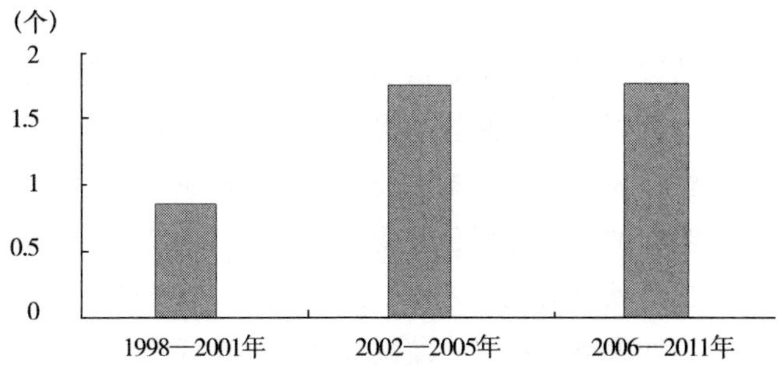

图 14　样本村公共物品提供数量年际变化

数据来源：作者调查。

相应地，农村公共物品提供金额在各个时期也存在较大差异，投资金额呈现显著增加的特点（见图 15）。税费改革前平均每年每个村公共物品提供金额为 10.5 万元。但在税费改革时期，伴随着公共物品提供项目数量的增加，公共物品提供金额也显著增加，平均每年每个村公共物品提供规模达到 24.16 万元。在税费改革时期，公共物品提供项目数和投资金额都实现了翻番，表明这一阶段农村公共物品提供主要是以新增项目数量为主，单个项目的投资规模增加不大。这一发现也符合我国该阶段主要实施“六小工程”时项目类型覆盖面广、投资小的特点，目的在于满足农村基本公共服务的需要。在新农村建设开始后，虽然公共物品提供项目数量变化不大，但提供规模又翻了

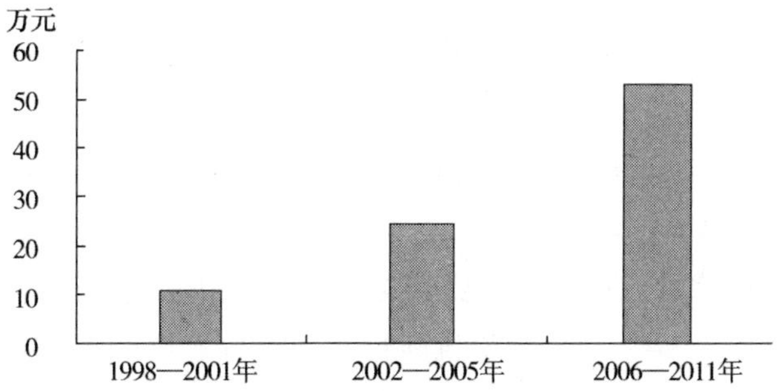

图 15　样本村公共物品提供规模年际变化

数据来源：作者调查。

一番，平均每年每个村公共物品提供金额增加到 53.21 万元。这种现象部分源于税费改革后取消了有偿用工和义务工，也可能反映了新农村建设开始后，我国农村公共物品提供的目标不仅聚焦于农村基本公共服务的可得性，还开始关注基本公共服务的质量。

为了进一步归纳不同类型公共物品提供项目的特点，更好地反映农村公共物品提供项目的变动趋势，本书将 17 个类型的公共物品提供项目集中分为八大类。道路、灌溉和排水与生活用水项目是公共物品提供的重点领域，单独列出分析。其他 14 类项目分别归纳如下：电力和通信项目包括电力设施、广播电视线路和电话手机项目；村庄环境改善项目包括环境整治和生活垃圾处理；生态环境改善项目包括退耕还林、封山育林、生态林和小流域治理；其他类项目包括修建文化活动场所、修建学校、修梯田、土壤改良项目与其他项目（主要是墙体刷白和修村办公室等项目）。

从不同时期农村公共物品提供项目数量来看，不同类型公共物品提供项目的差异非常明显（见表 12）。样本村道路提供在各个时期都是最主要提供项目，在快速增加后过渡到稳步增长阶段。在税费改革前，每个样本村年均实施 0.16 个道路项目，但在税费改革时期，道路项目数量快速增加至年均 0.44 个，但在新农村建设时期，道路投资项目数量稳定在年均 0.56 个的水平。灌溉和排水项目与生活用水项目数量也有所增加，但是每一时期的增加幅度较小。灌溉和排水项目从税费改革前的年均 0.12 个小幅增加至后来的 0.17 个。生活用水项目在三个时期年均提供项目数量分别为 0.12 个、0.14 个和 0.16 个，增幅也较小。

农村电力和通信项目、学校和诊所项目及生态环境项目的数量经历了先增加再减少的过程。农村电力和通信项目从税费改革前的年均 0.26 个，小幅增加到税费改革阶段的 0.32 个，并回落到新农村建设期间的年均 0.25 个。学校和诊所项目在新农村建设前差别不大，但新农村建设后减少为年均 0.09 个，作为提供教育和卫生公共服务的村级阵地，投资的减少值得警示。生态环境改善项目提供数量在税费改革时期快速增加后，到了新农村建设时期后回落也很快，在税费改革前、税费改革期间和新农村建设期间年均项目数量分别为0.11个、0.34个和0.08个，在促进经济发展和增加农民收入过程中，需要进一步将生态文明建设落到实处。这一发现和Liu等（2011）的研究类似，虽然农户们很希望能改变逐渐恶化的生态环境，但是新农村建设在这方面没有带来太多的改变。

新农村建设政策影响较大的领域是村庄环境与其他类项目的投资。根据新农村建设村容整洁的要求，村庄环境改善的投资数量增加很快，70%的村庄环境改善项目在这一时期完成建设。其他类项目的投资项目数量增加最快，新农村建设时期比税费改革前增加了20多倍。增加如此之快的原因是在新农村建设开始后大力提倡乡风文明，79%的村文化活动场所在新农村建设时期落成，新建村办公室、墙体刷白等项目更是全部集中在这一时期。

表12　　不同类型公共物品提供规模结构

项目类型	1998—2001年	2002—2005年	2006—2011年
道路	0.16	0.44	0.56
灌溉和排水	0.12	0.17	0.17
生活用水	0.12	0.14	0.16
电力和通信	0.26	0.32	0.25
学校和诊所	0.12	0.13	0.09
村庄环境改善	0.01	0.10	0.17
生态环境改善	0.11	0.34	0.08
其他类项目	0.02	0.11	0.30

数据来源：作者调查。

样本村公共物品提供额度在不同时期的变动趋势与投资项目数量存在一定差异（见表13）。样本村除学校和诊所项目外，其他类型项目的公共物品提供额度都有增加，但增加的力度存在差异。道路项目提供金额增加最为明显，从税费改革前的年均2.7万元增长到税费改革时期的年均10.9万元和新农村建设时期的20.3万元。灌溉和排水与生活用水项目虽然有所增加，但力度偏小，仅从年均1万元左右增长到3万元左右。电力和通信项目、村庄环境和生态环境类项目的提供金额在规模上虽然有所增加，但增加幅度不大。

样本村公共物品提供金额的变化显示，农村公共物品提供策略有进一步优化的空间。学校和诊所项目的提供金额在税费改革前年均为1.34万元，在税费改革期间增加到2.19万元后，到新农村建设期间下降为1.52万元。而同期其他类型的项目（主要是新建村办公室、墙体刷白和修村文化活动场所等）在新农村建设时期提供金额快速增加，三个不同时期的年均提供金额为0.11万元、1.59万元和14.43万元。其他类项目在新农村建设时期提供规模仅次于道路项目提供规模，分别是同期灌溉排水和饮用水项目提供金额的4倍，是学校和诊所提供金额的9倍。

表13　　不同类型公共物品提供项目投资规模年际变化

（平均每村每年项目金额）　　单位：万元

项目类型	1998—2001年	2002—2005年	2006—2011年
道路	2.70	10.93	20.29
灌溉和排水	0.97	1.25	3.23
生活用水	0.51	1.40	3.41
电力和通信	2.86	3.27	4.55
学校和诊所	1.34	2.19	1.52
村庄环境改善	0.04	1.65	1.74
生态环境改善	1.97	1.87	4.02
其他类项目	0.11	1.59	14.43

数据来源：作者调查。

二　农村公共物品投资的结构特征

农村公共物品提供数量和规模在不同时期变化的同时，公共物品的提供结构也在发生着深刻的改变。道路提供项目数量在税费改革前仅占公共物品提供项目数量的18%，到了新农村建设时期占到了总提供项目数量的32%（见表14），这种提供策略的变化很好地反映了相关研究中显示的道路提供对农村发展的重要作用。从项目数量看，灌溉和排水项目与生活用水项目数量虽然在不同时期有小幅变化，但基本稳定在10%左右，在公共物品提供中仍然占有重要地位。

电力和通信项目，以及学校和诊所项目的提供趋势和道路的提供趋势正好相反。税费改革前项目数量占公共物品提供项目总数的30%，但在税费改革期间和新农村建设时期，占比逐步下降至18%和14%。这种投资增幅的下降可能反映了我国农村电力服务提供已经得到较大改善的事实。学校和诊所提供项目数量所占的比例逐年下降，从税费改革前的14%下降到税费改革时期和新农村建设时期的7%和5%。虽然这可能反映了农村小学调整合并等政策的影响和村诊所主要由个体经营这一事实，但考虑到学校和诊所是我国农村教育和卫生公共服务的重要载体，这种提供结构仍然令人担忧。

与之相对应，村庄环境改善和其他类提供项目数量在公共物品提供项目数量中的比重增加最快。特别是其他类提供项目（主要是新建村办公室、墙体刷白和修村文化活动场所等）数量占比从税费改革前的3%快速增加到税费改革时期和新农村建设时期的6%和16%。

表14　**不同类型公共物品提供数量结构**　单位:%

项目类型	1998—2001年	2002—2005年	2006—2011年
道路	18	25	32
灌溉和排水	14	10	10
生活用水	7	8	9
电力和通信	30	18	14
学校和诊所	14	7	5
村庄环境改善	1	6	10
生态环境改善	13	20	4
其他类项目	3	6	16
总计	100	100	100

数据来源：作者调查。

根据调查数据，公共物品提供金额在结构上两极分化严重（见表15），结合国际上的相关研究，我国现阶段农村公共物品提供结构有必要做进一步调整。从提供金额的结构看，道路项目占总投资规模比重达到38%，其他类项目占比达到27%，两项公共物品提供占据了总投资的近2/3。其他类项目（主要是修村文化活动场所、新建村办公室、墙体刷白等）提供金额占比过高，在新农村建设时期比灌溉排水、生活用水、学校和诊所等项目的提供总额还高，亟待调整。除道路外的灌溉和排水、生活用水、电力通信等基础设施项目的提供多年来投资占比都不高，甚至出现下降的趋势。学校和诊所项目提供金额占比一直在减少，在新农村建设时期是提供最少的项目。根据Fan（2008）的研究，增加农村基础设施投资是有效促进经济增长和消除贫困人口的途径，而削减教育方面的支出是不利于经济增长与消除贫困的。另外，林毅夫（2012）的研究表明，要让基础设施投资拉动经济的影响最大，需要通过加大人力资本投资进行配合。而我国当前这种公共物品提供结构，可能会对我国农村劳动力人力资本的形成产生严重的影响，进而对我国长期的经济发展形成制约。

表15　**不同类型公共物品提供资金规模结构**　单位:%

项目类型	1998—2001年	2002—2005年	2006—2011年
道路	26	45	38
灌溉和排水	9	5	6
生活用水	5	6	6
电力和通信	27	13	9
学校和诊所	13	9	3
村庄环境改善	0	7	3
生态环境改善	19	8	8
其他类项目	1	7	27
总计	100	100	100

数据来源：作者调查。

三　农村公共基础设施及服务提供的变迁

农村公共物品提供项目的目的是提高农村公共服务提供的水平和质量，不断加大的农村公共物品提供力度是否改善了农村公共服务提供质量，有待进一步分析。根据四次跟踪调查收集到的样本村农村公共服务提供数据，本小节主要分析农村公共物品提供对农村公共服务提供的影响。根据调查设计，项目组收集了 1998 年、2003 年、2007 年和 2011 年农村公共服务的提供状况，正好可以评估税费改革前、税费改革期间和新农村建设后不同时段农村公共物品提供对农村公共服务提供的影响（见表 16）。

从农村道路交通服务提供情况看，农村道路的提供确实显著改善了农村道路交通服务，调查期间样本村农村道路交通条件得到了显著改善。在 1998 年，仅有 35% 的样本村通柏油/水泥路，在 2003 年内的税费改革前这一比例达到 51%。在税费改革时期和新农村建设后，农村道路交通条件进一步改善，在 2007 年和 2011 年分别达到 80% 和 92%。仅有 4% 的村庄距离最近的公路在 2 公里以上，也就是国际道路联盟认为是远离交通网络（IRF，2010）的距离，离我国实现村村通硬化道路目标已经不远。

在 1998—2011 年间，尽管实施了一些农村灌溉排水项目，但主要是维护保养方面的投资提供，农田灌溉服务并没有太多改善。有效灌溉面积在调查期间基本维持在 50% 左右，从 1998 年的 49% 小幅提高到 2011 年的 54%，甚至和 20 世纪 90 年代初没有太大差异（樊胜根等，2002）。这说明我国农村灌溉排水的投资力度，特别是小微型农田水利设施及农田灌溉系统的末端投资需要加强，应进一步加大对农村灌溉排水设施的提供力度，确保我国农业生产有很好的灌溉保障。

农村饮用水提供取得显著效果，农户家通自来水的比例显著增加，但还有较大比例农户家里没有自来水。经过 10 多年的公共物品提供，样本农村农户家通自来水的比例有显著增加，从 1998 年的 35% 稳步提升到 2003 年的 46%，在 2007 年和 2011 年分别达到 60%

和71%。虽然农户家通自来水的比例有显著增加，但还有30%左右的家庭没有通自来水，需要进一步加大农村饮用水提供项目力度，改善农村饮用水卫生条件。

经过10多年在电力通信领域的持续投资，农村电力通信等服务有了显著改善。村庄通电的比例已经基本达到100%，这也解释了为何近年来农村电力方面的提供下降，因为所有村都实现了村村通电，所以投资自然减少。农村通电话比例显著增加，农户有电话或手机的比例从1998年的15%快速增加到2011年的96%，农村电话或手机基本实现了普及。

和公共物品提供调查的发现类似，农村教育卫生服务提供的重要基础——学校和诊所的情况不容乐观，值得关注。村庄拥有学校或幼儿园的比例从1998年以来一直在下降，1998年有92%的村有学校或幼儿园，但到2011年只有38%的村还有学校或幼儿园。虽然农村小学撤并后学生可以到附近的完小或寄宿学校就读，但幼儿园的缺失却很可能导致这些农村的儿童没有一个可供游戏的场所，更别谈什么接受很好的学前教育了。有诊所的村庄多年来也一直保持在90%左右。在那些没有诊所的村，村民看病经常要去隔壁的村庄，一些基本的卫生防疫的服务也主要由邻村或乡镇卫生院的大夫承担，严重影响了农村基本卫生公共服务的提供质量。

经过最近10多年的投资，农村村庄环境和生态环境有了一定的改善。新农村建设后，样本村拥有生活垃圾堆放点比例在近几年显著增加，1998年仅有少数发达地区农村有垃圾堆放点，但到2011年，这一比例达到48%。另外，经过实施退耕还林、封山育林、生态林等环境改善项目，水土流失严重的村庄比例已经有所下降，从1998年的26%下降为2011年的7%。考虑到我国近年来面临的巨大环境压力，需要进一步加大环境投资。正如世界银行（2008）指出的，不能忽视环境问题，不是将环境质量视为“不可支付的奢侈品”，而是要将其视为“需要支付的必需品”。

表 16　**农村公共基础设施及服务情况**　单位：%

村庄情况	1998 年	2003 年	2007 年	2011 年
村庄有水泥/柏油路比例	35	51	80	92
有效灌溉土地比例	49	52	52	54
村庄农户家通自来水比例	35	46	60	71
村庄所有农户通电比例	95	98	99	100
村庄农户拥有电话或手机比例	15	44	85	96
有学校或幼儿园的村庄比例	92	76	50	38
有诊所的村庄比例	91	92	92	95
有生活垃圾堆放点的村庄比例	2	7	30	48
水土流失严重比例	26	19	16	7

数据来源：作者调查。

本书使用了 101 个样本村 14 年的调查数据对我国农村公共物品提供的发展变化进行研究。研究结果表明公共物品提供项目涵盖了农民生产生活的诸多领域，主要侧重在道路、电力通信设施、灌溉和排水、文化活动场所和新居建设等方面。企业作为公共物品提供的主体，也承担着一定的公共服务提供任务。

调查数据显示，在税费改革开始后，农村公共物品提供数量有明显增加，平均每村每年有 1.7 个。新农村建设开始后，提供规模增加到 50 多万元。但是公共物品提供增加最快的项目是村庄新建住房项目，在这个项目上提供过于集中，导致在其他项目上提供减少。公共物品提供减少尤其严重的是生态环境类项目与学校和诊所项目。这些项目在今后实施农村公共物品提供时需要给予更多关注。另外，灌溉和排水项目在实行新农村建设政策后，项目平均规模有了大幅度提高，但是公共物品提供力度的加大并没有大幅增加有效灌溉土地的面积。这些都需要我们在下一阶段调整农村公共物品提供策略，进一步统筹城乡发展，全面建设小康社会，必须坚持加大对农村的公共物品提供力度，同时根据公共物品提供的落实情况适时调整投资结构，保证我国经济健康稳定的发展。

第三节　不同发展阶段农村公共物品投资的影响因素分析

一　税费改革前农村公共物品投资的影响因素分析

（一）少数民族人口比例

根据少数民族人口比例将样本村分为3组，我们发现在税费改革前，公共物品投资并没有特别倾向于投向少数民族比例高的地方，没有少数民族的村公共物品投资项目有2.38个，少数民族比例高的村的公共物品投资项目有1.52个；投资项目金额也表现出同样的趋势，没有少数民族的村的公共物品投资项目投资金额达到34.32万元，少数民族比例高的村的投资金额是29.16万元，少数民族比例高的村的投入还略低于没有少数民族的村的投资（见表17）。同样，我们将投资分为村自筹和上级政府投资的公共项目，在这两类投资来源中，我们发现同样的趋势，村自筹投资3组差不多，没有显著的差异，而上级政府对于没有少数民族地区的投入是少数民族比例高的地区投入的近3倍，也就是说上级政府的投资在税费改革前没有对少数民族地区有所倾斜，少数民族人口越多的村，上级政府的投资金额相对较少。

表17　农村公共物品投资项目和少数民族比例的相关性分析

少数民族比例	按少数民族比例分组		
	最低	中等	最高
公共项目数（个）	3.63	4.2	2.1
村级投资的项目数（个）	0.8	1.3	0.95
上级投资的项目数（个）	0.73	0.75	0.29
公共项目投资金额（万元）	49.74	48.48	11.92
村级投资的公共项目金额（万元）	5.55	6.99	5.04
上级投资的公共项目金额（万元）	6.32	14.35	2.19

数据来源：作者调查。

（二）区位和地理特征：山地比例和距离公路的距离

税费改革前公共物品投资项目的数量和金额也表明，各级政府早期在决定实施公共物品投资项目时还没有充分考虑山区，也就是说政府没有将更多的资金投入到山区，在山区占比低的村庄公共物品投资金额达到30万元，但是在山区占比高的村只有16万元，上级政府和村自筹的公共物品投资金额表现出同样的特征（见表18）。政府还是倾向于向离公路较近的地方投资，投入到距离公路近的公共物品金额是距离公路远的近2倍，而且主要表现在村自筹的公共物品投资方面。

表18　**农村公共物品投资项目与山地比例、距离公路距离的相关性分析**

25°以上山地所占比例	按25°以上山地所占比例分组		
	最低	中等	最高
公共项目数（个）	2.31	2.40	1
村级投资的项目数（个）	0.83	1.16	0.89
上级投资的项目数（个）	0.57	0.83	0.6
公共项目投资金额（万元）	30.70	17.41	16
村级投资的公共项目金额（万元）	7.09	4.77	4.75
上级投资的公共项目金额（万元）	9.40	6.88	4.37
村委会到最近的水泥路的距离	按村委会到最近的水泥路的距离分组		
	最低	中等	最高
公共项目数（个）	2.62	2.19	2.26
村级投资的项目数（个）	0.88	1.03	0.87
上级投资的项目数（个）	0.65	0.68	0.61
公共项目投资金额（万元）	41.02	17.94	23.43
村级投资的公共项目金额（万元）	7.16	5.24	5.23
上级投资的公共项目金额（万元）	4.94	7.09	8.47

数据来源：作者调查。

（三）村总人口数

还有其他的一些因素可能会对农村公共物品投资产生影响，比如随着总人口的变化，投资项目数也有所变化（见表19）。将村总人口按规模分为3类，我们发现规模最小的村公共物品投资项目有2.06个，而规模大的村项目个数达到2.41个。而且对于这些人口多的村，随着总人口的变化，公共物品投资的规模发生了很大的变化。具体来说，人口规模小的村在税费改革前公共物品投资额仅为14.05万元左右，而在人口规模大的村，同期的公共物品投资规模达到了41.50万元。将公共物品投资分为村自筹投资和上级政府投资，我们同样发现，总人口越多，上级政府的投资越多，也就是说上级政府可能会根据总人口数决定投资的金额，虽然在公共物品投资项目数上特征不太明显，但是在公共物品投资金额上表现较为突出。

表19　**农村公共物品投资项目和村总人口的相关性分析**

总人口	按总人口分组		
	最低	中等	最高
公共项目数（个）	2.06	2.5	2.41
村级投资的项目数（个）	0.79	1.09	0.91
上级投资的项目数（个）	0.73	0.62	0.59
公共项目投资金额（万元）	14.05	21.95	41.50
村级投资的公共项目金额（万元）	6.2	5.5	5.5
上级投资的公共项目金额（万元）	4.09	5.8	11.2

数据来源：作者调查。

（四）村集体企业数

相关分析还清楚地显示在税费改革前如果一个村有更多的村集体企业，那么这个村将会有更多的公共物品投资项目。研究表明，在村集体企业个数较多的村，村公共物品投资项目数也较多，在调查期间，没有村集体企业的村公共物品投资项目数平均为2.16个，有村集体企业的村平均有2.64个公共物品投资项目。同时，分析结果也表明在村集体企业多的村，村公共物品投资规模也相对较高，平均投资额达到46万元（见表20）。

表 20　　**农村公共物品投资项目与村集体企业的相关性分析**

	没有村集体企业	有村集体企业
公共项目数（个）	2.16	2.64
村级投资的项目数（个）	0.81	1.18
上级投资的项目数（个）	0.72	0.5
公共项目投资金额（万元）	15.75	46.04
村级投资的公共项目金额（万元）	3.74	9.66
上级投资的公共项目金额（万元）	6.60	7.96

数据来源：作者调查。

（五）自营工商业户比例

根据自营工商业户的比例将全部的样本村等比例分组发现，在自营工商业户比例高的村，村公共物品投资项目相对较少。在自营工商业户比例最低的村，平均公共物品投资项目数为 2.41 个，而在自营工商业户比例最高的村公共物品投资项目数达到 2.20 个（见表 21）。从投资金额来看，也存在相同的趋势，自营工商业户比例越高的村公共物品投资金额越小，平均从 35 万元递减到 20 万元。同时，我们也发现村级投资的公共项目数及金额随着自营工商业户比例的提高而提高，这说明如果村里自营工商业户的比例高，则这些人更愿意给村里投入更多的项目。而且可能由于税费改革前农业税是主要的收入来源，上级政府和村里关注的投资是农业投资，自营工商业户没有得到完全的重视，自营工商业户也没有能力说服政府投资本村。

表 21　　**农村公共物品投资项目与自营工商业户比例的相关分析**

自营工商业户比例	按自营工商业户比例分组		
	最低	中等	最高
公共项目数（个）	2.41	2.35	2.20
村级投资的项目数（个）	0.63	1.03	1.15
上级投资的项目数（个）	0.75	0.68	0.53
公共项目投资金额（万元）	35.22	22.92	19.51
村级投资的公共项目金额（万元）	4.83	5.48	7.00
上级投资的公共项目金额（万元）	7.28	8.16	5.96

数据来源：作者调查。

（六）人均土地

对于一些自然因素，研究发现那些人均土地多的村，它们的公共物品投资比其他村相对要少一些。和其他分析一样，将人均土地面积从高到低分为3组，从表22可以看出，在人均土地较少的村，平均公共物品投资项目为2.3个；在人均土地较多的村，平均公共物品投资项目为2.47个；而在人均土地最多的村，平均公共项目不到2.21个。这一模式更明显地反映在公共物品投资金额上，在人均土地较少的村，村平均公共物品投资额为30万元左右；而在人均土地较多的村，村平均公共物品投资额为15万元，降低了一半（见表22）。这可能是因为人均土地的面积大，村里农业的比例比较大，大部分的投资都是农业方面的投资，我们从村级和上级政府的公共物品投资金额也发现了同样的趋势。

表22　**农村公共物品投资项目和村人均土地的相关性分析**

人均土地	按人均土地分组		
	最低	中等	最高
公共项目数（个）	2.3	2.47	2.21
村级投资的项目数（个）	0.91	0.88	1
上级投资的项目数（个）	0.61	0.68	0.65
公共项目投资金额（万元）	30.78	31.83	15.37
村级投资的公共项目金额（万元）	7.2	4.5	5.5
上级投资的公共项目金额（万元）	6.39	9.67	6.28

数据来源：作者调查。

（七）社会关系

通过对比公共物品投资和村里是否有在县乡工作的干部，研究发现对于我国农村公共物品投资，税费改革前一些因素如社会关系对农村公共物品投资也有一定的影响。例如，通过使用村里是否有在县乡政府部门当干部的人来衡量村里的社会关系，研究发现如果村里有人在县乡政府部门当干部，那么这类村的公共物品投资项目数量也相应地会更多，从1.94个增加到2.40个（见表23）。在公共物品投资金额上，村里有在县乡政府部门当干部的人时，村平均公共物品投资金额达到30万元左右；而对于没有人在县乡政府部门当干部的村，村平均公共物品投资额仅为10多万元。这说明在税费改革之前社会关系对于农村公共物品投资形成有一定的作用。而且发现有人在县乡政府部门当干部的村的完全由上级投资的公共项目金额明显高于没有人在县乡政府部门当干部的村，村自筹投资也是同样的趋势，但不是很明显。也就是说，如果村里有人在县乡政府部门当干部，则这部分人会尽可能地说服上级政府给本村投资，在县乡政府部门当干部的人也倾向于将公共投资项目放在本村，这样更方便实施。

表23　　农村公共物品投资项目和村里是否有人在县乡政府部门当干部的相关性分析

	没有人在县乡政府部门当干部	有人在县乡政府部门当干部
公共项目数（个）	1.94	2.40
村级投资的项目数（个）	0.78	0.96
上级投资的项目数（个）	0.44	0.69
公共项目投资金额（万元）	10.27	29.35
村级投资的公共项目金额（万元）	4.8	5.9
上级投资的公共项目金额（万元）	1.23	8.62

数据来源：作者调查。

二　税费改革后农村公共物品投资的影响因素分析

（一）少数民族人口比例

通过数据发现，税费改革后，随着少数民族比例的提升，公共项目数和公共项目投资金额还是有所降低的，村自筹投资额3组差不多，没有明显的差别，但是从上级政府投资来看，政府向没有少数民族地区的投资是少数民族比例高的地区的投资的2倍（税费改革前在没有少数民族地区的投资是少数民族比例高的地区的3倍），也就是说税费改革后在少数民族地区的投入已经高于税费改革前对少数民族地区的投资，政府已经开始重视少数民族，开始有意识地增加了对少数民族地区的投资，虽然还是存在一定的差异，但是差异已经在缩小（见表24）。

表 24　　农村公共物品投资项目与少数民族比例的相关性分析

少数民族占的比例	按少数民族占的比例分组		
	最低	中等	最高
公共项目数（个）	6.16	6.75	5.14
村级投资的项目数（个）	2.11	3.3	1.85
上级投资的项目数（个）	1.62	0.9	0.95
公共项目投资金额（万元）	76.54	77.94	54.40
村级投资的公共项目金额（万元）	16.27	18.88	18.03
上级投资的公共项目金额（万元）	16.65	8.97	8.81

数据来源：作者调查。

（二）地理和区位因素：山地和距离公路的距离

我们也发现在税费改革后，各级政府已经开始注意山区，在山地比例较高的村的投资在不断上升，已经和山地比例较低的村庄差不多了，在山地比例低的村的投资金额是 78.78 万元，在山地比例高的村的投资金额是 72.16 万元（见表 25）。在离公路较近的村的公共物品投资金额是离公路较远的村的 2 倍。但是从上级政府的投资我们可以看出，政府已经加大了对距离公路远的地方的投资，更加趋于公平化。

表 25　　农村公共物品投资项目与山地、距离公路距离的相关分析

25°以上山地所占比例	按 25°以上山地所占比例分组		
	最低	中等	最高
公共项目数（个）	6	6.77	5.52
村级投资的项目数（个）	2.25	1.91	2.64
上级投资的项目数（个）	0.88	2.09	0.98
公共项目投资金额（万元）	78.78	67.78	72.16
村级投资的公共项目金额（万元）	26.78	12.70	15.36
上级投资的公共项目金额（万元）	12.12	19.19	9.55

续表

村委会到最近的水泥路的距离	按村委会到最近的水泥路的距离分组		
	最低	中等	最高
公共项目数（个）	7.46	5.81	5.37
村级投资的项目数（个）	3.27	2.30	1.63
上级投资的项目数（个）	1.42	1.27	1.34
公共项目投资金额（万元）	93.76	74.53	55.22
村级投资的公共项目金额（万元）	25.10	21.24	7.73
上级投资的公共项目金额（万元）	13.97	12.13	14.52

数据来源：作者调查。

（三）村总人口数

比较税费改革后公共物品投资与总人口的关系，我们发现随着总人口的变化，投资项目数也有所变化（见表26）。将村总人口按规模分为3类，我们发现规模最小的村公共物品投资项目为5.52个，而规模中等的村项目个数达到6.5个，规模最大的村的项目有6.18个。而且这种趋势在公共物品投资金额上表现得更加明显，随着总人口数的增加，公共物品投资金额显著提高，规模较小的村的投资金额只有42.65万元，规模最大的村的投资金额达到92.44万元，村自筹公共物品投资表现出同样明显的趋势，上级政府投资的公共项目数在总人口多的地区的投资没有在总人口少的地方多，但是从投资金额可以看出3组规模差不多。

表26　　**村公共物品投资项目与村总人口的相关性分析**

村总人口	按总人口分组		
	最低	中等	最高
公共项目数（个）	5.52	6.5	6.18
村级投资的项目数（个）	1.88	2.26	2.74
上级投资的项目数（个）	1.91	1.24	0.88
公共项目投资金额（万元）	42.65	80.68	92.44
村级投资的公共项目金额（万元）	8.0	23.6	19.6
上级投资的公共项目金额（万元）	14.7	12.5	13.4

数据来源：作者调查。

（四）村集体企业数

分析税费改革后公共物品投资和村集体企业的关系发现，有村集体企业的村的公共项目数略高于没有村集体企业，但是公共物品投资金额明显高于没有村集体企业的村，平均投资金额从61万元增加到90万元（见表27）。而且村自筹的公共项目数和公共物品投资金额也表现出同样的趋势，这可能是由于有村集体企业的村更关注村上公共项目的投资。从上级政府的投资看，没有村集体企业的村的投资数和投资规模都比有村集体企业的村高，这可能是因为村集体企业由于自身能力的限制，没有能力让上级政府给本村投入更多的公共投资项目。

表27 **农村公共物品投资项目与村集体企业的相关性分析**

是否有村集体企业	没有村集体企业	有村集体企业
公共项目数（个）	6.01	6.18
村自筹的公共项目数（个）	1.97	2.94
上级政府投资的公共项目数（个）	1.60	0.82
公共项目投资额（万元）	60.97	94.38
村自筹的公共项目金额（万元）	13.63	24.09
上级政府投资的公共项目金额（万元）	16.55	7.50

数据来源：作者调查。

（五）自营工商业户比例

在税费改革后，我们发现在自营工商业户比例高的村村公共物品投资项目数相对较少。在自营工商业户比例最低的村，平均公共物品投资项目为6.63个，而在自营工商业户比例较高的村公共物品投资项目只有5.68个（见表28）。从投资金额来看，也存在相同的趋势，自营工商业户比例越高的村公共物品投资金额越小，平均从77万元递减到58万元。但是降低的幅度没有税费改革前大（税费改革前，自营工商业户比例高的村的投资只有自营工商业户低的村的一半），同样发现，对于村自筹的公共项目，随着自营工商业户比例的提高，公共物品投资项目不断增加，从10万多元增加到了21万元。这也就是说，税费改革后，农业税取消，自营工商业户在村里的作用越发明显，自营工商业户比例高的村的村自筹公共物品投资金额明显提高，是自营工商业户比例低的村的2倍多。

表28　　农村公共物品投资项目与自营工商业户相关性分析

自营工商业户比例	按自营工商业户比例分组		
	最低	中等	最高
公共项目数（个）	6.63	5.94	5.68
村级投资的项目数（个）	1.56	2.44	2.76
上级投资的项目数（个）	2	1.09	1
公共项目投资金额（万元）	76.74	79.44	58.28
村级投资的公共项目金额（万元）	10.84	15.21	21.86
上级投资的公共项目金额（万元）	18.64	9.33	13.23

数据来源：作者调查。

（六）人均土地

在税费改革后，样本村的人均土地越多，其公共物品投资项目越少。从表29中可以看出，在人均土地较少的村，平均公共物品投资项目为6.45个；而在人均土地多的村，平均公共项目数有5.55个。这一模式也反映在公共物品投资金额上，在人均土地较少的村，村平均公共物品投资金额为86万元左右而在人均土地较多的村，村平均公共物品投资金额是56万元。村级和由上级投资的公共项目数和规模也是随着人均土地的增加而降低。

表29　　农村公共物品投资项目和村人均土地的相关性分析

人均土地	按人均土地分组		
	最低	中等	最高
公共项目数（个）	6.45	6.2	5.55
村级投资的项目数（个）	2.70	2.35	1.85
上级投资的项目数（个）	1.27	1.5	1.24
公共项目投资金额（万元）	86.55	74.4	56.11
村级投资的公共项目金额（万元）	22.5	16.5	12.6
上级投资的公共项目金额（万元）	17.17	10.46	10.04

数据来源：作者调查。

（七）社会关系

通过比较公共物品投资项目和村里是否有人在县乡当干部，研究发现村里有人在县乡政府部门工作与公共物品投资项目数没有明显的系统性关系，但是对于公共物品投资金额，村里有人在县乡政府部门工作，村平均公共物品投资金额达到 74 万元，而对于没有人在县乡政府部门工作，村平均公共物品投资额仅为 60 多万元（见表 30）。同样，将公共物品投资分成村自筹公共物品投资和完全由上级投资两类，从完全由上级投资的部分来看，村里没有人在县乡政府部门当干部的公共物品投资规模和村里有人在县乡政府部门当干部的村的公共物品投资规模差不多，差异不显著，而从村自筹公共物品投资规模我们发现没有人在县乡政府部门当干部的村要明显高于有人在县乡政府部门当干部的村。

表 30　**农村公共物品投资项目和村里是否有人在县乡政府部门当干部的相关性分析**

社会关系	村里没有人在县乡政府部门当干部	村里有人在县乡政府部门当干部
公共项目数（个）	6.11	6.06
村级投资的项目数（个）	2.22	2.31
上级投资的项目数（个）	1.78	1.24
公共项目投资金额（万元）	64.33	73.93
村级投资的公共项目金额（万元）	24.6	15.5
上级投资的公共项目金额（万元）	14.46	13.3

数据来源：作者调查。

三　新农村建设时期公共物品投资的影响因素分析

在经济发展中还有一个重要的问题就是新农村建设，2006 年 2 月 21 日国务院公布了《中共中央国务院关于推进社会主义新农村建设的若干意见》，2007 年和 2008 年国务院分别就新农村建设和加强基础设施建设发表了若干意见，提出要把农村经济平稳较快发展作为首要任务。有很多学者就新农村建设的成就进行了研究，研究发现新农村建设增加了农民的收入，提高了农村的生活水平等（武伟强，2011；董慧峰，2012），但是也有人对新农村建设提出了批评，而且很少有基于微观层面数据的研究评价新农村建设，分析新农村建设时期，公共物品投资项目数量和金额与哪些因素有关系、变化有多大。对这些问题的回答将有助于国家计划下一步对农村新农村建设的改革和方向。

（一）少数民族人口比例

少数民族地区的投资问题一直是学者很关心的问题，因此为了了解在新农村建设时期政府的投资方向，我们同样根据少数民族人口比例将样本村分为3组，从公共项目的投资金额看，新农村建设时期和税费改革后相比，公共物品投资进一步加大了对少数民族地区的投资，从数据我们发现，没有少数民族地区的投资是331万元，而少数民族比例高的地区的投资达到了311万多元，两者不具有显著的差异，而且通过比较上级政府的投资发现，就政府层面对少数民族比例高的地区的投资也达到了116万元，略低于133万元（见表31）。新农村建设时期政府已经进一步加大了对少数民族地区的投入，向贫困地区倾斜，以缩小地区间的差异。

表31　**农村公共物品投资项目与少数民族比例的相关性分析**

少数民族占的比例	按少数民族占的比例分组		
	最低	中等	最高
公共项目数（个）	10.7	10.1	7.71
村级投资的项目数（个）	2.85	3	2.42
上级投资的项目数（个）	3.7	2.95	1.81
公共项目投资金额（万元）	331.25	173	311.74
村级投资的公共项目金额（万元）	53.99	15.03	43.83
上级投资的公共项目金额（万元）	133.13	86.57	116.41

数据来源：作者调查。

（二）地理和区位因素：山地和距离公路的距离

分析新农村建设时期山地占地比例和公共物品投资项目的关系，

山区比例高的村庄的投资金额达到420多万元，是山区比例低的村庄的2倍多（见表32），这充分说明上级政府更多地考虑山区贫困地区，进一步加大了对山区地区的投资，加快了山区的发展步伐。同样从数据可以看出，新农村建设时期，投入到离公路远的村的公共物品是304.91万元，已经略高于离公路最近的村。尤其从上级政府的投资来看，距离公路远的村得到上级政府投入的公共物品是距离公路近的村的2倍之多，这充分说明了新农村建设以前政府更多的是锦上添花，而在新农村建设时期政府更多的是看中公平，没有只考虑距离公路近的村庄，而是加大了对偏远地区的投资。

表32　**农村公共物品投资项目与山地、距离公路的距离的相关性分析**

25°以上山地所占比例	按25°以上山地所占比例分组		
	最低	中等	最高
公共项目数（个）	9.83	9.08	10.71
村级投资的项目数（个）	3.33	2.5	2.34
上级投资的项目数（个）	2.14	2.63	4.74
公共项目投资金额（万元）	207.13	261.80	426.08
村级投资的公共项目金额（万元）	30.41	61.73	48.62
上级投资的公共项目金额（万元）	52.43	88.39	224.01
村委会到最近的水泥路的距离	按村委会到最近的水泥路的距离分组		
	最低	中等	最高
公共项目数（个）	10.5	10.24	9.31
村级投资的项目数（个）	3.04	3.49	1.94
上级投资的项目数（个）	2.81	2.81	3.74
公共项目投资金额（万元）	300.26	283.83	304.91
村级投资的公共项目金额（万元）	43.38	53.49	35.62
上级投资的公共项目金额（万元）	72.57	129.75	144.11

数据来源：作者调查。

（三）村总人口数

税费改革前期和后期我们发现随着总人口的增加，公共物品投资的数目和金额也在增加，为了了解这种趋势在新农村建设时期的情况，我们分析了总人口与新农村建设时期公共物品投资的关系，研究发现规模最小的村公共物品投资项目为8.9个，而规模最大的村公共项目数达到11个。但是对于这些规模大的村，不仅村公共项目数量较多，而且公共物品投资的规模也较大。具体来说，人口规模小的村2006—2011年间公共物品投资金额为262万元左右，而在人口规模较大的村，同期的公共物品投资规模达到了333万多元，在人口规模最大的村的投资规模达到291万元（见表33）。不论是村级投资还是上级政府投资，村级项目的规模都明显随着总人口的增多而增长。

表33　　**农村公共物品投资项目和村总人口的相关性分析**

总人口	按总人口分组		
	最低	中等	最高
公共项目数（个）	8.85	9.76	11.24
村级投资的项目数（个）	2.33	2.41	3.62
上级投资的项目数（个）	3.55	3.03	2.91
公共项目投资金额（万元）	262.01	333.78	291.18
村级投资的公共项目金额（万元）	29.1	46.3	56.7
上级投资的公共项目金额（万元）	47.6	72.6	141.8

数据来源：作者调查。

（四）村集体企业数

同税费改革后类似我们看新农村建设时期公共物品投资和村集体企业的关系，研究发现有村集体企业的村的公共项目数高于没有村集体企业的村，公共物品投资金额明显高于没有村集体企业的村，平均投资额从274万多元增加到338万元（见表34）。村级的公共项目数和公共物品投资金额也表现出同样的趋势，有村集体企业的村的投资金额是没有村集体企业的村的近3倍，趋势越来越明显，而完全由上级政府投资的在没有村集体企业的村略高于有村集体企业的村，与税费改革后相比在有村集体企业的村上级政府的投资也明显增多了（税费改革后，上级政府在没有村集体企业的村的投资是有村集体企业的村的2倍），这说明政府也开始重视村集体企业了。

表 34　　农村公共物品投资项目与村集体企业的相关性分析

是否有村集体企业	没有村集体企业	有村集体企业
公共项目数（个）	9.61	10.65
村级投资的项目数（个）	2.46	3.44
上级投资的项目数（个）	3.45	2.59
公共项目投资金额（万元）	274.68	338.00
村级投资的公共项目金额（万元）	27.73	76.56
上级投资的公共项目金额（万元）	126.98	107.54

数据来源：作者调查。

（五）自营工商业户比例

新农村建设时期，随着自营工商业户比例的提高，公共物品投资项目数没有明显的趋势变化（见表 35）。但是从投资金额来看，存在明显的趋势变化，自营工商业户比例越高公共物品投资规模越大，平均从最低的 266.65 万元递增到 340.50 万元。完全由上级投资的项目和村级投资的趋势一样，随着自营工商业户比例的提高，公共物品投资规模在不断增大。一个可能的解释是，那些迫切需要更好的公共物品投资的村民很愿意对村里进行更多的公共物品投资，提高了村里的公共物品投资金额，而且上级政府也进一步加大了对自营工商业户比例高的村的投资力度，更加重视自营工商业的作用。

表 35　　农村公共物品投资项目与自营工商业户比例相关性分析

自营工商业户比例	按自营工商业户比例分组		
	最低	中等	最高
公共项目数（个）	10.25	8.82	10.65
村级投资的项目数（个）	2.16	1.91	4.06
上级投资的项目数（个）	3.94	3	2.68
公共项目投资金额（万元）	266.65	284.40	340.50
村级投资的公共项目金额（万元）	30.70	41.21	59.95
上级投资的公共项目金额（万元）	85.56	111.91	165.31

数据来源：作者调查。

（六）人均土地

同样在新农村建设时期我们看一些自然因素与公共项目的关系，分析结果显示样本村的人均土地越多，其公共物品投资越少。从表36中可以看出，在人均土地较少的村，平均公共物品投资项目数在11个以上；而在人均土地多的村，平均公共项目数不到8个。这一模式也反映在公共物品投资金额上，在人均土地较少的村，村平均公共物品投资金额为420多万元；而在人均土地较多的村，村平均公共物品投资金额在190万元以下。将公共物品投资分为村级公共物品投资和上级政府公共物品投资，研究发现具有同样的趋势，人均土地越多，公共物品投资项目金额越低。

表36　　农村公共物品投资项目与人均土地的相关性分析

人均土地	按人均土地分组		
	最低	中等	最高
公共项目数（个）	11.61	10.68	7.65
村级投资的项目数（个）	3.45	3.32	1.62
上级投资的项目数（个）	3.79	3.35	2.35
公共项目投资金额（万元）	428.44	273.5	189.94
村级投资的公共项目金额（万元）	76.5	43.8	13.1
上级投资的公共项目金额（万元）	167.5	131.1	64.1

数据来源：作者调查。

（七）社会关系

通过分析新农村建设时期社会关系对农村公共物品投资的影响，我们发现如果村里有人在县乡政府部门当干部，村平均公共物品投资金额达到300多万元；而对于没有人在县乡政府部门当干部的村，村平均公共物品投资金额仅为240多万元（见表37）。同样，从上级投资的公共项目金额我们发现，如果村里有人在县乡政府部门当干部，则上级投资的金额略高于村里没有人在县乡政府部门当干部的金额；但是对于村自筹公共物品投资，我们发现村里没有人在县乡政府部门当干部的公共物品投资规模比有人在县乡政府部门当干部的公共物品投资规模大。这说明在新农村建设时期社会关系对于农村公共物品投资形成仍然有一定的作用，主要表现在上级政府的公共物品投资方面。

表 37　农村公共物品投资项目和村里是否有人在县乡政府部门当干部的相关性分析

社会关系	村里没有在县乡政府部门当干部的人	村里有在县乡政府部门当干部的人
公共项目数（个）	10	9.95
村级投资的项目数（个）	3.06	2.73
上级投资的项目数（个）	3.44	3.10
公共项目投资金额（万元）	245.98	306.84
村级投资的公共项目金额（万元）	47.2	43.5
上级投资的公共项目金额（万元）	117.7	121

数据来源：作者调查。

因此，通过分析税费改革前、税费改革后和新农村建设时期三个阶段公共物品投资数量的影响因素，我们发现：

第一，对于目标因素的分析我们发现，在税费改革前，由于农业税是村里主要的收入来源，大部分的项目都是村自筹的，政府投资的项目比较少，因此政府还没有完全做到向贫困山区、少数民族地区倾斜。到了税费改革后，取消了农业税等，上级政府投资的项目增加了，政府开始加大对少数民族地区的投资，但是仍然是离公路较近的村庄获得了更多的投资。而到了新农村建设时期，政府已经将投资的重点转移到了贫困地区、少数民族地区和山区，而且加大了对离公路距离远的村庄的投资。因此这充分说明了，随着新农村建设的进行，政府在投资策略上更注重协调不同群体之间的资源，更注重公平性。

第二，通过分析公共物品投资数量影响因素中的需求因素，我们发现税费改革前、税费改革后和新农村建设时期有一些共同的趋势，如随着人均土地的增加，也就是农业用地占比大的村的公共物品投资较少；如果村里有人在县乡政府部门当干部，则公共物品投资的金额越多，说明社会关系在公共物品投资中起到了一定的作用；随着村集体企业的增加，公共物品投资也在不断地增加。但是也发现了三个不同发展阶段政府投资策略的一些变化，比如随着工商业比例的增加，在税费改革前，政府还没有完全地重视自营工商业的发展，在自营工商业比例高的村的投资低于自营工商业比例低的村，但是到了税费改革后和新农村建设时期，政府进一步重视了村里的自营工商业发展，在自营工商业比例高的村的投资已经明显超过了自营工商业比重低的村庄。

第四节　本章小结

本章通过对我国农村村级公共物品投资的动态演进和影响因素进行分析，得出了一些比较有意义的结论。总的来说，我国农村公共投资策略是比较合理的，既考虑了当地不同的需要，同时通过上级政府的专项项目的形式提供农村公共服务，来克服由于公共物品外部性导致的问题。上级政府对村级的公共投资向少数民族地区、偏远地区、人口密集地区、工商业活动多的地区以及人均土地较少的地区倾斜，这有助于进一步协调区域经济均衡发展，缩小贫富差距，但与此同时，有一些利用非正式社会关系来获取项目的现象要予以关注。总的来说，我国的农村公共物品投资策略有助于我国社会主义新农村的建设，但仍然需要进一步加大投资力度和深度。

本书的第四章、第五章分别从横向（公共物品投资的现状以及区域分布）和纵向（公共物品投资的动态演进趋势）深入分析了我国农村公共物品投资的发展状况和政策演变，但是究竟我国政府的农村公共物品投资策略以及农村发展政策对我国广大的农村和农村居民的生活带来怎样的影响，下一章本书就从微观层面的角度来科学地评估农村公共服务——以农村养老保障服务为例——对农村居民的生活以及家庭福利的影响。

第六章

农村公共物品投资的微观影响
——以农村养老保障服务为例

第一节 新型农村社会养老保险实施情况及特征分析

虽然我国在经历30多年快速发展后已经进入中等发达国家行列，但人口结构的变化使得我国人口老龄化程度不断加深，社会养老保障问题依然严峻。如果按照60岁以上老人的比例达到10%以上就跨入老龄化社会的国际标准，我国在21世纪初就已经步入老龄化社会。2010年全国第六次人口普查结果显示，60岁及以上人口占总人口的比重为13.26%，比2000年上升了2.93个百分点（国家统计局，2010）。根据联合国人口司的预测，2050年我国60岁及以上人口比例将达到33.9%（United Nation，2011），这说明在未来几十年，我国人口老龄化的情况会越来越严重。

从城乡老龄化程度看，农村常住人口的老龄化程度比城市更为严重。根据国家统计局（2011）的数据，目前农村的老龄化水平高于城镇3.30个百分点。丁少群等（2012）的研究表明，2035年农村60岁及以上人口比例将达到37.2%，比城市60岁及以上人口比例高12.8%。

我国农村的养老保障问题在城乡二元结构的背景下就显得更为严峻。从城乡老龄化人口的分布及养老保障差异看，农村养老保障服务面临更大的困难。我国大部分的老年人口居住在农村，农村人口的老龄化问题比城市更为严重（国务院人口普查办公室，2001；中国老龄科研中心，2007）。农村与城市居民享受的养老保障待遇不平衡，城市居民或多或少有养老金保障，农村居民基本享受不到类似城市居民的社会养老保障服务（肖建华，2007；韦镇坤，2008）。

在新农保实施之前，我国还没有将农村养老纳入公共财政覆盖的范畴。绝大多数中国农村老人主要依靠传统的家庭和土地养老的方式，通过世代抚育、赡养的"反馈模式"获得养老保障（费孝通，1982；周丽丽等，2010；Shen et al.，2012）。城市化进程的加快也对传统养老方式提出了巨大挑战。随着大量农村劳动力到城市和沿海发达地区参与非农工作，农村出现大量留守老人，土地养老模式面临巨大冲击，越来越多的老人难以从事繁重的土地劳作，传统的家庭养老模式难以为继。因此，农村老年人口养老资金保障和农村养老服务提供问题是解决我国人口老龄化问题的核心。

一　国内外研究现状及发展动态分析

从国际经验看，当经济发展到一定阶段时，发展中国家也开始逐步将农村人口纳入社会养老的范畴，由政府公共财政予以补贴。目前，世界上有70多个国家和地区已经为农村居民提供社会养老保障（徐文芳，2010）。发展中国家国情不同，农村养老保障模式的实施方式也各异。墨西哥从2001年开始实施农村养老金救助制度，每个月为70岁以上的贫困老人提供价值60美元的购物卡、免费药物和健康照料（Juarez，2009）。而巴西在20世纪90年代实行的"农村年金计划"属于社会养老保险的范畴，农民和雇主各缴纳一定数量的养老保险费，同时公共财政在筹资上给予相应的资助和补贴，55岁（男60岁，女55岁）以上的农村老年人可以领取养老金（Barrientos，2003）。这些养老金计划很好地提高了当地农民的养老保障水平。

国际上大量研究分析了社会养老保险制度对农户养老、消费、就业等行为的影响。部分研究指出社会养老保险能显著减轻老年人及其家庭的贫困状况和老年人的健康状况（Barrientos et al.，2002；Lloyd-Sherlock，2006；Palacios et al.，2006；Mujahidet et al.，2008）。也有研究分析了社会养老保险对家庭资源配置的影响（Ardington et al.，1995；Case et al.，1998；Bertrand et al.，2003；Duflo，2003；Jensen，2003；Edmonds et al.，2005）。Samwick（1998）和 Posel 等，（2006）的研究探讨了社会养老保险对家庭成员就业决策的影响，Cai 等（2006）的研究分析了中国城市家庭子女对低收入退休老年父母支付养老费用的行为及其影响因素。

国内学者也进行了一些研究。在农村养老保障的现状和特征方面，结合其现状和实践情况来看，农村传统养老模式难以满足当前农村养老保障需求（郑功成，2002；钟涨宝等，2008；刘鑫等，2008；齐琳娜，2008；葛庆敏，2010；李乾宝，2011），社会化养老保障制度亟待完善（杨翠迎，2007；宫晓霞，2006；肖建华，2007；张时玲，2008；董上海、汪柱旺，2008；余文静，2008；杨一帆，2009；刘潇滨，2009；葛庆敏，2010；李乾宝，2011），并指出政府需要在农村养老保障中发挥更大作用（金兆怀等，2007；李春根等，2008；陈少晖等，2010）。这些研究结果对我国农村养老保障制度的建立和完善提出了很多有益的建议，但是研究方法上主要以定性分析为主，使用国家层面宏观数据进行描述性分析，缺乏用微观层面数据分析我国新农保政策实施效果和影响的实证研究，但上述文献为进一步开展相关研究提供了非常值得借鉴的思路和经验。

也有一些研究开始关注农村居民对养老保险的需求以及影响农村居民参与养老保险的因素及其作用。有研究指出，农户特征、就业情况、对制度的熟悉程度以及对政府的信任等对农村社会养老保险参与行为有影响（Holzmann et al.，2000；Van Rooij et al.，2007；Song，2011）。国内也研究分析了农民选择参保行为的影响因素，其结果表明农民个人特征，如年龄、性别、教育程度，以及农户特征，如子女个数、家庭收入，还有农户对制度的熟悉程度，是影响其参保的主要因素（王海江，1998b；乐章，2004；孔祥智等，2007；谭静等，2007；文莉等，2006）。一些研究也指出，虽然农村居民的养老保险需求非常强烈，但实际的参保比例却不高（王海江，1998a；乐章，2004；吴罗发，2008；赵德余等，2009；谭静等，2007；邓军蓉，2008）。对于参与率偏低的原因，这些研究也从农民意愿等方面进行了分析，但没有考察制度本身对农民参保行为的影响。

在我国开始新农保试点后，部分研究也开始关注不同地区新农保试点期间农村养老保障方面存在的问题和经验，并提出相应政策建议（青连斌，2009；张朝华等，2010；焦克源等，2010；李晓云等，2010；石美遐等，2010；张冬敏，2011；耿永志，2011；刘善槐等，2011）。张冬敏（2011）的研究指出我国新农保存在统筹层次过低的问题，需要提高统筹层次。焦克源等（2010）的研究指出在新农保政策实施时要适应西部地区农村的实际情况。李晓云等（2010）的研究指出山东淄博地区在新农保试点后参保率虽然比老农保时有所提高，但仍达不到广覆盖的要求，给付水平也偏低。这部分研究主要侧重于分析新农保制度设计及实施中存在的问题和经验，虽然也涉及影响农户参保行为相关因素的梳理，但缺乏对不同因素影响的定量分析。新农保作为最近我国政府的重要惠农政策，各地在制度设计上和老农保存在本质差异，因此有必要对农民参与新农保的行为及影响因素作进一步分析。

在农民参与农村养老保险的效果评估方面，国内研究不多，主要集中于利用精算模型来计算不同缴费水平及参数设计情况下的保障水平，研究结果显示我国农村社会养老保障水平偏低（刘昌平等，2009a；邓大松等，2010），需要鼓励农村居民尽早参保（刘昌平等，2009b；余桔云，2011）。上述研究在分析农村养老保障水平时没有充分考虑传统社会保障模式的作用，以及农民参保后行为的变迁。阮荣平等（2010）的研究虽然统筹考虑了不同的养老模式的绩效，但缺乏微观数据和实证分析结果的支撑。

综上，已有的研究为研究农村社会养老保障服务的绩效提供了参考，但是基于最新的全国有代表性的大样本数据分析农村养老保障问题的研究还比较少，本章正是在此基础上进行关于农村养老保障服务及提供的研究。

二　农村社会养老保险的政策演变

在我国传统的城乡二元结构中，农村的养老保障模式主要以两种形式存在，一是家庭养老，二是土地养老，但是随着社会的发展，其保障能力正在减弱。从家庭养老来看，目前我国农村家庭结构正发生着深刻的变化，由以前的大型化转变为小型化、核心化，年轻人都热衷于进城务工，养老观念也发生着深刻的变化，父母与子女之间感情联系越来越少，传统的家庭养老阻碍重重（约翰逊，1999；Pang et al.，2004；Zhang et al.，2006；钟涨宝等，2008；刘鑫等，2008；齐琳娜，2008；李乾宝，2010；Giles et al.，2010）。从土地养老来看，农村人均耕地由于人口增长和城市扩张而变得愈加短缺，农民收入的主要来源不再是农业收入，土地养老也无法实现其养老保障的效果（尚长风等，2008；World Bank，2009）。

在社会养老保险方面，我国农村养老保险的模式还一直在探索。从 20 世纪 90 年代初到 1997 年底，全国有超过 8000 万农民参加农村社会养老保险，也就是所谓的“老农保”（赵殿国，2003）。1998 年，政府机构改革，农村社会养老保险的责任部门发生了变化，劳动和社会保障部接管了原来民政部的相关职能，再加上其他多方面原因，当时的参保人数不升反降，养老基金运行困难加大（贺蕊玲，2010）。由于制度设计和执行等方面的原因，于 1999 年被国务院停止推行。在老农保制度下，养老保险待遇水平低、管理制度混乱，在缺乏专门的法律制度保障下，农村养老保险发展缓慢（刘昌平等，2009a）。由于老农保政策存在很多不足之处，导致参保率低下，无法继续实现其功能，最终被终止（刘昌平等，2009b；World Bank，2009；阮荣平等，2010）。

但是农村养老保障服务缺失的问题依然存在，我国也开始逐步推行新型农村社会养老保险。国务院于 2009 年印发了《关于开展新型农村社会养老保险试点的指导意见》，决定开展新型农村社会养老保险（以下简称“新农保”）试点。在该指导意见中明确提出“2009 年试点覆盖面为全国 10% 的县（市、区、旗）……，2020 年之前基本实现对农村居民的全覆盖”（人力资源和社会保障部，2009）。根据人力资源和社会保障部（2012）的统计，截至2011年底，参保县的比例接近20%，全国已经有27个省、自治区的1914个县（市、区、旗）和4个直辖市部分区县开展了新农保试点，参加新农保的农民达到3.26亿人。预计2020年才能达到全国农民的全覆盖（国务院，2009）。目前，第一批领取养老金的60岁及以上老人，可以不必缴纳保费而直接领取养老金，但是每个月仅能获得55元。当然，各个地方经济情况不同，配套也有差别，所以有些地方的老人实际领取的养老金高于55元。新农保的试点和推广标志着我国农村社会养老保障事业发展到了一个新阶段。实际上，尽管中国城市化进程和产业结构调整对传统农村经济模式产生了重要影响，农村大批青壮年外出务工，但是目前农村地区老人依然延续传统家庭养老模式的比例仍然达到95%（陈欣欣等，2011）。

随着新农保试点的开展，不同学者开始从不同角度对新农保制度的设计、实施和农民参保行为等进行了研究。部分学者针对新农保制度设计的科学性、可行性和个人账户管理等问题进行了深入的研究（林义，2009；唐钧，2009；邓大松等，2010；惠恩才，2011；张思锋等，2011；Shen，2010）。也有研究论证了新农保政策实施对农村居民的养老模式和受益群体的影响（程令国等，2013；陈华帅等，2013；Gao et al.，2012）。此外，一些学者也开始关注新农保参保意愿、行为及其影响因素（张朝华，2010；孙基文，2012；封铁英，2010）。

新农保政策的实施也随之带来一些需要被确切解答的问题：首先，新农保政策的实施是否在不同地区存在差异？如果存在差异，那么这些差异是否会对农民的参保行为造成影响，如有影响，是如何影响的？新农保政策实施能否实现保障农村居民老年基本生活的需要？如果能够客观、准确地解答上述问题，那么对进一步完善我国新农保制度，帮助其更好地为农村居民服务，切实让他们受益，有着重要的现实意义和政策含义。

三 新型农村社会养老保险实施现状及特征

为了全面反映新农保实施现状及特征，本节首先介绍样本县新农保政策设计的情况，其次分析农户对新农保的筹资和领取等信息的了解和认知情况，最后介绍样本农户新农保参保情况及其分布特征。

（一）抽样权数

鉴于本书的研究样本是分层抽样而不是简单随机抽样，为避免在数据分析过程中产生偏差，以及可以在全国范围内反映新农保参与情况，因此根据抽样情况测算相关的抽样权数，并在进行统计分析时使用抽样权数进行调整。

依据已有文献，抽样设计权数是样本单元入样概率的倒数（Yansaneh，2003）。本书分别按照区域、省、县、乡镇、村级和农户6个层次进行了样本选取。因此，需要计算区域、省级、县级、乡镇、村级和农户6级权重。依据本书中实际实施情况，区域、省级、县级、乡镇、村级的抽样权数计算均使用样本人口数，其计算公式如下（吕萍等，2012）：

$$W_j = \frac{N_{\text{base}}}{M_{\text{base}} \times N_j} \tag{6.1}$$

其中，N_{base} 是当前样本框的总人数，N_j 是选择的第 j 个子样本中的人口数，M_{base} 是当前样本框包含的与第 j 个子样本同等级别的子样本数目。比如，在区域的抽样权数计算中，我们有5个区域，即 M_{base} 等于5。总样本框人数是所有5个区域的人口之和，按照公式计算每个区域的抽样权数。

根据农户层面的抽样过程，可以得出农户权数的计算公式如下：

$$W_j = \frac{M_{\text{base}}}{M_s} \tag{6.2}$$

其中，M_{base} 是村里的总户数，M_s 是实际进行调研的户数。

最终将6个层级的抽样权数相乘，即是整个样本的抽样权重。

（二）样本县新农保实施、政策设计及差异

在25个样本县中，有20个样本县在2012年4月调查时已经开始了新农保试点。另外，5 个样本县在调查时还没有开始新农保试点。在没有开始新农保试点的 5 个样本县，有 3 个县（在吉林和河北）计划在 2012 年下半年开始新农保试点，另外 2 个样本县（在河北和四川）尚不确定开始新农保试点的时间。下面介绍已实施新农保试点的 20 个样本县新农保政策设计方面的特点及其差异。

在实施新农保试点的样本县中，参保资格的认定基本一致，但参保方式存在一些差异。在参保资格认定上，年满 16 周岁（不含在校学生和军人等）、未参加城镇职工基本养老等社会养老保险的农村居民都可以参加新农保。对于参保方式，85% 的样本县规定农民可以按个人参保，15% 的样本县规定按户参保。

根据试点地区实际情况，样本县的缴费标准和补贴情况存在一定的差异。有 20% 的样本县仅提供国家规定的 5 个缴费档次，分别为 100 元、200 元、300 元、400 元和 500 元。其他 80% 的样本县根据地方实际情况增设缴费档次，最多设定了 12 档，最低档的年缴费金额均为 100 元，最高档的年缴费金额介于 600 元和 2000 元之间。对于选择不同缴费标准的农民，地方政府给予相应的补贴。20% 的样本县（河北省）不论农民选择哪档缴费标准，每年都补贴 30 元。75% 的样本县根据农户选择的缴费档次给予不同的补贴，每提高一个缴费档次，在 30 元的补贴基础上额外补贴 5 元。其他 5% 的样本县（都在江苏省）的补贴标准较高，每提高一个缴费档次，在 30 元的补贴基础上额外补贴 10 元。总体而言，各级政府缴费的平均补贴金额为 53.40 元（见表 38）。

在新农保缴费年限、缴费操作方式和账户管理方面，各样本县的做法也有所不同。对于年龄在 45 岁以下的符合参保条件的农民，所有样本县都要求最低缴费年限为 15 年。对于按年缴费后仍达不到最低缴费年限的村民，25% 的样本县不允许补缴，15% 的样本县允许补缴，但补缴的保费不提供政府补贴，其他 60% 的样本县允许补缴，同时给补缴的保费提供补贴。在缴费操作方式上，45% 的试点县（分布在陕西、吉林和河北）允许参保人在村里缴纳个人保费，55% 的试点县要求参保人到乡镇指定地点缴费。保费的缴纳或通过银行等金融机构代收（四川和吉林），或直接交给村协办员或者在乡镇劳保所缴纳（陕西和河北），或上述两种方式均可（江苏）。虽然所有样本县都有新农保个人账户，但5%的样本县个人账户资金仅包含个人缴费，其他样本县的个人账户不仅包括个人缴费，还包括各级政府补贴。20%的样本县还包含集体补助。

样本县在新农保养老金待遇及领取方式和条件等方面也存在一些差异。20%的样本县（较富裕县）的基础养老金高于国家规定的每月55元的标准，其他样本县按国家规定的标准执行。对于可以领取养老金的老人，养老金实行按月发放。5%的样本县参保人可以直接在村里领取养老金，其他样本县参保人需要到乡镇或县城相关金融机构领取养老金。85%的样本县实施了“捆绑政策”（已年满60周岁、未享受城镇职工基本养老保险待遇的，不用缴费，可以按月领取基础养老金，但其符合参保条件的子女应当参保缴费）。

表38　**主要变量基本信息**

变量	均值	标准差	最小值	最大值
因变量				
是否参加新农保（1=是，0=否）	0.74	0.44	0.00	1.00
个体特征				
年龄（岁）	42.50	15.05	16.00	92.00
性别（1=男，0=女）	0.55	0.50	0.00	1.00
受教育程度（年）	7.94	2.80	1.00	15.00
是否是村干部（1=是，0=否）	0.05	0.21	0.00	1.00
是否在外出半年以上（1=是，0=否）	0.34	0.47	0.00	1.00
自评健康程度（1=健康，0=不健康）	0.88	0.32	0.00	1.00
是否参加新型合作医疗（1=是，0=否）	0.96	0.20	0.00	1.00
是否参加新农保以外的养老保险（1=是，0=否）	0.08	0.27	0.00	1.00
家庭特征				
家庭规模（人）	4.80	1.76	1.00	15.00
家庭房产价值（万元）	15.66	20.58	0.00	200.00

续表

变量	均值	标准差	最小值	最大值
家庭特征				
是否被征地（1 = 是，0 = 否）	0.09	0.29	0.00	1.00
家庭中非农就业的比例（百分比）	0.41	0.24	0.00	1.00
家庭人均非农收入（万元）	1.68	3.91	-25.43	77.50
对新农保了解程度（分）	5.89	2.19	0.00	13.00
家里是否有人已经领取新农保养老金（1 = 是，0 = 否）	0.41	0.49	0.00	1.00
社区层面特征				
村总人口（人）	1415.86	805.53	181.00	4800.00
村全年人均纯收入（万元）	0.57	0.31	0.04	1.78
村财务收支情况（万元）	3.34	23.09	-38.38	173.90
村到最近公路干线的距离（公里）	8.02	14.28	0.00	115.00
县级特征				
县所辖村的个数（个）	279.65	165.34	65.00	842.00
县农业人口（万人）	43.86	25.86	6.90	94.25
县农民人均纯收入（万元）	0.67	0.25	0.20	1.35
各级政府对新农保缴费的平均补贴金额（元）	53.40	20.50	30.00	111.00
是否要求中间断保的人必须补缴（1 = 是，0 = 否）	0.60	0.49	0.00	1.00
是否实行"捆绑政策"（1 = 是，0 = 否）	0.85	0.36	0.00	1.00

注：（1）本书对"自评健康程度"的变量重新进行了处理，"非常健康"、"比较健康"、"一般"归为"健康"，"比较差"、"非常差"归为"不健康"，1 表示"健康"，0 表示"不健康"，重新定义了 0、1 变量。

（2）家庭中的非农收入主要来自农户打工或者从事自营工商业（比如做小生意、出租房屋、跑运输、开养殖场等）的收入。样本中有 20% 的家庭从事自营工商业。家庭中的非农收入有负数，原因在于样本中有经营自营工商业亏损的农户，对于这部分样本，剔除了其因经营自营工商业产生的负债，所以家庭人均非农收入为负数。

数据来源：作者调查。

（三）农户对新农保筹资信息的了解情况

在了解了各县新农保政策和实施方式后，我们进一步收集了农户对上述相关政策了解程度方面的信息。以各县新农保实施细则为标准，将农户访谈数据与样本县新农保实施细则进行比对，评估样本农户对新农保政策的了解程度。表 39 显示了使用抽样权数调整前后的结果。

使用抽样权数进行调整后的结果表明，样本农户对新农保参保方式的了解偏低，且存在较大差异。平均仅有 53.91% 的参保农户清楚知道新农保政策中关于参保方式的规定，也就是要求按户还是按个人参保。吉林省了解这一政策的比例最低，仅为 47.96%（见表 39 第 1 行）。调查数据显示，绝大多数样本农户都不了解新农保缴费标准和补贴政策方面的信息，并存在一定的区域差异。平均而言，清楚知道样本县新农保实施中有几个缴费档次的样本农户仅为 11.26%。河北和吉林的比例为 15%，而其余 3 省这一比例均不足 5%（见表 39 第 2 行）。样本省农户了解新农保最高缴费标准的比例介于 7.49% 和 48.12% 之间，平均仅有 37.69% 的样本农户了解新农保最高缴费标准（见表 39 第 3 行）。样本农户了解新农保最低档次缴费标准的比例稍高，但也仅为 48.93%（见表 39 第 4 行）。样本农户对新农保政府补贴的情况也不甚清楚，但对村集体是否有补贴较为了解。样本农户了解政府对新农保缴费提供补贴情况的占比仅为 25.48%，其中江苏稍高，占比为 34.12%，而四川这一比例仅为 11.10%（见表 39 第 5 行）。对于村集体是否对村民新农保缴费有补贴的了解情况较好，平均有 68.84% 的样本农户清楚知道这一信息（见表 39 第 6 行）。

在新农保缴费、账户管理等方面，样本农户了解相关信息的比例也不高。样本农户中清楚知道个人账户中资金类别的农户不足 20%，部分地区（如河北和四川）样本农户知道个人账户资金类别的比例甚至不到 5%（见表 39 第 7 行）。了解新农保最低缴费年限是 15 年这一信息的样本农户比例为 40.76%，在各样本省间差别不大（见表 39 第 8 行）。对于年龄在 45 岁以上 60 岁以下（国家规定最低缴费年限是 15 年，60 周岁可以领取养老金，年龄超过 45 岁不到 60 岁的人群面临缴费年限不够 15 年的情况。）达不到最低缴费年限农户的新农保保费缴纳问题以及中间断保时保费补缴问题，了解情况的农户比例仅为20.09%和19.48%（见表39第9、10行）。

（四）农户对养老金领取信息的了解情况

相对于农户对新农保筹资相关信息了解的缺乏，农户对养老金领取方面的信息了解较多（见表40）。加权后的分析结果表明，93.82%和85.12%的农户分别对于男性和女性开始领取养老金的年龄非常清楚，尽管不同省份农户对这一信息的了解也存在差异，但清楚了解这一信息的比例都在73%以上。产生这一现象的原因可能在于试点县大约38%的样本农户家庭已经有符合条件的老人开始领取养老金。

调查数据还表明，样本农户对按月领取基础养老金的条件了解程度较高。清楚知道“新农保制度实施时，已年满60周岁、未享受城镇职工基本养老保险待遇的，不用缴费，可以按月领取基础养老金，但其符合参保条件的子女应当参保缴费”这一信息的农户比例为55.65%。然而大部分农户不清楚目前老人领取的钱是基础养老金还是基础养老金加个人账户的资金，只有近15%的农户知道基础养老金和所领取养老金总额之间的区别。

（五）开始领取新农保养老金的老人领取情况

在新农保的实施中，对60岁及以上老人发放养老金的执行情况较好。样本中60岁及以上的老人有1062人，已经开始领取养老金的60岁及以上老人有947人，占89.17%。各地的补贴力度不同，加入抽样权数后发现，老人每个月领取养老金的金额也略有差别，平均金额为60.11元（见表41）。从地区差异上来看，四川和吉林的老人平均每月可以领取55.20元和54.88元，其他省份均高于平均金额。

养老金的发放模式还存在一些有待改进的地方。对农户的访谈发现，养老金的发放形式是银行账户划拨，发放周期平均为2个月左右。老人可以持银行卡就近到金融机构领取养老金。农村的金融机构一般在乡镇政府所在地且处于这个乡镇的中心地带，约65%的农户选择在乡镇金融机构领取养老金，平均距离7公里。其中，四川、吉林的平均距离超过了7公里。

虽然养老金对老年人日常生活有所帮助，但离维持老年人的基本生活还存在较大差距。拿到养老金后，94.10%的老人将其用于日常饮食和医疗保健的花销。调查结果表明，仅有12.51%的老人认为养老金够维持他们最基本的生活，江苏、河北和四川这一比例还不到9%。

综合以上几个方面的描述分析说明，样本农户对于新农保筹资的构成以及一些缴费细则并不清楚，而对于领取养老金等相关问题了解得较多。同时就目前已经开始领取养老金的老人而言，这些养老金还不足以满足他们基本的生活需要。

表39　**各地区农户对新农保筹资情况的了解程度**　单位：%

	江苏		河北		四川		吉林		陕西		平均值	
	样本(1)	加权后(2)	样本(3)	加权后(4)	样本(5)	加权后(6)	样本(7)	加权后(8)	样本(9)	加权后(10)	样本(11)	加权后(12)
(1) 知道新农保是按户还是按个人参加的比例	60.70	57.37	82.53	78.79	56.91	59.34	53.27	47.96	73.51	77.44	63.92	53.91
(2) 知道新农保个人缴费档次比例	4.55	4.41	13.86	15.47	8.04	3.67	12.80	15.36	1.24	1.32	7.10	11.26
(3) 知道新农保最高档缴费的比例（%）	8.02	7.49	43.98	41.34	21.86	18.93	44.64	48.12	43.56	41.64	31.24	37.69
(4) 知道新农保最低档缴费的比例	18.18	17.42	43.98	39.48	53.38	55.49	54.17	58.32	54.46	55.17	44.56	48.93
(5) 知道各级政府对新农保个人缴费是否有补贴的比例	32.35	34.12	14.46	15.52	13.83	11.10	25.89	25.86	13.86	15.53	20.80	25.48
(6) 知道村集体对新农保个人缴费是否有补贴的比例	67.65	65.78	55.63	53.16	65.59	68.79	68.75	69.41	74.01	75.28	67.94	68.84

续表

	江苏		河北		四川		吉林		陕西		平均值	
	样本(1)	加权后(2)	样本(3)	加权后(4)	样本(5)	加权后(6)	样本(7)	加权后(8)	样本(9)	加权后(10)	样本(11)	加权后(12)
(7) 知道新农保个人账户资金包含类别的比例	17.65	18.75	1.81	1.20	2.25	3.08	18.15	19.93	21.04	24.58	13.95	19.12
(8) 知道新农保最低缴费年限的比例	40.64	45.50	35.54	37.52	50.80	49.77	37.20	38.64	38.37	39.43	40.79	40.76
(9) 知道达不到最低缴费年限的是否允许补缴的比例	30.21	34.36	12.65	17.22	21.86	20.44	13.99	15.43	13.37	13.36	19.04	20.09
(10) 知道中间断保的是否要求补缴的比例	35.36	30.97	11.45	11.63	23.15	25.53	16.07	13.37	34.90	33.30	25.52	19.48

注：在样本中新农保问题由户主或者配偶回答的占到91%。他们对家庭的情况比较了解。还有9%为家庭其他成员，他们不清楚的内容现场打电话向户主求证。表40同。

数据来源：作者调查。

表40　　**农户对新农保养老金待遇及领取的了解情况**　　单位：%

	江苏		河北		四川		吉林		陕西		平均值	
	样本(1)	加权后(2)	样本(3)	加权后(4)	样本(5)	加权后(6)	样本(7)	加权后(8)	样本(9)	加权后(10)	样本(11)	加权后(12)
(1) 了解男性参保人开始领取养老金年龄的百分比	95.72	95.15	87.95	80.42	95.46	95.36	94.05	92.80	97.52	97.47	95.16	93.82
(2) 了解女性参保人开始领取养老金年龄的百分比	75.94	73.47	85.75	78.99	77.17	75.24	89.58	88.03	95.29	95.12	85.36	85.12
(3) 了解已经可以领取养老金的老人其家庭需要满足的条件	81.82	80.01	77.71	71.45	78.46	80.27	45.54	44.87	73.02	70.36	70.84	55.65

续表

	江苏		河北		四川		吉林		陕西		平均值	
	样本(1)	加权后(2)	样本(3)	加权后(4)	样本(5)	加权后(6)	样本(7)	加权后(8)	样本(9)	加权后(10)	样本(11)	加权后(12)
(4) 了解基础养老金	8.29	9.20	9.64	13.05	25.72	22.34	15.67	18.05	2.48	2.03	12.13	14.65
(5) 2011 年家里是否已经有人领取养老金	45.45	45.83	19.90	47.67	37.12	48.18	27.88	34.30	38.61	38.86	33.69	37.97

注：（3）行的意思为农户对“达到领取养老金年龄，是否需要家里符合条件的人都参保，才可以领取”的信息了解情况。

数据来源：作者调查。

表 41　　已经开始领取新农保养老金的老人领取情况

	江苏		河北		四川		吉林		陕西		平均值	
	样本(1)	加权后(2)	样本(3)	加权后(4)	样本(5)	加权后(6)	样本(7)	加权后(8)	样本(9)	加权后(10)	样本(11)	加权后(12)
(1) 每个月领养老金的金额（元）	65.82	67.87	67.86	72.69	55.16	55.20	54.96	54.88	67.62	67.95	62.53	60.11
(2) 发一次养老金时间（月）	1.96	1.80	1.27	1.32	3.62	2.71	1.95	2.07	4.63	4.92	2.75	2.24
(3) 在乡镇金融机构领取养老金的比例（%）	93.73	94.41	55.10	45.73	92.75	89.99	49.09	50.65	75.19	68.93	73.46	64.96
(4) 领取养老金的地方离老人住处的平均距离（公里）	4.28	3.92	4.16	4.23	5.44	7.84	10.63	8.12	9.86	11.31	6.95	7.14
(5) 养老金主要用于吃饭和医疗保健的比例（%）	97.91	97.92	97.96	98.83	84.54	85.03	92.73	93.38	88.89	89.90	92.29	94.10
(6) 这笔养老金够维持老人最基本生活的比例（%）	8.37	8.85	5.12	4.75	5.80	8.19	13.94	13.46	23.81	23.37	11.51	12.51

数据来源：作者调查。

第二节　新型农村社会养老保险对农民参保行为的影响

在第一节中，我们从多个方面对新农保政策的试点和实施情况进行了剖析，一些学者也开始关注新农保参保意愿、行为及其影响因素。张朝华（2010）对广东珠海的研究发现，参保意愿与户主所受教育年限和家庭纯收入呈正向关系，而家庭规模、土地面积、年龄、务农年限和非农收入所占比重对其有负向影响。孙文基等（2012）在江苏的研究指出，农民对其缴费多少与享受待遇之间的关系认识不足，选择的缴费档次偏低。封铁英等（2010）对陕西西安 10 个涉农县区的调查发现，农村居民新农保参保意愿受个体特征、家庭特征、经济条件、主观认识及态度等多维度因素的综合影响。

但是，上述研究缺乏使用全国代表性抽样调查的微观数据对农民参保行为影响因素开展的定量分析。我国新农保政策的实施方式在不同县市间存在差异。此外，农民参保行为不仅会受到个体、家庭和社区生活环境等多个层面因素的影响，还会受到不同地区政策实施方法不同的影响。为了更好地把握新农保养老保险中农民参保行为，需要以大规模抽样调查数据为基础进行总体评价，以总结新农保政策实施过程中的经验和教训，完善新农保制度设计。

新农保是国家面向农村地区推行的又一民生工程，其目的仍然是在保障农村居民基本生活水平的基础上，进一步破除城乡二元结构、缩小城乡差距，维护社会稳定。但由于部分农民对新农保政策的不了解，其参保积极性还有待提高。同时，农民年龄、受教育程度、健康状况、家庭财富及家庭非农就业状况等因素也影响着新型农村养老保险实施中农民参保率的提高。

一　农民参保行为的描述统计分析

调查结果显示，在 101 个样本村中，有 81 个样本村在调查期间已经开始了新农保试点（见表 42 第 1 列）。在实施新农保试点的地区，符合参保条件的农民总数为4272人（见表42第3列），但实际农民参保比例仅为73%。从区域分布看，河北省和四川省样本地区农民新农保参保率较低，仅为67.47%和66.95%，而陕西省样本地区农民新农保参保率较高，为85.88%，其他省样本地区的参保率均在平均水平附近（见表42第5列）。

农户参保率较高，而农民参保率较低，说明部分家庭并不是所有符合参保条件的农民均参与了新农保。样本地区实施新农保试点的1579户样本农户中，农户参保率为89.82%（见表42第7列），远高于73%的农民参保比例。这说明至少有一部分农户尽管家里有人参与了新农保，但并不是所有符合参保条件的家庭成员都参加了新农保。

表42　　　　**样本总体分布和参保情况**

省份	试点样本村	试点样本村农户数	试点样本村符合参保条件人数	已实施新农保地区农民参保率		已实施新农保地区农户参保率	
	（个）(1)	（户）(2)	（人）(3)	未加权（%）(4)	加权后（%）(5)	未加权（%）(6)	加权后（%）(7)
江苏	20	374	1036	71.72	70.29	88.24	87.16
河北	9	168	430	74.65	67.47	85.31	82.62
四川	15	279	799	64.33	66.95	79.46	82.09
吉林	17	336	940	71.49	72.38	89.58	90.63
陕西	20	404	1067	83.97	85.88	93.07	94.82
总计	81	1579	4272				
平均				73.72	73.00	88.54	89.82

注："已实施新农保地区农户参保率"按照家里至少有一个人参保进行统计。

数据来源：作者调查。

调查数据表明，农民年龄、是否外出务工和受教育程度等特征和是否参保之间存在显著的相关关系。从年龄看，年龄较大的农民更倾向于参加新农保，参保农民的平均年龄为45.53岁，显著大于未参加新农保农民34.01岁的平均年龄（见表43第1行），这说明新农保制度设计中仅要求农民参保 15 年确实影响了部分年轻人的参保决策。参加新农保的人中，外出半年以上的所占比例为 28.96%，而未参加新农保的人中外出半年以上的比例为 47.25%（见表 43 第 5 行），说明在新农保政策实施中，要求在规定时间段内完成参保手续确实给那些常年在外打工的人带来了不便。调查数据显示，参与新农保的农民平均受教育程度（7.63 年）比未参与新农保农民的平均教育程度（8.81 年）低（见表 43 第 3 行）。出现这种情况可能有如下原因：年轻人（16—34 岁之间平均受教育程度为 9.35 年）和外出务工人员的受教育程度（8.85 年）普遍分别高于年龄较大的人（34 岁以上平均受教育程度为 7.24 年）及主要在家居住的人（7.47 年），而这两部分人群的参保率较低。这也表明要识别影响农民参保的因素及其作用，仅凭相关分析还不够，还需要通过回归分析控制其他因素的影响。

参保人的健康状况，是否参加了新农合以及是否参加了其他养老保险也和农民是否参与新农保有明显关系。参加新农保的人中认为自己健康的比例（85.33%）低于未参加新农保的比例（93.61%）（见表 43 第 6 行）。其原因可能是身体较差的人未来养老可能面临更多困难和不确定因素，更有积极性参加新农保，这和调查数据的分析结果相吻合。参与新农合的农户更有积极性参与政府实施的新农保，参加新农合的农民参与新农保的比例也更高（见表 43 第 7 行）。参加新农保的人中有 5.47% 的人也选择参加了其他类型的养老保险，而未参加新农保的人中参加新农保以外其他养老保险的比例为 14.83%（见表 43 第 8 行）。

新农保的实施对于提高失地农民养老保障具有促进作用，但更需要关注流动人群养老保障服务的提供。被征地家庭由于土地养老保障功能受到削弱，在没有其他养老保障的情况下更愿意参加新农保，这一判断也得到调查数据的证实。参加新农保的被征地农户比例（10.11%）高于未参加新农保的被征地农户比例（7.02%）（见表 43 第 11 行）。参加新农保的人中，家庭中非农就业比例（39.38%）小于未参加新农保人群的家庭中非农就业比例（45.18%）（见表 43

第 12 行)，这也进一步验证了外出半年以上劳动力参加新农保的比例较低的调查结果。

虽然家庭财富越少的人，家庭养老保障能力越弱，越需要社会化的养老保障，但样本调查数据表明，新农保政策的实施对增强低收入农民的养老保障作用还不明确。调查数据显示，虽然参加新农保人群的平均家庭房产价值（15.21 万元）显著少于未参加新农保人群的平均家庭房产价值（16.92 万元），但平均仅相差 1.71 万元（见表 43 第 10 行)。而且，参加新农保人群的家庭年人均非农收入（1.68 万元）和未参加新农保人群的家庭年人均非农收入（1.69 万元）也没有显著差异（见表 43 第 13 行)。

数据表明农民对新农保政策的了解情况对农民参保具有显著影响。参保人群对新农保知识的了解程度（5.13 分）显著高于未参保人群对新农保知识的了解程度（5.19 分）（见表 43 第 14 行)。有意思的是，如果农民实实在在看到参与新农保带来的好处，那么农民参保的可能性就更高。在参保群体中，家里已经有人领取了新农保养老金的比例（45.82%）显著高于未参保人群的领取比例（24.96%）(见表 43 第 15 行)。

表 43　　　　**参加新农保与未参加新农保农民之间的差异**

变量	未参加新农保	参加新农保	t 值
(1) 年龄（岁）	34.01	45.53	-23.33***
(2) 性别（1=男，0=女）	52.75	55.69	-1.70
(3) 受教育程度（年）	8.81	7.63	12.35***
(4) 是否是村干部（1=是，0=否）	2.31	5.37	-4.23***
(5) 是否外出半年以上（1=是，0=否）	47.25	28.96	11.30***
(6) 自评健康程度（1=健康，0=不健康）	93.61	85.33	5.54***
(7) 是否参加新型合作医疗（1=是，0=否）	89.25	98.19	-13.13***
(8) 是否参加新农保以外的养老保险（1=是，0=否）	14.83	5.47	10.09***
(9) 家庭规模（人）	4.82	4.79	0.54

续表

变量	未参加新农保	参加新农保	T值
(10) 家庭房产价值（万元）	16.92	15.21	2.39**
(11) 是否被征地（1 = 是，0 = 否）	7.02	10.11	-3.07***
(12) 家庭中非农就业劳动力比例（%）	45.18	39.38	6.90***
(13) 家庭人均非农收入（万元）	1.69	1.68	0.06
(14) 对新农保了解程度	5.19	5.13	-12.31***
(15) 家里是否有人已经领取新农保养老金（1 = 是，0 = 否）	24.96	45.82	-13.05***
(16) 村到最近公路干线的距离（公里）	5.11	8.71	-5.26***

注：＊＊＊、＊＊ 和 ＊ 分别代表的是置信区间在1%、5%和10%的水平上显著。

数据来源：作者调查。

二　农民参保行为影响因素的实证分析

通过上述分析，我们可以初步把握新农保试点地区农民参保行为及其影响因素，但其参保行为受到个人、农户、社区和县级等多个层面因素的影响，为了识别不同影响因素的作用，我们使用多水平随机Logistic回归模型进一步分析影响农民参保行为的因素及其作用。

（一）多水平模型

多水平模型是针对多层次结构数据进行分析的统计模型，能够较好处理数据中的组（水平）内同质和组（跨水平）间异质问题，能更好保证统计推断的准确性。在本书中，数据存在层次嵌套结构。个人嵌套在家庭中，家庭又嵌套在社区中，而社区则嵌套在县中，形成四个水平的分级结构。上述数据结构理论上适合采用多水平模型进行分析。考虑到因变量是一个二元变量（是否参保），因此使用多水平随机效应Logistic回归模型进行数据分析。

对于多水平模型，只有在确定了数据确实存在组内显著性相关后，才有必要建立多层模型。通常情况下，需要建立空模型来评估组内同质性或者组间异质性，判断数据是否适合使用多水平模型进行分析（王济川等，2008）。在本书中，空模型设定如下：

$$\ln \frac{p_{ijkh}}{1 - p_{ijkh}} = \beta_{0jkh} + \varepsilon_{ijkh} \tag{6.3}$$

$$\beta_{0jkh} = \alpha_{00kh} + \varepsilon_{jkh} \tag{6.4}$$

$$\alpha_{00kh} = \gamma_{111h} + \varepsilon_{kh} \tag{6.5}$$

$$\gamma_{111h} = \mu_{1111} + \varepsilon_{h} \tag{6.6}$$

$$\ln \frac{p_{ijkh}}{1 - p_{ijkh}} = \mu_{1111} + \varepsilon_{ijkh} + \varepsilon_{jkh} + \varepsilon_{kh} + \varepsilon_{h} \tag{6.7}$$

$$\begin{aligned} \mathrm{Var}(\ln \frac{p_{ij}}{1 - p_{ij}}) &= \mathrm{Var}(\mu_{1111} + \varepsilon_{ijkh} + \varepsilon_{jkh} + \varepsilon_{kh} + \varepsilon_{h}) = \mathrm{Var}(\mu_{1111}) + \\ &\quad \mathrm{Var}(\varepsilon_{ijkh}) + \mathrm{Var}(\varepsilon_{jkh}) + \mathrm{Var}(\varepsilon_{kh}) + \mathrm{Var}(\varepsilon_{h}) \\ &= \sigma^2_{\varepsilon_{jkh}} + \sigma^2_{\varepsilon_{kh}} + \sigma^2_{\varepsilon_{h}} + \sigma^2 \end{aligned} \tag{6.8}$$

$$ICC_2 = \frac{\sigma^2_{\varepsilon_{jkh}}}{\sigma^2_{\varepsilon_{jkh}} + \sigma^2_{\varepsilon_{kh}} + \sigma^2_{\varepsilon_{h}} + \sigma^2} \tag{6.9}$$

$$ICC_3 = \frac{\sigma^2_{\varepsilon_{kh}}}{\sigma^2_{\varepsilon_{jkh}} + \sigma^2_{\varepsilon_{kh}} + \sigma^2_{\varepsilon_{h}} + \sigma^2} \tag{6.10}$$

$$ICC_4 = \frac{\sigma^2_{\varepsilon_{h}}}{\sigma^2_{\varepsilon_{jkh}} + \sigma^2_{\varepsilon_{kh}} + \sigma^2_{\varepsilon_{h}} + \sigma^2} \tag{6.11}$$

其中，$\ln \frac{p_{ijkh}}{1 - p_{ijkh}}$ 为结果变量，β_{0jkh}、α_{00kh} 和γ_{111h} 分别代表家庭、社区和县水平的结果测量均值，ε_{ijkh} 代表组内个体间的差异，μ_{1111} 代表总截距，ε_{jkh}、ε_{kh} 和ε_{h} 分别为各水平组间组均值之间的差异，$\sigma^2_{\varepsilon_{jkh}}$、$\sigma^2_{\varepsilon_{kh}}$ 和$\sigma^2_{\varepsilon_{h}}$ 为各水平的组间方差，σ^2 为组内方差，ICC_2、ICC_3 和ICC_4 分别为家庭水平的组间方差、社区水平的组间方差和县水平的组间方差与总方差之比。空模型的估计结果为：$ICC_2 = 0.433$，$\sigma_{\varepsilon_{jkh}} = 0.289(p < 0.001)$；$ICC_3 = 0.180$，$\sigma_{\varepsilon_{kh}} = 0.187(p < 0.001)$；$ICC_4 = 0.131$，$\sigma_{h} = 0.159(p < 0.001)$。表明农户的参保行为在家庭之间、社区之间和县之间存在显著差异，这种差异是由农户所在的家庭、社区和县之间存在的差异引起的，因此该数据需要使用多水平模型进行分析。

（二）多水平随机效应 Logistic 回归模型的建立

农户参加新农保可能不仅受个人特征和家庭特征的影响，还可能与所处社区、乡镇以及县层面的外部环境相关，从上述特征中甄别出影响农户参保行为的因素是本书研究的核心问题。在本书中，假设农户的参保行为是其个人、家庭、所在社区和县等多级特征的函数，其中个人特征是水平 1 上的变量、家庭特征为水平 2 上的变量、社区特征为水平 3 上的变量、县级特征为水平 4 上的变量。在模型 3 中加入水平 1—4 变量，由此得到新农保参保行为影响因素的 4 水平 Logistic 回归模型（Sophia et al.，2008）：

$$\ln \frac{p_{ijkh}}{1 - p_{ijkh}} = \beta_{0jkh} + \beta_1 \, Individual_{ijkh} + \varepsilon_{ijkh} \tag{6.12}$$

$$\beta_{0jkh} = \alpha_{00kh} + \alpha_{01} \, Family_{jkh} + \varepsilon_{jkh} \tag{6.13}$$

$$\alpha_{00kh} = \gamma_{111h} + \gamma_{112} \, Village_{kh} + \varepsilon_{kh} \tag{6.14}$$

$$\gamma_{111h} = \mu_{1111} + \mu_{1112} \, County_h + \varepsilon_h \tag{6.15}$$

$$\ln \frac{p_{ijkh}}{1 - p_{ijkh}} = \mu_{1111} + \beta_1 \, Individu_{alijkh} + \alpha_{01} \, Family_{jkh} + \gamma_{112} \, Village_{kh} + \mu_{1112} \, County_h + \varepsilon_{ijkh} + \varepsilon_{jkh} + \varepsilon_{kh} + \varepsilon_h \tag{6.16}$$

根据上述模型，本节的因变量是：第 h 个县的第 k 个村的第 j 个家庭的第 i 个人是否参加新农保，参加取 1，未参加为 0。截距 β_{0jkh} β_{0jkh} 表示家庭、社区和县等群组间的差异。$Individual_{ijkh}$ $Individual_{ijkh}$、$Family_{jkh}$ $Family_{jkh}$、$Village_{kh}$ $Village_{kh}$ 和 $County_h$ $County_h$ 分别表示个体、家庭、社区和县级层面农民参保的影响因素。随机效应 ε_{ijkh}、ε_{jkh} ε_{jkh}、ε_{kh} ε_{kh} 和 ε_h ε_h 分别表示不同个体、家庭之间、社区之间和县之间的差异。

（三）多水平随机效应 Logistic 的回归分析

在分析新农保参保行为的影响因素时，和前述分析一样，在回归分析中剔除了未实施新农保地区的样本，最终有效样本为 4272 个。新农保政策实施时，样本中 60 岁及以上老人，不用缴纳新农保保费就可以领取养老金。这部分老人与一般人的参保行为不同，我们构建了了包含和不包含 60 岁及以上老人的回归模型。根据上述讨论，报告了 4 个多水平随机效应 Logistic 回归分析模型结果：模型 1 和模型 2 中包括了 4272 名有效个体样本；模型 3 和模型 4

剔除了调查期间不用缴纳保费直接领取养老金的样本（3686名有效个体样本）。为了获得有全国代表性的分析结果，在回归分析中使用相应的抽样权数进行加权，同时也报告了未加权的分析结果。其中，模型1和模型3没有考虑了抽样权数，而模型2和模型4考虑抽样权数。我们以模型2和模型4介绍模型估计结果，其他作为参考。相关结果见表44。

描述性分析中发现的影响农民参保的因素及其作用，在多水平随机效应Logistic回归分析模型中基本得到体现，尽管部分描述性分析中一些有显著影响的因素在回归分析模型中变得不再显著，如教育水平在描述性分析中和农民是否参保存在显著负相关，但控制了年龄和是否外出务工等和教育水平相关的因素之后，这种负相关变得不再显著。这也说明如果要准确估计农民参保行为的决定因素，需要使用回归模型作进一步的分析。

与描述性分析结果类似，回归分析结果进一步验证了新农保制度设计中的一些规定确实会带来一定的逆向选择问题。回归分析结果表明，年龄与农民的参保行为呈现倒U形曲线关系，农民在56岁时参加新农保的可能性最大，年龄更低和更高的农户参加新农保的可能性递减。这说明要求45岁以下农民仅需参保15年这一政策规定确实影响了这些农民（特别是年轻人）的参保决策［因为这些年轻人倾向于认为养老离自己较遥远（Lei et al.，2013）］，减少了这些人群参与新农保的比例。同时，由于25%的试点地区不允许即将满60岁补缴保费，15%的试点地区允许补缴但不提供政府补贴，这也可能带来逆向选择的问题，导致这些人倾向于选择在60岁前不入保，等自己年满60岁后直接领取基础养老金。

根据回归结果，在新农保政策实施时，需要重点关注那些外出半年以上人员和低收入农民的入保问题。虽然加权的分析结果中是否外出半年以上对农民参保与否没有显著影响，但在未加权的分析中，外出半年以上农民的入保比例显著小于主要在家居住人群。在新农保试点过程中，地方政府往往要求农民在固定的时间内完成参保手续，导致该时间段内外出的人群无法顺利入保。虽然在回归分析中家庭房产价值对农民是否入保没有显著影响，但家庭人均非农收入对农民是否入保具有显著正向影响。

农民参加其他养老保险和参加新农保存在替代效应，但农民参加新农合和参加新农保存在互补效应。回归结果显示，如果农民参加了新农保以外的其他养老保险，那么参加新农保的可能性就小一些，在新农保未实施之前，很多农户参加了其他的养老保险，已经开始领取其他养老保险的农户平均每月可以领到 413.52 元，出于成本和收益的考虑，农民往往选择不再参加新农保。而参加新农合的农民对参与新农保有正面促进作用，这源于农民对新农合政策的认同和信任增加了他们对国家的信任（白重恩等，2012），进而提高了其参加国家推行的新农保政策的积极性。

和相关分析结果类似，回归分析结果再次验证了在新农保试点过程中让农民了解相关信息的重要性。回归结果显示，提高农民对新农保政策和相关知识的了解能够非常显著地提高农民参保水平。而且家里有人已经领取了新农保养老金也可以显著提高农民参保的可能性。

新农保的一些制度设计确实能改变农民参保的激励水平，进而对农民新农保参保行为产生影响。实施了“捆绑政策”的试点地区，农民参保比例会更高。提高政府对农民所交保费的补贴水平可以有效提高农民的参保率，但要求中间断保的人补缴相关费用会降低农民的参保率。

表 44　　　　**多水平随机效应 Logistic 及加权回归分析**

自变量	因变量：是否参加新农保（1 = 参加，0 = 未参加）			
	包含开始领取养老金的样本		剔除开始领取养老金的样本	
	未加权	加权	未加权	加权
固定效应	模型 1	模型 2	模型 3	模型 4
水平 1：个人				
年龄（岁）	1.53 (8.67)***	1.89 (7.32)***	1.93 (9.74)***	2.72 (3.98)***

续表

自变量	因变量：是否参加新农保（1＝参加，0＝未参加）			
	包含开始领取养老金的样本		剔除开始领取养老金的样本	
	未加权	加权	未加权	加权
固定效应	模型1	模型2	模型3	模型4
年龄的平方	0.99 (-5.28)***	0.99 (-4.77)***	0.99 (-7.73)***	0.99 (-3.22)***
性别（1＝男，0＝女）	1.13 (0.73)	0.93 (-0.36)	1.16 (0.83)	0.91 (-0.29)
受教育程度（年）	0.99 (-0.09)	1.04 (0.78)	0.99 (-0.14)	1.03 (0.48)
是否村干部（1＝是，0＝否）	0.94 (-0.12)	1.00 (0.00)	1.08 (0.13)	1.74 (0.56)
是否外出半年以上（1＝是，0＝否）	0.63 (-1.86)*	0.72 (-1.03)	0.58 (-2.03)**	0.77 (-1.02)
自评健康（1＝健康，0＝不健康）	0.89 (-0.31)	0.87 (-0.36)	0.89 (-0.27)	1.03 (0.07)
是否参加新型合作医疗（1＝是，0＝否）	94.97 (7.29)***	85.53 (4.70)***	148.42 (6.96)***	168.27 (3.54)***
是否参加新农保以外的养老保险（1＝是，0＝否）	0.04 (-8.46)***	0.01 (-7.33)***	0.04 (-7.82)***	0.01 (-5.37)***
水平2：家庭				
家庭规模（人）	0.91 (-0.81)	0.83 (-1.66)*	1.01 (0.05)	0.79 (-1.42)
家庭房产价值（万元）	1.01 (0.83)	0.99 (-0.78)	1.00 (0.43)	0.99 (-0.64)
是否被征地（1＝是，0＝否）	1.29 (0.35)	1.37 (1.13)	1.18 (0.22)	0.94 (-0.23)
家庭中非农就业比例（百分比）	1.42 (0.50)	2.60 (1.06)	2.16 (1.00)	3.63 (1.19)

续表

自变量	因变量：是否参加新农保（1 = 参加，0 = 未参加）			
	包含开始领取养老金的样本		剔除开始领取养老金的样本	
	未加权	加权	未加权	加权
固定效应	模型 1	模型 2	模型 3	模型 4
家庭人均非农收入（万元）	1.08 (1.72)*	1.05 (3.89)***	1.08 (1.57)	1.03 (1.85)*
对新农保了解程度	1.87 (7.75)***	1.84 (8.20)***	1.99 (7.50)***	2.01 (9.15)***
家里是否有人已经领取新农保养老金（1 = 是，0 = 否）	10.69 (5.26)***	15.13 (4.13)***	5.78 (4.35)***	7.56 (2.44)**
水平 3：社区				
村总人口（人）	0.99 (-1.85)*	0.99 (-5.38)***	0.99 (-2.16)**	0.99 (-5.42)***
村全年人均纯收入（万元）	3.08 (1.22)	1.36 (1.20)	2.57 (0.97)	1.63 (1.30)
村财务收支情况（万元）	1.00 (0.11)	1.01 (5.77)***	1.00 (0.10)	1.01 (2.65)***
村到最近公路干线的距离（公里）	1.04 (1.96)**	1.05 (7.11)***	1.04 (1.78)*	1.02 (2.07)**
水平 4：县				
县所辖行政村个数（个）	1.00 (0.15)	0.96 (-8.69)***	0.99 (-0.95)	0.97 (-8.38)***
县农业人口（万人）	0.96 (-1.80)*	1.10 (5.69)***	0.98 (-0.94)	0.98 (-2.49)**
县农民人均纯收入（万元）	0.36 (-0.62)	0.15 (-2.58)***	9.57 (1.12)	0.08 (-2.82)***
各级政府缴费的平均补贴金额（元）	1.03 (1.59)	1.03 (5.86)***	0.97 (-1.42)	1.00 (0.97)
是否要求中间断保的人必须补缴（1 = 是，0 = 否）	1.99 (1.03)	1.10 (0.42)	1.65 (0.73)	0.36 (-5.07)***

续表

自变量	因变量：是否参加新农保（1 = 参加，0 = 未参加）			
	包含开始领取养老金的样本		剔除开始领取养老金的样本	
	未加权	加权	未加权	加权
固定效应	模型 1	模型 2	模型 3	模型 4
是否实行“捆绑政策”（1 = 是，0 = 否）	3.23 (1.47)	1.44 (1.75) *	4.06 (1.77) *	2.37 (3.86) ***
是否包含已经领取养老金的样本	是	是	否	否
Log likelihood	-1294.00	-64087.49	-1242.31	-61012.09
随机效应				
家庭水平方差	15.23 (5.51) ***	15.18 (3.73) ***	17.88 (5.35) ***	20.37 (3.93) ***
社区水平方差	1.54 (2.39) **	2.76 (3.56) ***	1.59 (2.32) **	2.51 (3.88) ***
县水平方差	8.09 (3.73) ***	5.92 (4.79) ***	11.50 (3.38) ***	5.40 (3.82) ***

注：*** 、** 和 * 分别代表的是置信区间在 1%、5% 和 10% 的水平显著。

数据来源：作者调查。

在上述的研究过程中，我们从个人、家庭、社区和县级四个层面分析了农民参加新农保的决定因素及其作用。研究结果显示，虽然各级政府因地制宜地推出了相应政策，采取了多种措施宣传和鼓励农民参保，但新农保政策试点过程中还是存在农民对新农保政策和实施方法不太了解的情况，以及由此导致的信息不对称和逆向选择问题。调查数据显示，试点地区农民参保比例不高，仅为 73% 左右，还有较大提升空间。同时，试点地区贫困农户和长期外出务工农民参保比例更低，需要重点关注。

第三节　新型农村社会养老保险对农村家庭福利的影响

本节以消费和储蓄生命周期理论为基础，结合我国新农保政策实践，构建了新农保政策实施对农村居民消费影响的研究框架并提出待检验假说。在此基础上基于具有全国代表性的农户层面随机抽样调查数据，分析了新农保参保对农村居民家庭日常费用支出的作用机制和影响。利用新农保采用先试点而后逐步推广的特点构建工具变量，很好地解决了可能存在的内生性问题，并利用倾向得分匹配法对上述分析结果进行稳健性检验。研究结果表明，在控制其他因素影响的条件下，新农保政策实施后参保农户的家庭日常费用支出显著高于未参保农户。这一研究结果为通过提高农村社会保障水平，降低农村家庭养老等的预防性储蓄，提振消费，并进而扩大内需提供了佐证。今后国家应着力健全我国居民，特别是农村居民养老保障体系，加大新农保政策的宣传力度，改善政策设计，鼓励更多农户参与新农保。

一　家庭福利的描述统计分析

在2012年的调查中，我们不仅了解了样本地区和农户的基本情况，还收集了县、乡镇、村和农户层面新农保实施的相关信息。在新农保方面，收集了养老保险的基本情况，包括从哪一年开始实施新农保、新农保基金筹集情况、新农保养老金待遇及领取、新农保基金管理，以及养老金个人缴费标准和补贴水平等。在农户层面，收集了家庭成员基本特征如年龄、性别等，以及家庭成员就业情况，教育情况，家庭资产，参加新农保情况。家庭费用支出方面，收集了家庭电费、水费、电话手机费、有线电视费、网络费、礼金等家庭日常费用支出情况。

根据参保情况，将参与调查的2020个样本农户分为全家参保和未全家参保两大类。本书将农户参保条件设定为：16周岁以上有农村户口的人，同时如果是加入了城镇居民、职工养老保险或者被征地农民养老保险等也算作参保。调查结果显示，在2011年样本村全家参保的农户有922户，占样本总数的45.6%；部分或全部不参保的有1098户，占样本总数的54.4%。本书关注的因变量——家庭日常费用支出——包括环境卫生费、水费、电费、电话手机费、有线电视费、网络费及礼金共7项。经过30多年的快速发展，样本地区农村的衣、食等温饱问题基本解决，现阶段农村家庭支出增量部分主要来自于提高生活质量方面的支出，因此本书主要选择上述能基本反映家庭生活水平提高的日常费用支出作为主要研究对象。

表45比较了全家参保农合和未全家参保农户家庭基本特征及其差异的显著性。简单地描述统计分析结果表明全家参保农户有较高的家庭日常费用支出。和全家参保农户相比较，未全家参保农户有更低的平均年龄，完成初中教育比例较高，同时非农就业人口比例也比较高（t检验都在5%水平上显著）。

表45　　**两组农户统计性描述**

变量	全家参保农户	未全家参保农户	全部农户	t检验p值
2011年人均日常支出（元）	1722	1406	1550	0.00
男性家庭成员比例（%）	52.78	52.07	52.40	0.28
家庭平均年龄（年）	43.50	38.40	40.70	0.00
完成初中教育比例（%）	42.10	49.55	45.15	0.00
家庭成员中有村干部（%）	13.34	12.93	13.12	0.79
家庭成员中有党员（%）	23.64	23	23.32	0.75
从事非农就业人口比例（%）	40.84	43.28	42.17	0.05
家庭人均资产（元）	3898	4644	4239	0.05

数据来源：作者调查。

二　研究假说与模型设定

新的复杂国际经济环境对我国经济发展带来了严峻挑战，如何落实党的十八大关于牢牢把握扩大内需这一战略基点，加快建立扩大消费需求长效机制，扩大国内市场规模，加速我国经济发展方式的转变成为一个亟待解决的问题。以消费和储蓄的生命周期理论为基础，结合我国新农保实施的实际，本书构建了新农保政策实施对农村居民消费影响的研究框架。在此基础上提出了本书的待检验假说，并利用实证模型进行验证。

（一）理论分析框架和研究假说

基于 Modigliani（1970）和 Feldstein（1974）的研究，结合我国新农保实施的现状，提出本书的分析框架和研究假说。图 16 显示出了新农保对农村居民消费的影响及其作用机理。图 16 的横轴测度了代表性农户在工作阶段的消费和收入（分别用 C_1 和 Y_1 表示），纵轴测度了代表性农户在退休后的消费和收入（分别用 C_2 和 Y_2 表示）。为了简化起见，假设代表性农户工作时的收入不受新农保的影响，在取消农业税等税费的情况下，这一假定有一定的合理性。在没有新农保的情况下，代表性农户的收入可以用点 A 表示，工作时的收入为 Y_{1A}，退休后代表性农户的收入为 0。假定代表性农户可以以市场利率进行储蓄，因此代表性农户的预算线是经过点 A 的直线。在这种情况下代表性农户的消费均衡点将在点 I 处，代表性消费者将在工作期间消费 C_{1A}，同时储蓄 $Y_{1A}-C_{1A}$。

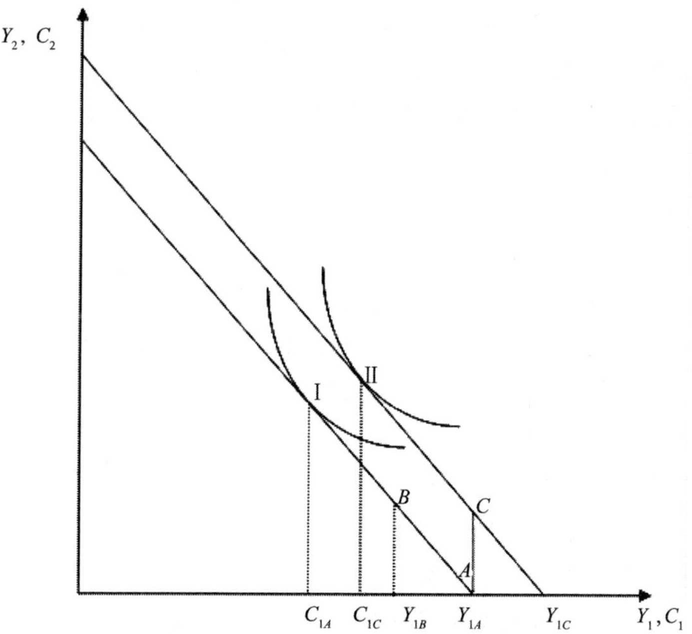

图 16　新农保对农村居民消费的影响

当引入新农保后，情况发生了变化，首先是代表性农户需要缴纳一定的保费，其次是参保后将获得国家的补贴。为了简化起见，假设新农保养老金的收益率等于市场利率。在新农保政策没有补贴的情况下，代表性农户工作期间的收入包括两部分，第一部分是可支配收入ⅡY_{1B}，另一部分是参加新农保所缴纳的保费 $Y_{1A}-Y_{1B}$。在上述假定下，由于没有政府补贴，可推出代表性农户的预算线没有移动，所以代表性农户的消费均衡点仍将在点Ⅰ处Ⅱ。

考虑到我国的新农保政策含有政府补贴，如中央基础养老金标准为每人每月 55 元，而且地方政府可以根据当地情况提高基础养老金的标准。在这种情况下，代表性农户的预算线出现了移动，点 C 为代表性农户在参加新农保后收入的初始位置，也就是说工作时的收入是 Y_{1A}，线段 AC 表示代表性农户退休后的收入水平。在这种情况下，代表性农户的消费均衡点将在点Ⅱ处，代表性消费者将在工作期间消费 C_{1C}，同时储蓄 $Y_{1B}-C_{1C}$，缴纳新农保的保费 $Y_{1A}-Y_{1B}$。在这一情况下，代表性农户参加新农保后的消费比未参加新农保时的消费高。

根据上述推理，本书提出的待验证假说是：新农保政策的实施是否有助于提高农村居民的家庭日常费用支出。

（二）模型设定和分析方法

根据上面的理论分析框架和研究假说，提出本书的实证分析模型。本书使用的因变量是家庭日常费用支出，最关注的自变量是家庭是否全家参保。考虑到家庭其他特征也可能影响家庭日常费用支出，因此在实证分析模型（6.17）中还控制了男性成员比例、年龄、受教育程度、非农就业人口比例等家庭特征。

$$y=a+b\cdot I+\theta\cdot X+u \tag{6.17}$$

在上述实证分析模型中 y 表示农户家庭的日常费用支出（自然对数值），主要关注的自变量 I 是一个二元变量，当其值为 1 时，表明该户为全家参保农户，值为 0 表示未全家参保农户。X 为一组外生控制变量，包括男性家庭成员比例、户平均年龄、完成初中教育的比例、从事非农就业人口比例、家庭人均资产、家里是否有村干部或者党员等。此外，考虑到村庄特征及地区间差异也可能会影响到日常费用支出，因此还加入了村级的年均收入以及表征地区特征的虚变量，当值为1时代表中东部省份，即河北、吉林、江苏，值为0时代表西部省份，即四川和陕西。

对于上述的实证分析模型（6.17），如果 I 不能满足条件 $E(I'u)=0$，那么模型便存在内生性问题。在实证研究中，产生内生性问题的最主要原因是省略或遗漏重要解释变量。也就是说，本来某个重要变量应该包括在模型中作为控制变量，但是由于这个变量未被观测到或不可获取，由此导致内生性问题。在本书中，农户家庭的一些未观测到的因素（如家庭关系的融洽性）可能既是决定农民是否参保的重要原因，同时又影响着农户的家庭日常费用支出，这就可能导致内生性问题。在这种情况下，实证分析模型（6.17）表现为式（6.18）：

$$y = a + b \cdot I + \pi \cdot X + c \cdot Q + v \tag{6.18}$$

其中，Q 表示家庭或其他层面未被观测到的因素，如果 Q 与变量 I 或者某些外生变量 x_1、x_2 和 x_3 存在相关性，即

$$Q = a_1 + b_1 \cdot I + \theta_1 \cdot x_1 + \theta_2 \cdot x_2 + \theta_3 \cdot x_3 + \cdots + r \tag{6.19}$$

那么将式（6.19）代入式（6.18），可得到式（6.20）。比较式（6.20）和式（6.17），可以看出，如果存在遗漏变量，OLS 估计的结果是有偏差的。即 I 的估计系数不再为 b，而是 $b+c \cdot b_1$。

$$y = (a + c \cdot a_1) + (b + c \cdot b_1) \cdot I + (\pi_1 + c \cdot \theta_1) \cdot x_1 + (\pi_2 + c \cdot \theta_2) \cdot x_2 + \cdots + c \cdot r + v \tag{6.20}$$

对于内生性问题，计量经济学理论提出了一些可行解决方案，主要是工具变量法、倾向得分匹配法等。考虑到新农保政策的逐步推进的特点和调查数据的特点，本书主要采用工具变量法和倾向得分匹配法进行分析。本书将充分利用新农保在我国逐步开展这一自然实验来构建工具变量。由于一个好的工具变量 z，需要满足两个条件（*Wooldridge*，2002），因此也对工具变量的有效性进行了检验。这两个条件分别是工具变量 z 必须与式（6.17）中的 u 不相关，即 $Cov(z,u)=0$，以及工具变量 z 要与内生的变量相关，即对于式（6.21）中的工具变量 z，要满足 $\partial \neq 0$。

$$I = a_0 + \partial \cdot z + \theta_1 \cdot x_1 + \theta_2 \cdot x_2 + \theta_3 \cdot x_3 + \cdots + \phi \tag{6.21}$$

为了验证研究结果的稳健性，本书还使用倾向得分匹配法（Propensity Score Matching，PSM）来估计新农保对家庭日常费用支出的影响。倾向得分匹配法的核心是用尽量相似的控制组家庭和对照组家庭来进行比较，以减少估计偏误。与传统的一维配对方法不同，PSM可以将多个维度的信息浓缩成一个得分因子，同时在多个维度将全家参保的农户和未全家参保的农户进行匹配，从而得出参保对于家庭日常费用支出的净影响。该方法首先估算农户是否参保的决定方程，如式（6.22）：

$$\mathrm{PS}(z) = \Pr[hh\_\ par = 1 \mid z] = E[hh\_\ par \mid z] \tag{6.22}$$

其中，z 为影响农户是否全家参保的因素，PS 为农户全家参保的概率，即倾向得分（Propensity Score）。根据上述回归方程，可以计算得出每一个样本农户全家参保的倾向得分，作为匹配的基础。

根据 Becker 和 Ichino（2002）的研究，利用式（6.23）可得出参保对于家庭日常费用支出的平均影响（the Average Effect of Treatment on the Treated，ATT）：

$$\begin{aligned} ATT &= E[\ln y_{1i} - \ln y_{0i} \mid pro_{par_i} = 1] = E\{E[\ln y_{1i} - \ln y_{0i}] \mid pro_{par_i} = 1, \\ &\quad PS(z_i)\} = E\{E[\ln y_{1i} \mid pro\_\ par_i = 1, PS(z_i)]\} - E\{E[\ln y_{0i} \\ &\quad \mid pro\_\ par_i = 0, PS(z_i) \mid pro_{par_i} = 1\}] \end{aligned} \tag{6.23}$$

其中 $\ln_y 1_i$，$\ln_y 0_i$ 分别为全家参保与未全家参保农户组的家庭日常费用出。由于 PS（z）为连续变量，因此采用最近邻匹配（knearest neighbors matching）、半径匹配（radius matching）与核匹配（kernelmatching）进行分析。

最近邻匹配的规则为：

$$c(i) = \min \| PS_i(z) = PS_j(z) \| \tag{6.24}$$

其中，下标 i 代表全家参保的农户，下标 j 代表未全家参保的农户，c（i）为与农户 i 成功匹配的农户 j 的集合，即倾向得分与农户 i 最为近似的农户集合。

类似地，半径搜索的规则为：

$$c(i) = \{\| PS_i(z) = PS_j(z) \| \ll r\} \tag{6.25}$$

其中，r 为预先设定的搜索半径，此时匹配农户的集合为倾向得分与农户 i 的得分不大于搜索半径的所有农户。

匹配完成后，利用 Becker 和 Ichino（2002）的方法可得到 ATT 的计算公式：

$$ATT^M = \frac{1}{N^T \Sigma \sum_{i \in T} \ln y_i^T} - \frac{1}{N^T \sum_{j \in C} w_j \ln y_i^C} \tag{6.26}$$

其中，M 代表匹配方法，如最近邻匹配或半径匹配方法，T 代表全家参保农户组（参与组），C 代表未全家参保农户组（控制组）。我们将与全家参保农户 i 匹配成功且未全家参保农户的数量记为 N_i^c，则式（6.26）中的权重为 $w_j = \sum_i w_{ij}$，其中 $w_{ij} = 1/ N_i^c$。假定权重 w_j 不变且全家参保的农户相对独立，可以得到 ATT 的方差估算式：

$$Var(ATT^M) = \frac{1}{N^T Var(\ln y_i^T)} + \left(\frac{1}{N^T}\right)^2 \sum_{j \in C} (W_j)^2 Var(y_j^C) \tag{6.27}$$

核匹配方法采用非参数估计方法，与以上两种匹配方法存在较大差异。为了对农户 i 进行匹配，需要将其 PS 值附近的未全家参保的农户进行加权，权重与农户 i 和农户 j 的 PS 值之差相关。因此，实际用来与农户 i 匹配对比的农户并非真实农户，而是依据特定因素构建的虚体农户（hypothesized household），其所对应的 y 值为反事实家庭日常费用支出，亦即对各农户的加权平均值。核匹配方法对应的 ATT 估算公式为：

$$ATT^K = 1/ N^T \sum_{i \in T} \{\ln y_i^T - \frac{\sum_{j \in C} \ln y_j^C G(\frac{PS_j - PS_i}{h_n})}{\sum_{k \in C} G((PS_k - PS_i)/ h_n)} \tag{6.28}$$

其中，h_n 为带宽参数（bandwidth），决定了进入匹配范围的农户 j 的数量；G（.）为高斯核函数（Gaussian kernel function），决定了各匹配农户家庭日常费用支出 $\ln y_j^C$ 的权重。

三　实证计量模型分析结果

根据上述实证计量模型设定，本书首先报告普通最小二乘法和工具变量法的估计结果。虽然 Hausman 检验的 p 值为 0.1524，无法拒绝模型的外生性，但考虑到 Hausman 检验的值不高，为了避免可能存在的省略或遗漏变量会导致内生性问题，表 46 不但列出了普通最小二乘法回归结果，还列出了使用工具变量的两阶段最小二乘回归结果，以验证分析结果的稳健性。为便于解释结果，回归采取对数线性模型，即因变量对家庭日常费用支出取对数。

根据普通最小二乘法回归分析结果，新农保的实施有助于提高农村居民消费，同时不同类型家庭农户日常费用支出存在异质性。在其他条件不变的情况下，参加新农保农户的家庭日常费用支出比未参保农户多 13%。家庭教育程度对家庭日常费用支出有正面作用，完成初中教育比例每提高 1%，家庭日常费用支出增加 0.36%，可能的解释是受教育程度较高农户可能对信息获取有更高的要求，因此有线电视及网络费的支出较多。描述性分析结果也支持这一解释，样本家庭中受教育比例大于 50% 的家庭平均网络费支出为 243 元，远大于完成初中教育比例小于 50% 的家庭平均网络费支出（88 元）。

非农就业参与程度较高的家庭日常费用支出要大于非农就业参与程度较低的家庭。非农就业比例每增加 1%，家庭日常费用支出增加 0.55%。其原因在于非农就业人员需要更多地和家庭成员或其他客户联系，因此在话费等日常费用支出方面会比务农的家庭多。描述性分析结果也表明非农就业比例大于 50% 的家庭人均手机话费为 434 元，远大于比例小于 50% 的家庭的人均 282 元的话费支出。

此外，较富裕家庭和地区日常费用支出要高于较贫困家庭和贫困地区。家庭资产每增加 1%，相应的家庭日常费用支出会增加 0.16%。村级人均收入每增加 1%，村家庭日常费用支出平均增加 0.24%。中东部地区的家庭日常费用支出比西部地区多出大约 15%。上述结果和描述性分析的结论也基本类似。

利用新农保采用先试点而后逐步推广这一拟自然试验，提炼出农户是否全家参保这一变量的工具变量。具体来说，本书使用截至 2011 年样本地区新农保实施的时间作为农户是否全家参保这一变量的工具变量。如2011年未实施新农保则该变量取值为0，2011年实施新农保则取值为1，2010年实施新农保则取值为2，2009年实施新农保则取值为3。

选取截至2011年样本地区新农保实施的时间作为农户是否全家参保这一变量的工具变量的原因在于该村实施新农保的年份与农户家庭日常费用支出没有直接关系，但是与农户是否参保相关。因为新农保实施的时间越长，农民对于新农保的理解越深，农户就越倾向参保。第一阶段回归结果也表明，在其他条件不变的情况下，每多实施一年新农保，农户参保的概率增加13.47%，并且在1%水平上显著，说明新农保实施时间这一变量符合工具变量的两个条件。同时一阶段回归的F统计值为40.70，大于10这一临界值，说明工具变量不是弱工具变量（Leimer，1982）。工具变量回归结果和普通最小二乘法回归结果基本一致。值得注意的是，工具变量分析结果表明农户参加新农保后，家庭日常费用支出有非常显著的增加。在其他条件不变的情况下，参加新农保农户的家庭日常费用支出比未参保农户多26%，也就是新农保政策实施显著增加了农村居民的家庭日常费用支出。

表46　**模型回归估计结果**

自变量	因变量：日常费用支出	
	普通最小二乘回归（OLS）	工具变量回归（2SLS）
是否参保（0=不参保，1=参保）	0.13*** (3.77)	0.26*** (2.58)
男性成员比例（%）	-0.04 (-0.38)	-0.002 (-0.45)
平均年龄（年）	0.004*** (3.00)	0.003* (1.88)
完成初中教育比例（%）	0.36*** (5.26)	0.003*** (5.39)
家中是否有村干部（0=否，1=是）	0.27*** (5.46)	0.27*** (5.31)
家中是否有党员（0=否，1=是）	-0.07* (-1.76)	-0.07* (-1.72)

续表

自变量	因变量：日常费用支出	
	普通最小二乘回归（OLS）	工具变量回归（2SLS）
非农就业比例（%）	0.55*** (8.49)	0.01*** (8.48)
家庭人均资产（元）	0.16*** (11.79)	0.16*** (11.32)
村级年均收入（元）	0.24*** (7.54)	0.23*** (7.12)
区域虚拟变量 （0 = 西部，1 = 中东部）	0.15*** (4.24)	0.13*** (3.59)
常数	2.92*** (10.05)	3.01*** (10.08)
观测值	2020	2020
调整 R^2	0.23	0.22

注：*、**和***分别代表在10%、5%和1%的水平上显著。

数据来源：作者调查。

为了进一步验证分析结果的稳健性，本书使用倾向得分匹配法，进一步估计了新农保参保对农户家庭日常费用支出的影响。首先使用最为常用的最近邻匹配方法进行估计，然后用其他匹配方法做稳健性检测。图17是匹配后的倾向得分分布图，图中横轴代表倾向得分值，纵轴代表概率密度分布。从图17中可以看出，样本农户中全家参保农户和未全家参保农户的倾向得分分布基本类似，匹配效果比较理想。

从匹配后的结果可以看出，使用最邻近匹配法，*ATT*的值为0.10，且在10%水平上显著，表明全家参保农户的家庭日常费用支出比未全家参保农户增加了10%（见表47）。采用半径匹配法和核匹配方法估算新农保参保对农户家庭日常费用支出的影响和采用最邻近匹配法得出的结果基本一致，新农保政策实施将显著地提高农户的家庭日常费用支出。

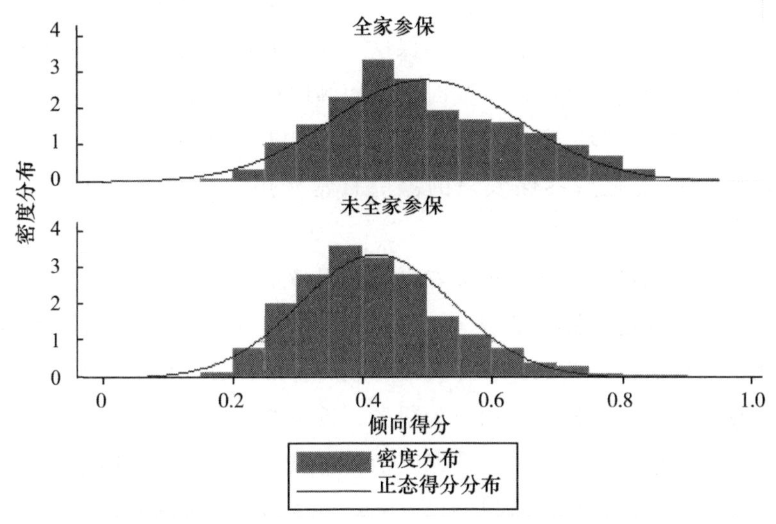

图 17　倾向得分概率分布图

数据来源：作者调查。

表 47　　　　**基于倾向得分匹配方法的 *ATT* 值**

匹配方法	*ATT*
家庭日常费用支出（最邻近匹配法）	0.10 (0.05)*
家庭日常费用支出（半径匹配法）	0.11 (0.04)**
家庭日常费用支出（核匹配法）	0.12 (0.04)**

注：(1) 括号内为 *t* 值；＊和＊＊分别代表 10% 和 5% 的显著水平。

(2) 标准误用 Bootstrap 方法计算而来（200 次重复）。倾向得分的模型是：倾向得分 = probit（是否参与新农保，家庭的平均年龄，家庭中男性的比例，家庭中初中以上学历的比例，家庭中是否有村领导，家庭中是否有党员，非种养业人口比例，家庭资产，村子的平均收入水平，户主的户口，家里是否有地，以及地区虚拟变量）。该模型通过了配平检验。

数据来源：作者调查。

本节利用具有全国代表性的农户层面的随机抽样调查数据，分析了新农保参保对农村居民家庭日常费用支出的作用机制和影响。利用新农保采用先试点而后逐步推广这一拟自然试验，以样本地区新农保实施的时间作为农户是否全家参保这一变量的工具变量，很好地解决了可能存在的内生性问题。同时，利用倾向得分匹配法对上述分析结果进行稳健性检验。研究结果表明，在控制其他因素影响的条件下，新农保政策实施后参保农户的家庭日常费用支出显著高于未参保农户。

这一研究结果为通过提高农村社会保障水平，降低农村家庭养老等的预防性储蓄，提振消费，并进而扩大内需提供了佐证。研究结果表明，农村居民的新农保参保支出和政府补贴会替代他们为养老而进行的预防性储蓄，杠杆作用较为明显，较少的社会保障支出会替代较多的预防性储蓄，对促进农户家庭消费有显著作用。今后国家应着力健全我国居民，特别是农村居民养老保障体系，加大新农保政策的宣传力度，改善政策设计，鼓励更多农户参与新农保。

第四节　本章小结

本章主要介绍了新型农村社会养老保险的实施情况和特征分析，并分别研究了新农保对农民参保行为和家庭福利的影响，研究结果显示，虽然各级政府因地制宜地推出了相应政策，采取了多种措施宣传和鼓励农民参保，但新农保政策试点过程中还是存在农民对新农保政策和实施方法不太了解的情况，以及由此导致的信息不对称和逆向选择问题。调查数据显示，试点地区农民参保比例不高，还有较大提升空间。同时，试点地区贫困农户和长期外出务工农民参保比例更低，需要重点关注。此外，农村居民的新农保参保支出和政府补贴会替代他们为养老而进行的预防性储蓄，杠杆作用较为明显，较少的社会保障支出会替代较多的预防性储蓄，对促进农户家庭消费有显著作用。

根据我国新农保试点地区存在的问题以及对产生问题原因的梳理，本书提出如下的政策建议：首先，进一步加大新农保政策宣传力度，让更多的农民了解新农保，接受新农保，减少信息不对称问题对农民参保行为的影响，提高参保率。其次，改善政策设计，如通过适当的奖励和激励政策允许并鼓励年轻农民早参保、早缴费，以及年龄较大的农民多缴和补缴保费，提高农民的养老保障水平，避免新农保缴费年限、补缴和补贴等政策可能带来的“逆向选择”问题。再次，在新农保服务提供过程中落实“以人为本”的理念，在政策实施过程中允许农民一次性缴纳多年保费或随时可以补缴保费等措施方便长期外出人员参保。最后，切实关注贫困人群的养老保障，通过适当的地方政府补贴方式让贫困农户也能参加新农保。今后国家还应着力健全我国居民，特别是农村居民养老保障体系，加大新农保政策的宣传力度，改善政策设计，鼓励更多农户参与新农保。

第七章

提高农村公共物品投资效率的政策建议

通过对我国农村公共物品投资横向和纵向上的现实考察，以及对农村公共物品投资对农民生活带来影响的具体分析，可以发现我国农村公共物品投资仍然在许多方面亟待改善，当前形势下城乡二元结构依然突出，对农民、农业、农村的发展形成了一道屏障。产生这道屏障的原因有很多，有制度上的因素，有结构上的因素，还有决策和管理的因素，如何破除这道屏障，提高农村公共物品投资的效率，实现城乡协调发展，成为当前解决农村公共物品投资不均衡问题的重中之重。本书认为，要想解决以上问题，必须要将提高农村公共物品投资效率的问题当成一个系统工程来看待，必须对众多影响因素进行全面、综合、系统的思考。结合前面的研究结果，在这一章，本书将从投资主体、决策机制、投资布局、筹资来源和管理模式五个方面阐述提高农村公共物品投资效率的系统化政策建议。

第一节　构建多元化主体，改善农村公共物品投资的主体结构

本书的研究发现，我国的农村公共产品投资还存在许多不合理的地方，没有形成多元化的有效供给主体，并且存在巨大的地域间差距和群体间不公平。虽然我国的农村公共物品投资力度在逐步加大，但是其投资主体仍显单一。农村公共物品投资的主体应该多元化，在政

府主导的基础上，引入企业、私人主体等营利性机构，以及非政府组织和志愿服务等第三部门。其中，政府主体作为行政性强制力量，应主要介入一些投资巨大且回报率低的狭义公共产品的供给，比如农村公共安全、流域治理、生态保护等。在这三种投资主体之间，应该相互联系、相互促进，在投资方向上合理分工，在投资信息上实时共享，三者相辅相成、相互补充。但是，在我国当前的实践中，政府仍然是农村公共投资的单一主体，不论是狭义的公共物品还是准公共物品，政府都是全面承担其投资任务，这就导致其他两类主体被“挤出”在外，无法有效参与。长此以往，可能对农村公共物品投资的合理性产生影响，因为政府的投资往往依赖财政预算的偏好，如果财政预算偏好农村公共物品的供给，那么对其投资有促进作用，但如果财政偏好其他投资领域，势必会造成农村公共物品投资的后劲不足。另外，政府的投资往往是“抓大放小”，缺乏对微观层面细致了解，且灵活性不足，势必会造成很多农村投资需求无法得到满足。

因此，应当构建多元化的公共物品投资主体。农村公共物品的供给主体——政府、市场、第三部门、农村社区——各自有不同的功能定位，必须引导它们进入适合的供给领域，以实现相互之间的良性互补互动，从而实现网络化运作。首先，培育多元化的投资主体，在非政府组织的审批成立上给予更多的政策支持，对私人主体或者企业参与投资进行合理的政策引导，完善农村社区的管理决策职能，进一步推进基层民主建设，使村级组织能够有精力、有实力、有动力参与到农村公共物品投资上来。其次，科学划分财权和事权关系，特别是自上而下的各级政府之间要明确其各自的权力和职责，多级分工，合理分配，公共管理。最后，在机制和制度上要进行创新和完善，政府依然在农村公共物品投资中占据主导地位，面对不同的投资需求，政府应充分发挥其引导作用，根据需求选择合适的投资主体，并且配套相应的优惠和激励政策，在鼓励其有效参与的同时也要加强监督管理，保障投资顺利实施，卓有成效。

实现农村公共物品投资主体的多元化，还要进一步做到：

第一，政府主导。农村公共物品投资仍然还是要以政府财政投资为主，而且要进一步加大力度，对于投资的决策不能由少数人拍板，而要建立健全法规和制度，通过制度来进行合理的有序投资，在加大投资力度的同时还要保持其持续的稳定性。在此基础上，着力提升农村公共物品投资效率，切实提升农村居民的生活质量，在这里需要注意，加大投入也要有所侧重，对于贫困地区依然要加大对基础设施等基础公共服务的投入，而对于富裕地区则要加大生活服务类的公共服务投入。

第二，高度重视对私人投资主体的引导。要打破传统、消除歧视，从制度上鼓励并且重视私人投资主体对农村公共物品的投资。农村公共物品和服务不仅可以由政府来提供，也可以由私人机构来提供，关键在于引导。私人投资主体同样可以在公共物品供给方面达到政府的公共目标，但前提是要合理引导、有效监管。政府要敢于打破当前在农村公共物品投资中的垄断地位，给予私人投资主体更多的参与机会，充分尊重其参与投资的权利，公正、公平、合理地引导其投资，给予其同等的发展机会。政府也要加大对私人投资的财政支持力度，根据实际情况予以适当的补贴，并进一步激发农民的公共需求，以巨大的公共需求吸引私人主体参与投资。

第三，激发第三部门的投资力量。这一投资主体主要是指非政府组织，它们在农村公共物品上的投资资金主要来自活动筹集。在我国，当前比较常见的第三部门投资活动有春雷行动、春苗行动和希望工程等。应该说，有了这一投资主体的加入能够极大地弥补地方财政的缺口，政府应该继续鼓励并积极引导第三部门参与农村公共物品投资，保持其持续性和有效性。

此外，不同的农村公共物品具备不同的经济学属性，不同的公共物品具备不同大小的外部性和公平性，适合于不同投资主体投资。一般认为，如果公共物品的外部性和公平性都较强，如卫生和教育，政府由于其财政充足应该作为其投资主体，而这类公共物品也不适宜市场化，但这并不是说私人主体不能参与，政府可以在完善的契约制度下引导私人主体参与，有助于提升其投资有效性。如果公共物品的外部性较强但是公平性较弱，如农户太阳能、沼气循环利用，政府应该在配以适当技术和资金支持的基础上积极鼓励私人主体投资。对于外部性较弱但是公平性较强的公共物品，如医疗，政府应当鼓励非营利性机构的参与，充分发挥市场机制的作用，为农民提供更多选择，避免公立机构独占市场。对于竞争性较强的公共物品，如道路和灌溉，与农民生产利益息息相关，应当在社区内充分沟通、积极开展农户合作，带动农户共同投资。对于外部性和公平性都较弱的公共物品，如塘坝和机井等，可以鼓励私人投资介入，充分借助市场的力量，但政府要进行必要的监管，保证其公正、公开、透明。

第二节　以需求为导向，建立自下而上的农村公共物品投资决策机制

当前，我国的农村公共物品投资决策主要依赖政府财政的主导，很少或者缺乏对农民需求的深刻分析，往往是农民的需求得不到回应，而政府的投资却得不到农户的好评。农户有权利也应当对其所享有的农村公共物品充分表达其真实需求，但是，政府作为一个“大而全”的供给主体，对需求表达并没有足够的回应力，自上而下的供给决策机制造成了同质化的公共产品供给，而且信息传递等过程造成的交易成本非常高。一方面，随着农民生活环境的改善和生活水平的提高，他们对公共物品的需求也发生着变化，但政府在对需求的收集和反馈上存在明显的回应力不足，其决策主要由少数人拍板，或者是面子工程、政绩工程，实际上农民的真实需求并没有得到满足；另一方面，由于分权制的存在，上级政府掌握着集中的财权，同时也掌握着公共物品投资的决策权，而具体的实施者是下级部门，决策者和实施者之间一旦出现信息传递不通畅，就会导致投资的低效，再加上涉及的部门多、层级多，权责不明晰，各部门之间相互推诿，即使正确的投资决策也可能无法有效执行。在这种情况下，农民的需求与政府的供给无法有效衔接，农村对公共物品的真实需求并没有得到满足，而政府的投资则趋向做政绩、做面子，于是真正农民迫切需要的并没有实施，而一些看起来光鲜亮丽的层出不穷，有限的资源并没有

用对地方，最终导致投资的低效甚至无效。

所以，改善农村公共物品投资决策机制迫在眉睫，本书认为应当建立一种以需求为导向、自下而上的决策机制，虽然说我国自2006年税费改革后在村级组织建立的“一事一议”制度在一定程度上能够体现自下而上的需求传达，但“一事一议”仅仅是“议”村集体生产与公益事业，并没有涵盖全部公共物品和服务领域。所以，农村公共物品投资的决策机制迫切需要进一步完善。

首要的是完善需求表达机制，要让农村居民对公共物品和服务的需求意愿得以表达和传递，发挥村民代表大会的作用，让农村居民有权利在村民代表大会上提出、审议和表决自己社区的公共物品或服务的投资需求。同样，在更大的范围内，乡镇或县级政府也应当由本级政府人民代表大会广泛听取基层意见，再进行审议和表决，还要监督和检查已经投资的公共物品。村级组织或者社区，由于其范围小，供求主体之间信息传达顺畅而且快速，公共物品收益和成本的计算也较简单，村民参与公共物品决策的过程也是需求信息传递的过程，从而形成以需求为导向、自下而上投资决策的信息基础和动力。

对于基层财政紧张或经济薄弱地区，其投资动力和能力不足，上级政府可以利用专项转移支付制度来解决这一问题，借助财政资金的保障，从而帮助和引导自下而上投资决策机制的顺利实施。例如，上级政府可以面向村级组织设立专项转移支付资金，这笔专项资金只能用在村级公共物品或服务的投资上，但是资金的用途由村级组织自行决定，这能够在一定程度上降低“一事一议”的成本，把村民提出投资需求、参与投资决策的积极性充分调动起来，从而逐步形成以需求为导向，自下而上的投资决策习惯，实现科学的农村公共物品投资决策机制。

第三节　注重公平，突出重点，完善农村公共物品投资布局

我国还应当继续加大对农村各种公共设施的投入。虽然农村公共

设施在过去十多年取得了一系列成就，但当前农村公共基础设施建设还面临着许多问题和挑战，特别是在经济发展比较落后的地区，国家需继续加大对农村道路、灌溉、饮用水、学校和卫生等公共基础设施建设的投资，继续把农村道路建设放在今后农村公共基础设施投资的重要位置，特别是在贫困农村，重点应是在完善县、乡、村道路体系的同时，增加乡村的道路硬化和养护维修的投入。高度重视农村教育和卫生等方面的基础设施建设，适度平衡新农村建设中的修建村委会等投入和公共基础设施的投资。要避免借新农村建设之机，大搞不受农民欢迎的村委会办公楼建设等形象工程和面子工程，逐步增加使农民在生活上能够得到真正实惠的投资项目（如幼儿园、饮用水、村诊所等卫生环境基础设施项目）。具体来说，还要做到以下三点：

首先，注重公平，保证基本公共服务均等化。政府作为公共利益的代表，在以财政为手段的再分配中必须首先注重公平。当前，我国城乡发展不均衡，差距较大，二元结构矛盾依然突出，农村公共物品的需求旺盛，但长期供给不足，因此公共产品的供给理应向农村倾斜，并减轻农民的税收负担。而且，尽管不同农村地区之间存在发展阶段差距，但在就业服务、社会救助、基础教育等生存型公共产品方面，必须全面地、均等化地满足全国范围内的需求，不可忽略、遗漏、歧视任何一个地区、任何一个人。

其次，尊重差异，鼓励先进地区提高公共产品质量。根据需求层次理论，当人某一层次的需求得到满足后，便会有更高层次的需求。我国有的地区处在较高的发展阶段，当地农民有更强烈愿望也有能力追求更高层次的公共产品。若一味抑制他们的高层次需求，简单地“一刀切”，则有悖于效率原则，也不利于过程公平的实现。因此，我国应实行需求导向和分层供给原则，对于人口密集的农村地区要加大公共产品供给，对于先进地区的农民对高层次公共产品的需求表达，要及时回应、尽力满足，鼓励有条件的地区探索新型筹资方式，利用当地民间资本率先提高公共产品质量。

最后，突出重点。我国农村公共物品的需求依然巨大，但是毕竟我国财力有限，不可能将所有财政支出都投入到这一领域，那么如何利用有限的资源，突出重点、精准投资且发挥其最大的效果就显得尤为重要。各级政府应对本地区内区域间的经济发展差异有一个清醒的认识，充分认识到产生差异的原因，统筹兼顾，区分轻重缓急，结合短期目标和长远利益，突出重点，精准投资，重点解决本地区内农村居民最迫切的公共需求。对于生产力水平较弱、基础设施条件落后的贫困地区，要重点投资农村基础设施建设，尤其是道路、水利、电力等，从而改善地区内农民的生存条件；对于生产力水平较强、基础设施较为完善的富裕地区，要重点投资生活类公共物品，从而提高地区内农民的生活质量，例如重点突出对教育、医疗和社会保障方面的投入。

第四节　多种方式，多种渠道，丰富农村公共物品投资的筹资来源

我国农村公共物品投资的筹资较为单一，在税费改革之前，主要以制度外筹资为主，农民负担较为沉重，税费改革以后，国家财政显著加大投资力度，大幅度缩减制度外筹资。不过从目前的情况来看，筹资来源仍显得不够丰富，后劲不足，农民负担与实际收益存在失衡。目前，农民的直接负担有农民耕地占用税、契税、烟叶税、利息税及各种摊派，间接负担有增值税、消费税等流转税以及得不到抵扣的进项税额，另外还存在农民工的社保账户损失等。而每年政府的涉农支出要远低于当年农村居民对财政收入的贡献。农村公共物品投资的筹资权由政府掌握，但是政府又缺乏相应的筹资监督和管理，而村级组织或农民合作组织的筹资能力不足以支持公共项目的建设，商业银行和开发性银行的支农业务基本上都与政府挂钩，进而可能导致资源分配不公。

要解决以上问题，首先从政府的财政转移支付入手，不断规范转移支付制度，完善转移支付模式，从主要依靠纵向转移向依靠纵横相结合的转移支付模式转变。当前的政府转移支付主要是通过上级向下级的纵向转移来实现的，但是对于贫穷落后地区，由于其自身财力不

足，其公共物品需求仍然无法得到满足，此时就应该加强地区之间的横向转移支付作为补充，从而实现不同省份之间的协调发展，最终实现农村公共物品供给的均等化，全面体现社会公平。我国当前地区之间发展不均衡的情况比较突出，从操作层面上来说，在稳固纵向支付转移的基础上加强横向支付转移是可行的，也是必要的，通过纵向转移支付间接实现横向支付转移，在地市、县之间进行适度的横向支付转移，着力提升贫困落后地区农村公共物品的投资效率。

另外，拓宽公共物品投资的筹资渠道，农村公共物品不仅可以由政府供给，还可以由市场供给、志愿供给、混合供给等。对于较为富裕的地区，他们的准公共物品需求较高，预期的投资收益也较高，容易在市场上形成对生活服务型公共物品供给的竞争，在这种情况下，就应当借助市场的力量，通过市场竞争进行筹资，以市场供给的方式进行投资，政府需要做好统筹，引导和监督。而较为落后的地区，由于其自身经济实力的限制，政府还是要进行主导筹资，对投资需求进行细致分析，全面覆盖公共物品供给范围，还可以考虑引入志愿供给模式，利用志愿服务等方式吸引更多的非政府组织参与筹资。此外，还要继续推动进一步改革财税体制，切实为农民减负，打通筹资障碍，拓宽筹资渠道，鼓励农民建立专业化组织，将村级组织中的闲散资金筹集起来，用于小型的公共项目，并鼓励农户同专业院所开展农业科技的联合研发，共享科技进步的收益。

第五节　动态运行管理，优化农村公共物品投资的管理模式

随着经济的进一步发展，农民对公共物品的需求也会随时间发生变化，那么在对农村公共物品投资的运行管理过程中也要遵循动态发展的规律，实现动态运行管理。第一，农村居民对公共物品需求的表达可能是持续的，并不是一次性的，所以对公共物品的投资回应也必须是动态跟踪的，要长期跟踪分析农民的真实需求，缩短由农民需求到决策执行的动态反馈时间。第二，由于财力或其他客观原因可能会

导致某些需求无法立刻全部满足，那么公共物品的供给方就应该分析需求的类型及其紧迫性，按照一定的顺序进行动态供给，例如，对于偏远、贫困、少数民族等地区来说，应该重点投资生存型公共物品，政府也要尝试打开市场，引入第三方评级制度，对公共物品投资进行质量评级，激励各投资主体不断提高投资效率，提升服务水平。第三，加强公共项目的招投标监管，并对建设过程进行实时监督，在确保公共投资项目程序透明、质量合格的基础上，保障每一个投资主体的利益不受损失，为以后吸引更长久的投资奠定基础。创新农村公共物品投资的动态运行管理模式，还要从以下三个方面入手。

首先，建立动态资金管理模式。要想提高农村公共物品投资的效率，首先要提高资金的使用效率，那么就需要在集中管理的前提下实现动态管理。在具体的操作中，如果是财政投资项目，那么资金就应该集中到具体实施项目的那一级政府中，在完善相关资金使用制度的基础上实现动态集中管理。财政部门要根据项目规划协同相关部门规范资金的使用，对于具有相同用途的资金应该进行合并，对于多种用途的资金要统筹、动态管理，根据动态情况分别划拨，并根据项目实施进度和监督反馈进行及时、合理的调整。另外，在管理专项资金的过程中要切实做到专款专用，安排专人对项目的资金使用进行核算和管理。在提款报账方面，财政部门可以按照项目预算和规划向项目建设方预借部分资金，待项目建设开始后，再由项目建设方进行报账核销，对于账目的审查也要动态进行，对不合理的支出要及时查处，拒绝报销，由项目建设方自行承担。

其次，建立动态项目管理方式。在对农村公共项目投资的管理方式上也要遵循动态原则，在严格管理的同时要及时监督、及时反馈、及时调整。农村公共物品投资项目一般情况下建设周期都比较长，如果不能在项目的建设周期内实现动态管理，就很有可能会降低其投资效率，甚至适得其反。所以，在对公共项目的管理方式上也要有所转变。项目建设初期要及时了解项目的准备情况，及时进行反馈并考察是否需要调整建设方案；项目建设中期要及时了解农民需求是否有所变化，当前建设的公共项目是否依然能够满足其需求；项目建设末期要及时对项目建设质量进行评估，考察其是否达到建设要求以及设计要求。建立动态的农村公共物品投资的运行管理模式，对投资周期进行全程的跟踪管理，确保其运转正常，实现要求的投资效果。

最后，完善监督约束机制。其实在农村公共物品投资的各个流程，都需要严格地监督和监管，因为每一个环节都有可能影响到投资的最终效果，所以这种监督约束机制也是动态的、实时的，这样才能确保各项公共投资的有效实施。在具体的操作上，可以考虑由人大牵头，联合公共投资过程中的相关部门，如财政、审计、建设、环保、卫生、纪检等，从项目的设立开始，对农村公共物品投资的资金筹措、资金分配、建设进度、建设质量等各个环节进行监督，如有必要，还可以聘请第三方审计或评估机构对项目的资金运行和工程运行进行客观的评估，一旦发现不合理、不合规、违法违纪的行为或事件，要坚决从严查处，只有这样才能逐步形成有效的动态监督约束机制，保障农村公共物品投资的健康运行，提高公共投资效率，切实让广大农村居民受益。

第八章

结论与展望

第一节　主要结论

本书通过运用具有全国代表性的数据对中国农村村级公共物品投资的区域分布、演进趋势和影响进行分析和研究。虽然我国经济和社会都获得了巨大的发展和进步，但在改革的过程中还存在许多问题亟待研究，如居民收入差距过大，区域发展不协调，城乡差距过大等。导致这些问题的一个重要原因是地区间、城乡间公共服务提供存在显著差异，农村和不发达地区公共服务提供严重不足。已有的大量研究认为公共物品投资对于促进经济发展和社会进步、减少收入差异以及降低区域发展差异有显著的作用，然而我国的农村公共服务提供状况却不容乐观，再加上数据资料的限制，更难从微观层面分析我国农村公共物品投资的现状、变迁和影响。本书正是在这样的背景下，利用具有全国代表性的微观数据，对我国农村公共投资的区域分布、演变趋势进行梳理，并分析农村公共物品投资对农民生活的实际影响，为将来我国培育和发展农村公共服务体系、统筹城乡和区域发展提供一些决策参考。

全书共分为八个章节：第一章和第二章分别为绪论和理论综述；第三章为理论框架和研究设计，主要介绍本书的理论框架和分析方法，由于本书涉及大量调研工作，所以在第三章对调研的设计进行了阐述；第四章描述了我国农村公共物品投资的区域分布；第五章梳理了我国农村公共物品投资的演变趋势；第六章以新农保为例，分析了新农保对农村居民的参保行为以及家庭福利的影响；第七章为提高我国农村公共物品投资效率的政策启示；第八章是结论与展望。其中，第四、五、六章为本书的主体部分。

在横向上，本书细致分析了我国农村公共投资的现状和区域分布差异，在1998—2011年间，我国的农村公共物品投资涵盖了农民生产、生活和环境保护等诸多方面，公共项目提供类型高达17类，但主要集中于道路、灌溉、饮用水、电力设施以及环保等方面。从投资金额看，我国农村公共物品提供的策略基本体现了突出重点和广覆盖的特征，但也存在一些需要注意的问题，教育和卫生服务方面的投资占比仅为5%，远远小于村庄美化和村办公室建设等方面的投资规模，可能对农村人力资本培育和农村居民健康带来负面影响。研究还表明我国上级政府的公共物品提供策略明显地倾向于向贫困地区和环境敏感地区投入更多的公共项目和资金，同时富裕村由于收入水平较高，从而比贫困村实施了更多的村自筹公共物品提供项目。应该说，我国在农村公共物品投资的策略上还是值得肯定的，但还远远不能满足农村进一步发展的需求，应该继续坚持下去并加大投资力度，帮助贫困地区和环境敏感地区可持续发展。投资目的方面，研究期间的农村公共投资主要目的是提高农民生活质量、提高农民收入和进行环境保护等。本书还发现，对于环境敏感村和环境非敏感村，增加农民收入的公共项目比例变化不大。差异特别显著的是环境非敏感村投资相对较少的公共物品用于环境保护，而环境敏感村会对环境保护项目进行大量的投资。从这一方面来说，我国农村公共物品提供的策略还是比较合理的。

在纵向上，通过对我国农村公共物品投资的演变趋势进行分析，本书发现我国农村公共投资的投资策略相对而言还是比较合理的，体现了分权化提供和集中提供的共同优势。既适当地考虑了各地不同的需要，同时通过上级政府的专项项目的形式提供农村公共服务，充分考虑公平性的要求。上级政府对村级的公共投资向少数民族地区、偏远地区、人口密集地区、工商业活动多的地区以及人均土地较少的地区倾斜，这有助于进一步协调区域经济均衡发展，缩小贫富差距，但与此同时，有一些利用非正式社会关系来获取项目的现象要予以关注。另外，在税费改革开始后，农村公共物品提供数量增长最快的是村庄新建住房项目，而生态环境类项目及学校和诊所项目的提供减少严重，投资比例不协调，这需要引起重视。总的来说，我国的农村公共物品投资策略有助于我国社会主义新农村的建设，但仍然需要进一步加大投资力度和深度。

在区域分布（横向分析）和演进趋势（纵向分析）基础上，本书以农村养老保障服务为突破口，具体分析了我国农村社会养老保障制度对农村居民参保行为及其家庭福利的影响，研究结果显示在实施新农保试点的样本县中，参保资格的认定基本一致，但参保方式、缴费标准和补贴情况存在一些差异。虽然各级政府因地制宜地推出了相应政策，采取了多种措施宣传和鼓励农民参保，但是样本农户对新农保政策和实施方法的了解偏低，并存在地区差异，养老金的发放模式也有待改进。尽管养老金对老年人日常生活有所帮助，但离维持老年人的基本生活还存在较大差距。接着，本书从个人、家庭、社区和县级四个层面分析了农民参加新农保的决定因素及其作用，结果显示试点地区农民参保比例不高，仅为73%左右，贫困农户和长期外出务工农民参保比例更低，需要重点关注。最后，本书以消费和储蓄的生命周期理论为基础，结合我国新农保实施的实际，构建了新农保政策实施对农村居民消费影响的研究框架，研究结果表明新农保政策实施后参保农户的家庭日常费用支出显著高于未参保农户。农村居民的新农保参保支出和政府补贴会替代他们为养老而进行的预防性储蓄，杠杆作用较为明显，较少的社会保障支出会替代较多的预防性储蓄，对促进农户家庭消费有显著作用。

最后，结合本书的研究结论，本书从五个方面提出了提高农村公共物品投资效率的政策启示，分别是：构建多元化主体，改善农村公共物品投资的主体结构；以需求为导向，建立自下而上的农村公共物品投资决策机制；注重公平，突出重点，完善农村公共物品投资布局；多种方式，多种渠道，丰富农村公共物品投资的筹资来源；动态运行管理，优化农村公共物品投资的管理模式。

第二节 研究展望

虽然本书取得了以上的研究成果，但也存在着一些有待进一步研究的方面或者不足，具体而言包括以下两点：

第一，本书主要是从供给的角度分析我国农村公共物品投资的区域分布和演进趋势，并在此基础上分析其对农村居民生活的影响，而供给与需求是相辅相成的，农民的需求对政府的投资决策也会有所影响，虽然在当前体制下我们无法知晓这种影响到底有多大，但在今后的研究中，可以考虑从需求的角度出发，对农村居民的需求以及投资满意度进行研究。

第二，在对公共投资项目进行具体分析的过程中，本书没有很好地将项目资金来源进一步细分，例如，按照各级相关主管部门划分，按照资金来源渠道（如村民集资捐资、村级集体收入、乡级投入、县级投入等）进行划分，分析不同的资金来源对于公共物品投资的决策和效果有何种影响。此外，由于公共物品投资项目的建设周期一般都比较长，建设过程也比较复杂，涉及很多因素，本书没有进一步分析项目实施的具体细节和项目实施结果之间是否存在关系。

参考文献

[1] 白重恩、李宏彬、吴斌珍:《医疗保险与消费:来自新型农村合作医疗的证据》,《经济研究》2012 年第 2 期。

[2] 财政部农业司“公共财政覆盖农村问题研究”课题组:《公共财政覆盖农村问题研究报告》,《农业经济问题》2004 年第 7 期。

[3] 常芳、杨矗、王爱琴、王欢、罗仁福、史耀疆:《新农保实施现状及参保行为影响因素——基于 5 省 101 村调查数据的分析》,《管理世界》2014 年第 3 期。

[4] 陈东平、韩俊英:《农村基础设施建设中财政资金的创新管理研究》,《中央财经大学学报》2008 年第 9 期。

[5] 陈默、张林秀、翟印礼:《税费改革对我国农村生活用水工程投资的影响》,《农村经济》2007 年第 4 期。

[6] 陈少晖、李丽琴:《财政压力视域下的农村社会保障制度变迁(1949—2009)》,《福建论坛》(人文社会科学版)2010 年第 11 期。

[7] 陈锡文:《中国农村公共财政制度》,中国发展出版社 2005 年版。

[8] 陈锡文、韩俊、赵阳:《我国农村公共财政制度研究》,《宏观经济研究》2005 年第 5 期。

[9] 陈欣欣、董晓媛:《社会经济地位、性别与中国老年人的家庭照料》,《世界经济》2011 年第 6 期。

[10] 陈宗胜、沈扬扬、周云波:《中国农村贫困状况的绝对与相对

变动——兼论相对贫困线的设定》，《管理世界》2013 年第 1 期。

[11] 崔晓芳：《论新农村建设中农村公共物品供给主体多元化——基于多中心理论的视角》，湖北省农业法学研究会 2012 年年会暨第二届“南湖　中国农村法治狮子山论坛”论文集，2012 年 10 月。

[12] 邓大松、薛惠元：《新型农村社会养老保险制度推行中的难点分析——兼析个人、集体和政府的筹资能力》，《经济体制改革》2010 年第 1 期。

[13] 邓军蓉：《农民参与农村社会养老保险意愿的调查分析》，《内蒙古农业大学学报》（社会科学版）2008 年第 5 期。

[14] 邓子基：《公共财政与农村改革发展》，《厦门大学学报》（哲学社会科学版）2009 年第 1 期。

[15] 丁学东、张岩松：《公共财政覆盖农村的理论和实践》，《管理世界》2007 年第 10 期。

[16] 董明涛：《农村公共产品供给机制创新研究》，博士学位论文，天津大学，2011 年。

[17] 董上海、汪柱旺：《欠发达地区农村养老保险制度的构建与完善》，《求实》2008 年第 12 期。

[18] 樊胜根、张林秀、张晓波：《经济增长、地区差距与贫困——中国农村公共投资研究》，中国农业出版社 2002 年版。

[19] 封铁英、董璇：《劳动力缺失背景下新型农村养老保险需求及其影响因素研究》，《西北人口》2010 年第 6 期。

[20] 高培勇：《公共财政，经济学界如是说……》，经济科学出版社 2000 年版。

[21] 高如峰：《中国农村义务教育财政体制的实证分析》，《教育研究》2004 年第 5 期。

[22] 葛庆敏：《论人口老龄化与农村养老保险制度的完善》，《齐鲁学刊》2010 年第 1 期。

[23] 耿永志：《新型农村社会养老保险试点跟踪调查——来自河北

省 18 个县（市）的农户》，《财经问题研究》2010 年第 5 期。

[24] 耿羽：《“输入式供给”：当前农村公共物品的运作模式》，《经济与管理研究》2011 年第 12 期。

[25] 宫晓霞：《发达国家农村社会养老保险制度及其启示》，《中央财经大学学报》2006 年第 6 期。

[26] 顾昕：《社区医疗卫生服务体系建设中的政府角色》，《改革》2006 年第 1 期。

[27] 郭建如：《基础教育财政体制改革与农村义务教育发展研究：制度分析的视角》，《社会科学战线》2003 年第 5 期。

[28] 国务院人口普查办公室：《2000 年第 5 次全国人口普查主要数据》，中国统计出版社 2001 年版。

[29] 韩国明、钟守松：《税费改革前后村级组织职能的转变——兼论国家与农村社会的关系》，《湖南农业大学学报》（社会科学版）2011 年第 12 期。

[30] 韩俊、罗丹、赵卫华：《当前农村合作医疗卫生服务状况调查与分析》，《改革》2005 年第 2 期。

[31] 何立新、封进、佐藤宏：《养老保险改革对家庭储蓄率的影响：中国的经验证据》，《经济研究》2008 年第 10 期。

[32] 何英华：《中国农村老年人社会福利事业的现状及其对策研究》，《经营管理者》2008 年第 16 期。

[33] 贺蕊玲：《浅析新农保与老农保的区别》，《经济与社会发展》2010 年第 12 期。

[34] 贺雪峰、罗兴佐：《论农村公共物品供给中的均衡》，《经济学家》2006 年第 1 期。

[35] 黄志冲：《农村公共物品供给机制创新的经济学研究》，《中国农村观察》2000 年第 6 期。

[36] 贾康、赵全厚：《减负之后：农村税费改革有待解决的问题及对策探讨》，《财政研究》2002 年第 1 期。

[37] 贾康、孙洁：《社会主义新农村基础设施建设中应积极探索新管理模式》，《财政研究》2006 年第 7 期。

[38] 焦克源、赵静：《“新农保”实施后西部农村养老保险制度的推进与完善》，《青海社会科学》2010 年第 6 期。

[39] 金兆怀、郭赞：《政府在农村社会保障建设中的作用研究》，《经济纵横》2007 年第 9 期。

[40] 孔祥智、涂圣伟：《我国现阶段农民养老意愿探讨——基于福建省永安、邵武、光泽三县（市）抽样调查的实证研究》，《中国人民大学学报》2007 年第 3 期。

[41] 兰晓红、方天堃：《税费改革后农村公共产品供给研究》，《农村经济》2007 年第 3 期。

[42] 乐章：《现行制度安排下农民的社会养老保险参与意向》，《中国人口科学》2004 年第 5 期。

[43] 李春根、李建华：《探索建立江西省新型农村养老保险制度》，《求实》2008 年第 7 期。

[44] 李春燕、郑曙村：《新农村建设视角下农村公共物品供给制度创新》，《山西青年管理干部学院学报》2011 年第 3 期。

[45] 李鸿辉：《农村基础设施的公共性与多元合作供给制度设计的探析》，《广东社会科学》2008 年第 6 期。

[46] 李强、罗仁福、刘承芳、张林秀：《新农村建设中农民最需要什么样的公共服务——农民对农村公共物品投资的意愿分析》，《农业经济问题》2006 年第 10 期。

[47] 李琴、李大胜、熊启泉：《我国农村基础设施供给的优先序——基于广东英德、鹤山的实证分析》，《上海经济研究》2009 年第 6 期。

[48] 李锐：《农村公共基础设施投资效益的数量分析》，《农业技术经济》2003 年第 2 期。

[49] 李晓云、范冰洁：《山东淄博新型农村养老保险现状实证分析》，《财经问题研究》2010 年第 7 期。

[50] 廖清成、王家芬：《论税费改革后农村公共品的供给》，《南昌大学学报》（人文社会科学版）2004 年第 1 期。

[51] 林万龙：《中国农村公共服务供求的结构性失衡：表现及成

因》,《管理世界》2007 年第 9 期。

[52] 林毅夫:《城市竞争力与可持续发展》,《财经》2013 年第 30 期。

[53] 林毅夫:《落实社会主义新农村建设的五点建议》,《金融经济》2006 年第 7 期。

[54] 刘昌平、谢婷:《传统农村社会养老保险制度评估与反思》,《经济体制改革》2009 年第 4 期。

[55] 刘昌平、谢婷:《基金积累制应用于新型农村社会养老保险制度的可行性研究》,《财经理论与实践》2009 年第 30 期。

[56] 刘国恩、William H. Dow、傅正泓、John Akin:《中国的健康人力资本与收入增长》,《经济学季刊》2004 年第 4 期。

[57] 刘国亮:《政府公共物品提供与经济增长》,《改革》2002 年第 4 期。

[58] 刘建平、何建军、刘文高:《农业税取消后农村公共品供给能力下降及对策分析——基于湖北省部分地区的调查》,《中国行政管理》2006 年第 5 期。

[59] 刘善槐、邬志辉、何圣财:《新型农村社会养老保险试点状况及对策——基于吉林省 5000 农户的调查研究》,《调研世界》2011 年第 2 期。

[60] 刘玮:《中国农村养老保险研究述评:基于研究范式》,《学术探索》2010 年第 4 期。

[61] 刘潇滨:《和谐社会构建中农村社会保障制度研究》,《四川大学学报》(哲学社会科学版) 2009 年第 3 期。

[62] 刘晓昀、辛贤、毛学锋:《贫困地区农村基础设施投资对农户收入和支出的影响》,《中国农村观察》2003 年第 1 期。

[63] 刘鑫、张朝旭、张金妃:《中国农村养老保险制度完善之关键:演化路径的"解锁"》,《江西财经大学学报》2008 年第 1 期。

[64] 刘银喜:《农村公共财政:公共财政研究的新领域——概念、体制变迁及结构特征》,《内蒙古大学学报》(人文社会科学版) 2007 年第 5 期。

[65] 罗仁福、张林秀、邓蒙芝:《农村公共物品投资策略的实证分析》,《中国科学基金》2008 年第 6 期。

[66] 罗仁福、张林秀、黄季焜、罗斯高、刘承芳:《村民自治,农村税费改革与农村公共投资》,《经济学季刊》2006 年第 3 期。

[67] 罗仁福、张林秀、赵启然、黄季焜:《从农村公共基础设施变迁看未来农村公共投资方向》,《中国软科学》2011 年第 9 期。

[68] 罗仁福、赵启然、何敏、刘承芳、张林秀:《贫困农村学前教育现状调查》,《学前教育研究》2009 年第 1 期。

[69] 罗贤松、闵丰:《农民负担更上层楼》,《农村经营管理》2012 年第 1 期。

[70] 马林靖:《中国农村公共物品投资的现状、绩效与满意度研究——以水利灌溉设施为例》,博士学位论文,南京农业大学,2008 年。

[71] 皮国忠:《论我国的农村公共财政》,《当代财经》2004 年第 1 期。

[72] 邱伟艺:《城乡差异产生的原因及经济影响探析》,《现代经济信息》2012 年第 7 期。

[73] 阮荣平、郑风田:《我国农村养老模式的绩效研究》,《中国人口、资源与环境》2010 年第 3 期。

[74] 尚长风、张翰文:《土地流转及农村养老保险制度设计》,《审计与经济研究》2008 年第 5 期。

[75] 沈开艳、陈建华:《中国区域经济均衡发展趋势的可持续性分析》,《学术月刊》2014 年第 8 期。

[76] 沈坤荣、张璟:《中国农村公共支出及其绩效分析——基于农民收入增长和城乡收入差距的经验研究》,《管理世界》2007 年第 1 期。

[77] 石美遐、王丹:《推进我国新型农村养老保险试点工作的建议》,《国家行政学院学报》2010 年第 3 期。

[78] 苏明:《公共财政与社会主义新农村建设》,《财政研究》2007 年第 5 期。

[79] 孙开、彭健:《农村公共财政体制建设问题探析》,《财经问题研究》2004 年第 9 期。

[80] 孙文基、孙骏可:《江苏省新型农村社会养老保险制度的调查和思考》,《农业经济问题》2012 年第 4 期。

[81] 谈淼:《新农村建设视阈下农村公共物品供给机制的现状与完善》,《克拉玛依学报》2013 年第 1 期。

[82] 谭静、江涛:《农村社会养老保险心理因素实证研究——以南充市 230 户低收入农户为例》,《人口与经济》2007 年第 2 期。

[83] 谭水平:《农村公共产品供给中农村民间组织的作用分析》,《中国市场》2011 年第 28 期。

[84] 唐忠、魏旭:《家庭承包制实施以后农村村级医疗卫生服务供给体系变迁研究》,《中国农村经济》2001 年第 8 期。

[85] 完善农村义务教育财政保障机制课题组:《全面认识推进农村义务教育财政保障机制改革的意义》,《财政研究》2005 年第 6 期。

[86] 完善农村义务教育财政保障机制课题组:《正确分析当前农村义务教育财政保障机制的现状和问题》,《财政研究》2005 年第 9 期。

[87] 王芳杰:《我国公共物品提供支出的经济增长效应实证分析》,《金融经济》(理论版) 2013 年第 2 期。

[88] 王海江:《影响农民参加社会养老保险的因素分析——以山东、安徽省六村农民为例》,《中国人口科学》1998 年第 6 期。

[89] 王萍、李树茁:《代际支持对农村老年人生活满意度影响的纵向分析》,《人口研究》2011 年第 1 期。

[90] 王少平、欧阳志刚:《中国城乡收入差距对实际经济增长的阈值效应》,《中国社会科学》2008 年第 2 期。

[91] 韦双莉、邓建翔:《西部新农村建设中公共物品供给模式分析——以广西鹿寨县里六自然村为例》,《现代商贸工业》2012 年第 16 期。

[92] 韦镇坤:《构建我国农村社会保障制度的探索》,《经济纵横》

2008 年第 2 期。
[93] 文莉、肖云、胡同泽：《政府信誉与建立农村养老保险体制研究——对 1757 位农民的调查》，《农村经济》2006 年第 1 期。
[94] 吴国权、杨义群：《通货紧缩时期国债的公共资本供给时效评估Ⅱ》，《财经科学》2003 年第 2 期。
[95] 吴罗发：《中部地区农民社会养老保险参与意愿分析——以江西省为例》，《农业经济问题》2008 年第 4 期。
[96] 夏峰：《千户农民对农村公共服务现状的看法——基于 29 个省份 230 个村的入户调查》，《农业经济问题》2008 年第 5 期。
[97] 肖建华：《我国农村社会养老保障制度完善的政策选择——基于养老、医疗制度的分析》，《现代经济探讨》2007 年第 11 期。
[98] 徐清照：《现阶段新型农村社会养老保险制度的优点与缺陷分析——以山东省为例》，《山东经济》2009 年第 3 期。
[99] 杨矗、张雨微：《普惠式农村公共产品供给的制度路径》，《光明日报》2015 年 1 月 11 日第 7 版。
[100] 杨矗：《以政府行为转变推动要素市场改革的路径机制》，《决策探索》2014 年第 12 期下。
[101] 杨翠迎：《农村基本养老保险制度理论与政策研究》，浙江大学出版社 2007 年版。
[102] 杨河清、陈汪茫：《中国养老保险支出对消费的乘数效应研究——以城镇居民面板数据为例》，《社会保障研究》2010 年第 3 期。
[103] 杨林：《中国农业税费改革前后对中央和地方影响分析》，《中国经贸》2013 年第 8 期。
[104] 杨美丽：《江苏省农村公共投资现状及不同类型农村居民对农村公共投资期望的个案考察》，《中国农学通报》2007 年第 7 期。
[105] 杨一帆：《中国农村社会养老保险制度的困境、反思与展望——基于城乡统筹发展视角的研究》，《人口与经济》2009

年第 1 期。

[106] 叶春辉、罗仁福：《农村公共物品提供策略：一个比较分析》，《浙江社会科学》2008 年第 9 期。

[107] 叶兴庆：《论农村公共产品供给体制的改革》，《经济研究》1997 年第 6 期。

[108] 易红梅、张林秀、罗仁福、刘承芳：《我国乡镇卫生院的现状及其在新型农村合作医疗体系的定位探讨》，《中国卫生经济》2009 年第 6 期。

[109] 余家凤：《公共财政条件下我国农村公共物品的供给》，《财经论坛》2007 年第 7 期。

[110] 余桔云：《江西省新型农村养老保险有效缴费水平的测算》，《经济问题探索》2011 年第 1 期。

[111] 余文静：《国外和云南省对新型农村养老保险的文献研究及其启示》，《经济问题探索》2008 年第 9 期。

[112] 喻国华：《推进我国农村公共财政体系建设的探讨》，《科技管理研究》2006 年第 10 期。

[113] 袁建华：《农村公共物品投资问题研究》，博士学位论文，山东农业大学，2008 年。

[114] 岳爱、杨矗、常芳、田新、史耀疆、罗仁福、易红梅：《新型农村社会养老保险对家庭日常费用支出的影响》，《管理世界》2013 年第 8 期。

[115] 曾满超、丁延庆：《中国义务教育资源利用及配置不均衡研究》，《教育与经济》2005 年第 2 期。

[116] 曾长福、林鹰漳：《税费改革后农村基础设施建设问题研究》，《福建农业学报》2007 年第 1 期。

[117] 张兵、楚永生：《农村公共物品供给制度探析》，《江海学刊》2006 年第 5 期。

[118] 张朝华、丁世军：《“新农保”推广中存在的主要问题——基于广东粤西农户的调查》，《经济纵横》2010 年第 5 期。

[119] 张朝华：《农户参加新农保的意愿及其影响因素——基于广东

珠海斗门、茂名茂南的调查》,《农业技术经济》2010 年第 6 期。

[120] 张冬敏:《新型农村社会养老保险制度的统筹层次研究》,《经济体制改革》2011 年第 4 期。

[121] 张继海:《社会保障对中国城镇居民消费和储蓄行为影响研究》,中国社会科学出版社 2008 年版。

[122] 张林秀、李强、罗仁福、刘承芳、罗斯高:《中国农村公共物品投资情况及区域分布研究》,《中国农村经济》2005 年第 11 期。

[123] 张林秀、罗仁福、黄季焜、Scott Rozelle:《中国农村社区公共物品投资的决定因素分析》,《经济研究》2005 年第 11 期。

[124] 张时玲:《中日农村养老保险制度的比较及其启示》,《经济社会体制比较》2008 年第 1 期。

[125] 张文娟、李树茁:《劳动力外流对农村家庭养老的影响分析》,《中国软科学》2004 年第 8 期。

[126] 张献国:《论农村公共财政建设的制度环境与模式选择》,《现代财经》2007 年第 2 期。

[127] 张馨:《构建公共财政框架问题研究》,经济科学出版社 2004 年版。

[128] 张元红:《农村公共卫生服务的供给与筹资》,《中国农村观察》2004 年第 5 期。

[129] 赵德余、梁鸿:《农民参与社会养老保险行为选择及其保障水平的因素分析——来自上海郊区村庄层面的经验》,《中国人口科学》2009 年第 1 期。

[130] 赵殿国:《农村养老保险工作的回顾与探索》,《社会保障制度》2003 年第 2 期。

[131] 赵宇、姜海臣:《基于农民视角的主要农村公共品供给情况——以山东省 11 个县(市)的 32 个行政村为例》,《中国农村经济》2007 年第 5 期。

[132] 郑功成:《中国社会养老保障制度变迁预评估》,中国人民大

学出版社 2002 年版。

[133] 钟涨宝、狄金华：《农村土地流转与农村社会保障体系的完善》，《江苏社会科学》2008 年第 1 期。

[134] 周飞舟、赵阳：《剖析农村公共财政：乡镇财政的困境和成因——对中西部地区乡镇财政的案例研究》，《中国农村观察》2003 年第 4 期。

[135] 周林、丁士军：《不同养老风俗下的农村家庭养老》，《农村经济》2003 年第 3 期。

[136] 周青、郑恒峰、黄兴生：《取消农业税后强化农村公共服务供给的对策思考——基于福建省几个县市农村公共服务需求问卷调查的分析》，《福建论坛》（人文社会科学版）2008 年第 4 期。

[137] 朱荣飞、周定财：《农村公共物品供给中存在的问题与对策分析》，《当代经济管理》2010 年第 6 期。

[138] Acemoglu, Daron, James A. Robinson and Simon Johnson. Reversal of Fortune: Geography and Institutions in the Making of the Modern World. *Quarterly Journal of Economics*, 2002, 117 (11): 1231 – 1294.

[139] Ardington, E., Lund, F. Pensions and development: social security as complementary to programmes of reconstruction and development. *Development Southern Africa*, 1995, 12 (4): 557 – 577.

[140] Aschaur, D. A. Is Public Expenditure Productive? *Journal of Monetary Economics*, 1989, 2 (2): 177 – 200.

[141] Atkinson, A. B., and N. H. Stern. Pigou, Taxation and Public Goods. *The Review of Economic Studies*, 1974, Vol. 41, No. 1, 119 – 128.

[142] Bank, W., DC., and C. O. Growth. The Growth Report: Strategies for Sustained Growth and Inclusive Development, 2008: *World Bank*-free PDF.

[143] Bardhan, P. and D. Mookherjee. Decentralizing Anti-Poverty Pro-

gram Delivery in Developing Countries. *Institute for Economic Development*, *Boston*, 2000.

[144] Bardhan, P. and D. Mookherjee. Capture and Governance at Local and National Levels. *American Economic Review*, 2001a (May).

[145] Bardhan, P. and D. Mookherjee. Corruption and Decentralization of Infrastructure Delivery in Developing Countries. *Institute for Economic Development*, Boston University, 2001b.

[146] Bardhan, Pranab. Decentralization of governance and development. *Journal of Economic Perspectives.* 2002, 16 (4): 185 - 205.

[147] Barrientos, A. and Lloyd-Sherlock, P. Non-Contributory Pensions and Social Protection. *Issues in Social Protection Paper*, ILO, Geneva, 2002.

[148] Barro, R. J. Democracy and Growth. *Journal of Economic Growth*, 1996, 1 (1): 1 - 27.

[149] Barro, R. J. Are government bonds net wealth? *The Journal of Political Economy*, 1974 (82): 1095 - 1117.

[150] Becker, S. O., Ichino, A. Estimation of Average Treatment Effects Based on Propensity Scores. *The Stata Journal*, 2002 (2): 358 - 377.

[151] Benjamin, D., Brandt, L., Rozelle, S. Aging, well-being, and social security in rural north China. *Population and Development Review*, 2000 (26): 89 - 116.

[152] Bernstein, Thomas P., and LÜ Xiaobo. Taxation without Representation: Peasants, the Central and the Local States in Reform China. *The China Quarterly*, 2000 (163): 742 - 763.

[153] Bertrand, M., Mullainathan, S., Miller, D. Public policy and extended families: evidence from pensions in South Africa. *The World Bank Economic Review*, 2003, 17 (1): 27 - 50.

[154] Bormann, Golder. Democratic Electoral Systems around the world, 1946 - 2011. *Electoral Studies*, 2013 (32): 360 - 369.

[155] Boyle, M., & Matheson, M. Determinants of the distribution of congressional earmarks across states. *Economics Letters*, 2009 (104): 63 - 65.

[156] Buchholz, Wolfgang and Konrad, Kai A. Strategic transfers and private provision of public goods. *Journal of Public Economics*, 1995, Vol. 57, No. 3, pp. 489 - 505.

[157] Buys, Piet, Uwe Deichmann, and David Wheeler. Road network upgrading and overland trade expansion in Sub-Saharan Africa. *Journal of African Economies*, 2010, 19 (3): 399 - 432.

[158] Cai P., J. Zhou, and J. Xie. Empirical study on the rational peasant burden. *Problems of Agricultural Economy*, 1999 (12): 41 - 45.

[159] Cai, F., Giles, J., and Meng, X. How well do children insure parents against low retirement income? An analysis using survey data from urban China. *Journal of Public Economics*, 2006 (90): 2229 - 2255.

[160] Calderon, C. and Serven, L. The effects of Infrastructure Development on Growth and Income Distribution. Washington D. C., *The World Bank*, LACVP, processed, 2004.

[161] Calvo, Christina M. Options for managing and financing rural transport infrastructure. Washington D. C., *World Bank Technical Paper*, No. 411, 1998.

[162] Calvo, E. and Williamson, J. Old-age pension reform and modernization pathways: Lessons for China from Latin America. *Journal of Aging Studies*, 2008 (22): 74 - 87.

[163] Case, A., Deaton, A. Large cash transfers to the elderly in South Africa. *Economic Journal*, 1998 (108): 1330 - 1361.

[164] Chattopadhyay, Raghabendra, and Esther Duflo. Women as Policy

Makers: Evidence from a randomized policy experiment in India. *Econometrica*, 2004, 72 (5): 1409 - 1443.

[165] Danziger, S., Haveman, R. Plotnick, R., How income transfer programs affect work, savings, and the income distribution: A critical review. *Journal of Economic Literature*, 1981 (19): 975 - 1028.

[166] De Janvry, A., Sadoulet, E., Gordillo, G. NAFTA and Mexico's Maize Producers. *World Development*, 1995 (23): 1349 - 1362.

[167] Deininger, Klaus, and Paul Mpuga. Does greater accountability improve the quality of public service delivery? Evidence from Uganda. *World Development*, 2005, 33 (1): 171 - 191.

[168] Deller, Steven C., and Carl H. Nelson. Measuring the economic efficiency of producing rural road services. *American Journal of Agricultural Economics*, 1991, 73 (1): 194 - 201.

[169] Dercon, Stefan, Daniel O. Gilligan, John Hoddinott, and Tassew Woldehanna. The impact of agricultural extension and roads on poverty and consumption growth in fifteen Ethiopian villages. *American Journal of Agricultural Economics*, 2009, 91 (4): 1007 - 1021.

[170] Diamond, P. A., and J. A. Mirrlees. Opitimal Taxation and Public Production: Ⅰ and Ⅱ. *American Economic Review*, 1971, 61, 8 - 27 and 261 - 278.

[171] Dicks-Mireaux, L., King, M. Pension wealth and household savings: tests of robustness. *Journal of Public Economics*, 1984 (23): 115 - 139.

[172] Dong, K., and Ye, X. Social security system reform in China. *China Economic Review*, 2003 (14): 417 - 425.

[173] Duflo, E. and R. Chattopadhyay. The Impact of Reservation in the Panchayati Raj: Evidence from a Nationwide Randomized Ex-

periment. *Economic and Political Weekly*, 2004, 979 -986.

[174] Duflo, E. Grandmothers and granddaughters: old-age pensions and intrahousehold allocation in South Africa. *The World Bank Economic Review*, 2003, 17 (1): 1 -25.

[175] Edmonds, E., Mammen, K., Miller, D. L. Rearranging the family? Income support and elderly living arrangements in a low income country. *The Journal of Human Resources*, 2005, 40 (1): 186 -207.

[176] Engen, E. M., Gruber, J. Unemployment insurance and precautionary saving. *Journal of Monetary Economics*, 2001, 47: 545 -579.

[177] Fan, S., Hazell, P. Are Returns to Public Investment Lower in Less-Favored Rural Areas? An Empirical Analysis of India. *EPTD Discussion Paper*, No. 43, 1999.

[178] Fan, S., L. Zhang, X. Zhang. Reforms, Investment, and Poverty in Rural China. *Economic Development and Cultural Change*, 2004 (2): 395 -421.

[179] Fan, Shenggen, and Connie Chan-Kang. Road development, economic growth, and poverty reduction in China. *IFPRI Research Report* No. 138. Washington D. C., International Food Policy Research Institute, 2005.

[180] Fan, Shenggen, and Peter Hazell. Returns to public investments in the less-favored areas of India and China. *American Journal of Agricultural Economics*, 2001, 83 (5): 1217 -1222.

[181] Fan, Shenggen, Linxiu Zhang and Xiaobo Zhang. Growth, Inequality, and Poverty in Rural China: The Role of Public Investments. *IFPRI Research Report*, 2002, No. 125.

[182] Fan, S., P. Hazell, S. Thorat. Government Spending, Growth and Poverty in Rural India. *American Journal of Agricultural Economics*, 2000 (82): 1038 -1051.

[183] Feldstein, M. Social security, induced retirement, and aggregate capital accumulation. *The Journal of Political Economy*, 1974, 82: 905 -926.

[184] Feldstein, M. Social security and saving: new time series evidence. *National Bureau of Economic Research*, 1995.

[185] Feldstein, M., Liebman, J. B. Social security. *Handbook of Public Economics*, 2002, 4: 2245 -2324.

[186] Felix Bierbrauer, Marco Sahm. Optimal democratic mechanisms for taxation and public good provision. *Journal of Public Economics*, 2010 (94): 453 -466.

[187] Fidrmuc, J. Economic Reform Democracyand Growth during Post-communist Transition. *European Journal of Political Economy*, 2003, 19 (3): 583 -604.

[188] Fisher, I. The theory of interest. New York: Macmillan Press, 1930.

[189] Foster, A., & Rosenzweig, M. Democratization, decentralization and the distribution of local publicgoods in a poor rural economy. Manuscript, *Department of Economics*, Brown University, 2001.

[190] Gale, W. G. The effects of pensions on household wealth: A re-evaluation of theory and evidence. *Journal of Political Economy*, 1998, 106: 706 -723.

[191] Giles, J., D. Wang, and C. Zhao. Can China's Rural Elderly Count on Support from Adult Children? Implications of Rural-to-Urban Migration. *Journal of Population Ageing*, 2010, 1 -22.

[192] Ho, S. P. S. Rural China in Transition: Non-Agricultural Development in Rural Jiangsu, 1978 - 1990. *Clarendon Press*, Oxford, 1994.

[193] Holzmann, R., T. Packard, and J. Cuesta. Extending Coverage in Multi-pillar Pension Systems: Constraints and Hypotheses, Preliminary Evidence and Future Research Agenda. *World Bank So-*

cial Protection Discussion Paper 2, 2000.

[194] Hubbard, R. G. Pension wealth and individual saving: Some new evidence. *Journal of Money*, *Credit and Banking*, 1986, 167 - 178.

[195] IRF (International Road Federation), Rural Transport. *IRF Bulletin Special Edition* 1, 2010.

[196] Jensen, R. Do private transfers "displace" the benefits of public transfers? Evidence from South Africa. *Journal of Public Economics*, 2003, 88, 89 - 112.

[197] Jin, S. , J. Huang, R. Hu, and S. Rozelle. The creation and spread of technology and total factor productivity in China's agriculture. *American Journal of Agric.* Econ. , 2002, 84 (4), (November): 916 - 939.

[198] Kantor, S. E. , Fishback, P. V. Precautionary saving, insurance, and the origins of workers' compensation. *Journal of Political Economy*, 1996, 419 - 442.

[199] Keefer, Philip. Democratization and clientelism: Why are young democracies badly governed? Development Research Group, the *World Bank*, 2003.

[200] Kelliher, D. The Chinese debate over village self government. *China Journal*, 1997, 37, 63 - 86.

[201] Khandker, Shahidur R. , Zaid Bakht, and Gayatri B. Koolwal. The poverty impact of rural roads: evidence from Bangladesh. *Economic Development and Cultural Change*, 2009, 57 (4): 685 - 722.

[202] Khwaja, A. I. , Can good projects succeed in bad communities? *Journal of Public Economics*, 2009, 93 (7): 899 - 916.

[203] Khwaja, Asim Ijaz. Is increasing community participation always a good thing? *Journal of the European Economic Association*, 2004, 2 (2 - 3): 427 - 436.

[204] Kirchsteiger, Georg and Puppe, Clements. On the possibility of efficient private provision of public goods through government subsidies. *Journal of Public Economics*, 1997, Vol. 66, No. 3, 489 - 504.

[205] Kotlikoff, L. J. Testing the theory of social security and life cycle accumulation. *American Economic Review*, 1979, 396 - 410.

[206] Lebo, Jerry, and Dieter Schelling. Design and appraisal of rural transport infrastructure: Ensuring basic access for rural communities. Washington D. C., *World Bank Technical Paper* No. 496, 2001.

[207] Lei X, Zhang C, Zhao Y. Incentive Problems in China's New Rural Pension Program. *Research in Labor Economics*, 2013, 37, 181 - 201.

[208] Leimer, D. R., Lesnoy, S. D. Social security and private saving: New time-series evidence. The *Journal of Political Economy*, 1982, 90, 606 - 629.

[209] Liu, Chengfang, Linxiu Zhang, Scott Rozelle and Renfu Luo. Infrastructure Investment in Rural China: Is Quality Being Compromised during Quantity Expansion? *China Journal*, No. 61, January, 2009, 105 - 129.

[210] Liu, Y., Y. Chen, and H. Long, Regional diversity of peasant household response to new countryside construction based on field survey in eastern coastal China. *Journal of Geographical Sciences*, 2011, 21 (5): 869 - 881.

[211] Lloyd-Sherlock, P. Simple transfers, complex outcomes: the impacts of pensions on poor households in Brazil. *Development and Change*, 2006, 37 (5).

[212] Lu, Y. and Z. Wang. An empirical analysis of income levels of rural in habitants and its distributional differentials. *Chinese Rural Economy*, 2001 (6): 18 - 24.

[213] Luo, R., Zhang, L., Huang, J., Rozelle, S. Elections, fiscal reform and public goods provision. *Journal of Comparative Economics*, 2007, 35, 583 - 611.

[214] Luo, Renfu, Shi, Yaojiang, Zhang, Linxiu, Liu, Chengfang, Rozelle, Scott and Sharbono, Brian. Malnutrition in China's rural boarding schools: the case of primary schools in Shaanxi Province. *Asia Pacific Journal of Education*, 2009, 29: 4, 481 - 501.

[215] Ma, J. China's Fiscal Reform: An Overview. *Asia Economic Journal*, 1997, 11 (4): 443 - 458.

[216] Mamatzakis, E. C. Public Infrastructure and Productivity Growth in Greek Agriculture. *Agricultural Economics*, 2003, (29): 169 - 180.

[217] Mingxing Liu, Zhigang Xu, Fubing Su and Ran Tao. Rural tax reform and the extractive capacity of local state in China. *China Economic Review*, 2012 (23): 190 - 203.

[218] Minier, Jenny A. Democracy and Growth: Alternative Approaches. *Journal of Economic Growth*, 1998, 3 (3): 241 - 266.

[219] Minten, Bart, and Steven Kyle. The effect of distance and road quality on food collection, marketing margins, and traders' wage: evidence from the former Zaire. *Journal of Development Economics*, 1999, 60 (2): 467 - 495.

[220] Modigliani, F. The life cycle hypothesis of saving and intercountry differences in the saving ratio. *Induction*, *Growth and Trade*, 1970, 197 - 225.

[221] Morduch, J., Sicular, T. Politics, growth, and inequality in rural China: does it pay to join the party? *Journal of Public Economics*. 2000 (77): 331 - 356.

[222] Mu, Rui, Martin de Jong and Ernst ten Heuvelhof. A Typology of Strategic Behaviour in PPPs for Expressways: Lessons from China and Implications for Europe. *European Journal of Transport and In-*

frastructure Research, 2010, 10 (1): 42 - 62.

[223] Mujahid, G. , Pannirselvam, J. , and Doge, B. The Impact of Social Pensions: Perceptions of Asian Older Persons. *UNFPA Report*, Country Technical Services Team for East and South-East Asia, Bangkok, Thailand, June 2008.

[224] Munnell, H. Alicia. How Does Public Infrastructure Affect Regional Ecomnomic Performance? Chapter in Munnell (ed.), Is There a Shortfall in Public Captital Investment? Boston, MA. *Federal Reserve Bank of Boston*, 1990.

[225] Musgrave, Richard M. *The Theory of Public Finance.* New York: McGraw-Hill, 1959.

[226] Nico HEERINK, Xiaobin BAO, Rui LI, Kaiyu LU, Shuyi FENG. Soil and water consrvation investments and rural development in China. *China Economic Review*, 2009 (20): 288 - 302.

[227] O'Brien, K. , Li, L. Accommodating "democracy" in a one-party state: introducing village elections in China. *China Quarterly*, 2000, 162 (June), 465 - 489.

[228] Oates, Wallace. *Fiscal federalism.* New York: Harcourt Brace Jovanovich, 1972.

[229] Oi, J. Fiscal reform and the economic foundations of local state corporatism in China. *World Politics*, 1992, 45, 99 - 126.

[230] Oi, J. Rural China takes off: incentives for reform. *University of California Press*, Berkeley, 1994.

[231] Oi, J. C. State and Peasant in Contemporary China. *University of California Press*, Berkeley, 1989.

[232] Olken, Benjamin A. Monitoring corruption: Evidence from a field experiement in Indonesia. *Journal of Political Economy*, 2007, 115 (2): 200 - 249.

[233] Palacios, R. and Sluchynsky, O. Social Pensions Part Ⅰ: Their Role in the Overall Pension System, Social Policy Discussion Paper

601, *World Bank*, Washington D. C., 2006.

[234] Pang, Lihua, Alan de Brauw, and Scott Rozelle. Working Until You Drop: The Elderly of Rural China. *The China Journal*, No. 2004, 52 (July 1): 73 - 94.

[235] Parker, S., G. Tritt, and W. T. Woo. Some lessons learned from the comparision of transion in Asia and Eastern Europe. In: Woo, W. T., S. Parker and J. D. Sachs. (Eds.). *Economies in transion: Comparing Asia and Eastern Europe*, MIT Press, 1997.

[236] People's Daily. China to build 1.2 million km rural roads in five years. http://english.peopledaily.com.cn/200602/08/eng20060208_240928.html, February 8, 2006.

[237] Pigou, A. C. *A study in public finance*, 3*rd edition*. MacMillan, London, 1947.

[238] Posel, D., Fairburn, J. A., and Lund, F. Labour migration and households: A reconsideration of the effects of the social pension on labour supply in South Africa. *Economic Modelling*, 2006, 3, 836 - 853.

[239] Potter, S. H., Potter, J. M. *China's Peasants: The Anthropology of a Revolution*. Cambridge University Press, New York, 1990.

[240] Qian, Y., Weingast, B. R. China's transition to markets: Markets-preserving federalism, Chinese style. *Journal of Policy Reform* 1996, 1 (2): 149 - 186.

[241] Qian, Y., Weingast, B. R. Federalism as a commitment to reserving market incentives. *Journal of Economic Perspectives*, 1997, 11 (4): 83 - 92.

[242] Queiroz, C. A. V., S. Gautam. Road Infrastructure and Economic Development: Some Diagnostic Indicators. *World Bank Policy Research* Working Paper, No. 921, 1992.

[243] Rozelle, Scott. Stagnation without equity: Patterns of growth and inequality in China's rural economy. *The China Journal*, 1996, 35

(1): 63 -96.

[244] Samuelson, Paul. The Pure Theory of Public Expenditure. *Review of Economics and Statistics*, 1954, 36: 387 -389.

[245] Samuelson, Paul. Diagrammatic exposition of a pure theory public expenditure. *Review of Economics and Statistics*, 1955, 37: 350 -356.

[246] Samwick, A. New evidence on pensions, social security, and the timing of retirement. *Journal of Public Economics*, 1998, 70, 207 -236.

[247] Shen, Y., Yao, Y. Does grassroots democracy reduce income inequality in China? *Journal of Public Economics*, 2008, 92, 2182 -2198.

[248] Stiglitz, J, E. and Dasgupta, P. Differential Taxation, Public Goods and Economic Efficiency. *Review of Economic Studies*, 38, April 1971.

[249] Tiebout, Charles M. A pure theory of local expenditure. *Journal of Political Economy*, 1956, 64 (5): 416 -424.

[250] Timmer, Peter. The A cultural Transformation, in Carl Eicher and John Staatz (eds.) International Agricultural Development, 3rd Edition. *The John Hopkins University Press*: Baltimore, MD. 1998.

[251] Timothy Besley and Stephen Coate. Elected versus Appointed Regulators: Theory and Evidence. Available at http: //econ. lse. ac. uk/staff/tbesley/papers/ regpap. pdf. 2000.

[252] United Nations (UN). World Population Ageing 1950 - 2050. *United Nations, Dept. of Economic and Social Affairs (UNDESA)*, Population Division, 2002.

[253] United Nations (UN). World Population Prospects, The 2004 Revision. *United Nations, Dept. of Economic and Social Affairs (UNDESA)*, Population Division, 2004.

[254] Van Rooij, Kool and Prast. Risk-return preferences in the pension

domain: Are people able to choose? *Journal of Public Economics*, 2007, 91, 701 - 722.

[255] Warr, Peter. Road development and poverty reduction: the case of Lao PDR. *Asian Development Bank Institute Research Paper* Series No. 64, 2005.

[256] Williamson, J. and Deitelbaum, C. Social security reform: Does partial privatization make sense for China. *Journal of Aging Studies*, 2005, 19, 257 - 271.

[257] Williamson, J., Price, M., and Shen, C. Pension policy in China, Singapore and South Korea: An assessment of the potential value of the notional defined contribution model. *Journal of Aging Studies*, 2012, 26, 78 - 89.

[258] Wong, Christine. *Financing Local Government in the People's Republic of China*, Oxford University Press: Oxford, 1997.

[259] Wooldridge, J. *Econometric Analysis of Cross Section and Panel Data*. The MIT Press, 2002.

[260] World Bank, Roads, Broadening the agenda. in V. Foster and C. Briceno-Garmendia (eds) Africa's infrastructure: A time for transformation. Washington D. C.: World Bank, 2010.

[261] World Bank, Curbing fraud, corruption, and collusion in the road sector. Washington D. C.: World Bank, 2011.

[262] Xinye ZHENG, Fanghua LI, Shunfeng SONG, Yihua YU, Central government's infrastructure investment across Chinese regions: A dynamic spatial panel data approach. *China Economic Review*, 2013 (27): 264 - 276.

[263] Yi, Hongmei, Linxiu Zhang, Kim Singer, Scott Rozelle and Scott Atlas. Health Insurance and Catastrophic Illness: A Report on the New Cooperative Medical System in Rural China. *Health Economics*, 2009, 18 (S2): 119 - 127.

[264] Yingcheng Li, Xingping Wang, Qiushi Zhu, Hu Zhao, Assess-

ing the spatial and temporal differences in the impacts of factor allocation and urbanization on urbanerural income disparity in China, 2004 –2010. *Habitat International*, 2014 (42): 76 –82.

[265] Zhang X., Fan S., Zhang, L., Huang, J. Local governance and public goods provision in rural China. *Journal of Public Economics*, 2004 (88): 2857 –2871.

[266] Zhang, Linxiu, Renfu Luo, Chengfang Liu, and Scott Rozelle. Investing in rural China: tracking China's commitment to modernization. *Chinese Economy*, 2006, 39 (4): 57 –84.

[267] Zhang, X., & Tan, K. Y. Incremental reform and distortions in China's product and factor markets. *World Bank Economic Review*, 2007, 21, 279 –299.

[268] Zhang, Yuanting, and Franklin W. Goza. Who Will Care for the Elderly in China?: A Review of the Problems Caused by China's One-child Policy and Their Potential Solutions. *Journal of Aging Studies* 2006, 20, No. 2 (April): 151 –164.

附　录

调查问卷

问卷编码：　□□□□

查表人：__________

村干部问卷一

省：__________

市（地区）、县：__________

乡镇：__________

村：__________

村干部姓名：__________

电话号码：__________

访谈日期：__________　　　　访谈员：__________

A. **村社会经济情况表**

		单位/编码	2011 年
	一、基本情况		
1	2008 年以来你们村合并过吗？	1 = 合并过； 2 = 没有合并过→第 5 题	
2	是哪一年合并的？	年	
3	是哪几个村合并来的？（写出合并以前各村的名字）		
4	合并过程中是哪个村占主导？（写出主导村的名字）		
5	有多少个村民小组（东北又叫社）？	个	
6	有多少自然村（东北又叫自然屯）？	个	
7	总户数	户	
8	其中：有多少农户只务农？	户	
9	有多少农户完全不务农？	户	
10	有自营工商业的户数	户	
11	总人口（不包括户口不在本村的人）	人	
12	其中：少数民族人口	人	
13	全年人均纯收入	元/人	
14	相隔最远的两个村民小组之间的距离	公里	
	二、土地情况		
15	耕地总面积（包括边角地、四边地）	亩（东北有的地方说垧或大亩，1 垧 = 10 大亩 = 15 小亩 = 15 亩，下同）	
16	其中 1：承包田（又叫机动地，指收承包费的）面积	亩	
17	责任田（又叫口粮田）总面积	亩	
18	其中 2：平原面积	亩	

续表

		单位/编码	2011 年
	二、土地情况		
19	梯田面积	亩	
20	其中 3：有效灌溉面积	亩	
21	农作物播种面积（粮食 + 经济作物 + 其他作物）	亩	
22	其中：粮食作物播种面积	亩	
23	园地面积（果园、茶园、桑园等）	亩	
24	其中：承包园地面积	亩	
25	林地面积（包括退耕还林，有的地方叫荒山）	亩	
26	其中：承包林地面积	亩	
27	草地面积（包括退耕还草）	亩	
28	其中：承包草地面积	亩	
29	水面面积（包括鱼塘）	亩	
30	其中：承包水面面积（指的是开口的面积）	亩	
	三、劳动力情况		
31	总共有多少劳动力？	人	
32	其中 1：在本村打工的人数	人	
33	在外打工，每天往返的人数	人	
34	在外打工，在外居住的人数	人	
35	其中 2：文盲（指不能阅读报纸）的人数	人	
36	高中及以上的人数	人	
	四、基本建设情况		
37	村里有几个幼儿园、学前班？	个	
38	村里有几个医院或诊所？	个	
39	其中：有几个诊所是新型农村合作医疗的定点医疗机构？	个	
40	你觉得你们村是不是需要更多的可以看病的地方？	1 = 需要；2 = 不需要	

续表

		单位/编码	2011 年
	四、基本建设情况		
41	为什么？	请用文字描述	
42	假设村里没有诊所，大部分村民通常去邻近哪个村的哪个诊所看病？	请写出名称或名字	（　）村 （　）诊所 （　）医生
43	假设有医生申请在本村开诊所，是否需要村里开具证明或者盖章？	1 = 需要； 2 = 不需要	
44	多少户通电？	户	
45	多少户有自来水（直接有管子通到家里供水）？	户	
46	多少户有电话（包括手机）？	户	
47	多少户有摩托车（包括电动摩托车）？	户	
52a	多少户有汽车？	户	
52b	多少户有电脑？	户	
52c	其中：多少户家里拉了网线？	户	
52d	村里有多少家网吧？	个	
	五、地理位置及自然环境		
48	有柏油路/水泥路经过你村吗？	1 = 有；2 = 没有	
49	最近的柏油路/水泥路到村委会所在地的距离是多少？	公里	
50	最近的柏油路/水泥路类型	1 = 国道；2 = 省道； 3 = 县道；4 = 乡道； 5 = 其他，请说明	
51	村委会到乡镇政府的距离	公里	
52	村民到乡镇政府最常用交通工具是什么？	1 = 步行； 2 = 自行车； 3 = 三轮车、蹦蹦车； 4 = 摩托车、电动车； 5 = 汽车； 6 = 轮船； 7 = 其他，请说明	

续表

		单位/编码	2011 年
	五、地理位置及自然环境		
53	村民用最常用的交通工具到乡镇政府所需时间	小时	
54	水土流失程度	1 = 非常严重；2 = 严重； 3 = 轻微；　4 = 没有	
55	草地质量情况	1 = 非常好；2 = 好； 3 = 一般；　4 = 较差； 5 = 非常糟糕； 6 = 没有草地	
56	最常用的饮用水类型	1 = 自来水；2 = 水窖； 3 = 井水；　4 = 泉水； 5 = 河湖水库水； 6 = 其他，请说明	
57	最主要饮用水源离村委会所在地的距离	公里	
58	本村是否修建生活垃圾堆放池/桶？	1 = 有；2 = 没有	
	六、其他		
59	本村出去的人里有多少在乡镇一级政府当干部？（包括在职和离休的，在乡镇内、外的）	人	
60	本村出去的人有多少在县及县以上政府部门当干部？	人	
61	最近 4 年，村里出了多少大学生（大专以上）？	人	
62	村委会是否有债务？	1 = 有； 2 = 没有→第 64 题	
63	有多少债务？	万元	
64	村里共有多少个企业？　【指的是本村范围内的】	个（如果是 0→第 73 题）	
65	其中：村集体所有的企业数量	个（如果是 0→第 67 题）	
66	村集体所有的企业雇佣工人数	人	
67	已经承包、转制的企业数量	个（如果是 0→第 69 题）	
68	已经承包、转制的企业雇佣工人数	人	

续表

		单位/编码	2011 年
	六、其他		
69	私营企业数量	个（如果是 0→第 71 题）	
70	私营企业雇佣工人数	人	
71	村办企业是哪一年开始进行转制、承包的?	年份	
72	村办企业是哪一年完成转制、承包的?	年份	
73	在当地做临时工，男性一天可以挣多少钱?	元/天	
74	在当地做临时工，女性一天可以挣多少钱?	元/天	
75	2008 年以来，上级政府是否给村里下达过道路投资方面的任务?	1 = 是；2 = 否	
76	2008 年以来，上级政府是否给村里下达过基础设施投资方面的任务?	1 = 是；2 = 否	
77	2008 年以来，上级政府是否将道路投资作为村干部考核指标之一?	1 = 是；2 = 否	
78	2008 年以来，上级政府是否将基础设施投资作为村干部考核指标之一?	1 = 是；2 = 否	
	七、转移支付、社会福利情况		
79	本村有多少农户拿到了粮食直补?	户	
80	本村有多少农户拿到了农作物良种补贴?	户	
81	本村有多少农户拿到了农机具购置补贴?	户	
87a	本村有多少农户拿到了农机燃油补贴?	户	
82	本村有多少农户拿到了畜牧业补贴?	户	
83	本村有多少农户拿到了退耕还林补贴?	户	
89a	本村有多少农户拿到了家电/机动车下乡补贴?	户	
89b	本村有多少农户拿到了农资综合补贴?	户	
89c	本村有多少农户拿到了移民补贴?	户	

续表

		单位/编码	2011 年
	七、转移支付、社会福利情况		
84	本村有多少农户拿到了低保补助？	户	
85	本村有多少农户拿到了五保户补助？	户	
86	本村有多少农户拿到了重大疾病救助？	户	
87	本村有多少农户拿到了其他补贴或补助（说明类型）？	户	
88	本村该年有多少农户申请了五保户？	户	
89	本村该年有多少个五保户申请被获准？	户	
90	本村该年有多少农户申请了低保户？	户	
91	本村该年有多少个低保户申请被获准？	户	
91a	上级政府如何将低保户名额分配到村？	1 = 按各村总人口分配； 2 = 各村等额分配； 3 = 按各村经济状况分配； 4 = 其他，请说明	
92	本村共有多少户属于五保户？	户	
93	本村五保户共多少人？	人	
94	本村共有多少低保户？	户	
95	本村低保户共有多少人？	人	
96	本村共有多少特困户？	户	
97	本村特困户共有多少人？	人	
97a	本村共有多少重度残疾人口	人	
98	本村是否有老年协会或者管理老年事务的组织？	1 = 有； 2 = 没有	

B.　2008—2011 年本村公共事业新投资（不包括对已有项目的小维护）

注意：遇到多条路或多座桥的情况，每一个都要问到，同一拨的可以归结在一起。

项目内容				项目时间				项目大小							项目实施	
0	1	2	3	4	5	6	7	8	9	10	11	12	13	14	15	16
项目名称编码	1 = 有 2 = 没有	请用文字简单描述项目名称（如果是道路，请注明长宽）	项目最初的主要目标	该项投资何时开始？		何时结束？		投资总额（包括实物和现金）	其中：贷款数额	其中：村配套资金数额/用工（指无偿用工）		本村哪几个小组可从该项目受益？	本村多少户农户从该项目直接受益？	项目覆盖面积	项目资金来源（可多选）	项目组织实施单位（可多选）
			1 = 提高农民收入 2 = 改善生活质量 3 = 环境保护 4 = 增加就业 5 = 增加村财政收入 6 = 其他（请说明）	年	月	年	月	万元	万元	万元	工日	个	户	亩	1 = 世界银行 2 = 其他国际机构（请说明） 3 = 各级扶贫办 4 = 综合开发办 5 = 其他部委或下属单位（请说明） 6 = 以工代赈 7 = 村自己的 8 = 其他（请说明）	1 = 村民小组 2 = 村委会 3 = 乡政府 4 = 县级机关 5 = 项目办 6 = 其他（请说明）
11. 修路或修桥																
12. 修建学校																
13. 修建诊所																

续表

项目内容				项目时间				项目大小							项目实施	
0	1	2	3	4	5	6	7	8	9	10	11	12	13	14	15	16
项目名称编码	1 = 有 2 = 没有	请用文字简单描述项目名称（如果是道路，请注明长宽）	项目最初的主要目标	该项投资何时开始?		何时结束?		投资总额（包括实物和现金）	其中：贷款数额	其中：村配套资金数额/用工（指无偿用工）		本村哪几个小组可从该项目受益?	本村多少户农户从该项目直接受益?	项目覆盖面积	项目资金来源（可多选）	项目组织实施单位（可多选）
			1 = 提高农民收入 2 = 改善生活质量 3 = 环境保护 4 = 增加就业 5 = 增加村财政收入 6 = 其他（请说明）	年	月	年	月	万元	万元	万元	工日	个	户	亩	1 = 世界银行 2 = 其他国际机构（请说明） 3 = 各级扶贫办 4 = 综合开发办 5 = 其他部委或下属单位（请说明） 6 = 以工代赈 7 = 村自己的 8 = 其他（请说明）	1 = 村民小组 2 = 村委会 3 = 乡政府 4 = 县级机关 5 = 项目办 6 = 其他（请说明）
14. 生活用水																
15. 灌溉设施																
16. 排水设施																
17. 电力设施																

续表

项目内容				项目时间				项目大小							项目实施	
0	1	2	3	4	5	6	7	8	9	10	11	12	13	14	15	16
项目名称编码	1 = 有 2 = 没有	请用文字简单描述项目名称（如果是道路，请注明长宽）	项目最初的主要目标	该项投资何时开始？		何时结束？		投资总额（包括实物和现金）	其中：贷款数额	其中：村配套资金数额/用工（指无偿用工）		本村哪几个小组可从该项目受益？	本村多少户农户从该项目直接受益？	项目覆盖面积	项目资金来源（可多选）	项目组织实施单位（可多选）
			1 = 提高农民收入 2 = 改善生活质量 3 = 环境保护 4 = 增加就业 5 = 增加村财政收入 6 = 其他（请说明）	年	月	年	月	万元	万元	万元	工日	个	户	亩	1 = 世界银行 2 = 其他国际机构（请说明） 3 = 各级扶贫办 4 = 综合开发办 5 = 其他部委或下属单位（请说明） 6 = 以工代赈 7 = 村自己的 8 = 其他（请说明）	1 = 村民小组 2 = 村委会 3 = 乡政府 4 = 县级机关 5 = 项目办 6 = 其他（请说明）
18. 电话线路																
19. 广播电视线路（包括有线）																
20. 生活垃圾处理设施																

续表

项目内容				项目时间				项目大小							项目实施	
0	1	2	3	4	5	6	7	8	9	10	11	12	13	14	15	16
项目名称编码	1=有 2=没有	请用文字简单描述项目名称（如果是道路，请注明长宽）	项目最初的主要目标	该项投资何时开始？		何时结束？		投资总额（包括实物和现金）	其中：贷款数额	其中：村配套资金数额/用工（指无偿用工）		本村哪几个小组可从该项目受益？	本村多少户农户从该项目直接受益？	项目覆盖面积	项目资金来源（可多选）	项目组织实施单位（可多选）
			1=提高农民收入 2=改善生活质量 3=环境保护 4=增加就业 5=增加村财政收入 6=其他（请说明）	年	月	年	月	万元	万元	万元	工日	个	户	亩	1=世界银行 2=其他国际机构（请说明） 3=各级扶贫办 4=综合开发办 5=其他部委或下属单位（请说明） 6=以工代赈 7=村自己的 8=其他（请说明）	1=村民小组 2=村委会 3=乡政府 4=县级机关 5=项目办 6=其他（请说明）
其他1（ ）																
其他2（ ）																
其他3（ ）																
21. 土壤改良																
22. 小流域治理																

续表

项目内容				项目时间				项目大小							项目实施	
0	1	2	3	4	5	6	7	8	9	10	11	12	13	14	15	16
项目名称编码	1＝有 2＝没有	请用文字简单描述项目名称（如果是道路，请注明长宽）	项目最初的主要目标	该项投资何时开始？		何时结束？		投资总额（包括实物和现金）	其中：贷款数额	其中：村配套资金数额/用工（指无偿用工）		本村哪几个小组可从该项目受益？	本村多少户农户从该项目直接受益？	项目覆盖面积	项目资金来源（可多选）	项目组织实施单位（可多选）
			1＝提高农民收入 2＝改善生活质量 3＝环境保护 4＝增加就业 5＝增加村财政收入 6＝其他（请说明）	年	月	年	月	万元	万元	万元	工日	个	户	亩	1＝世界银行 2＝其他国际机构（请说明） 3＝各级扶贫办 4＝综合开发办 5＝其他部委或下属单位（请说明） 6＝以工代赈 7＝村自己的 8＝其他（请说明）	1＝村民小组 2＝村委会 3＝乡政府 4＝县级机关 5＝项目办 6＝其他（请说明）
23. 修梯田																
24. 环境整治																
25. 封山育林																
26. 公益林																
27. 退耕还林																

续表

项目内容				项目时间				项目大小							项目实施	
0	1	2	3	4	5	6	7	8	9	10	11	12	13	14	15	16
项目名称编码	1 = 有 2 = 没有	请用文字简单描述项目名称（如果是道路，请注明长宽）	项目最初的主要目标	该项投资何时开始？		何时结束？		投资总额（包括实物和现金）	其中：贷款数额	其中：村配套资金数额/用工（指无偿用工）		本村哪几个小组可从该项目受益？	本村多少户农户从该项目直接受益？	项目覆盖面积	项目资金来源（可多选）	项目组织实施单位（可多选）
			1 = 提高农民收入 2 = 改善生活质量 3 = 环境保护 4 = 增加就业 5 = 增加村财政收入 6 = 其他（请说明）	年	月	年	月	万元	万元	万元	工日	个	户	亩	1 = 世界银行 2 = 其他国际机构（请说明） 3 = 各级扶贫办 4 = 综合开发办 5 = 其他部委或下属单位（请说明） 6 = 以工代赈 7 = 村自己的 8 = 其他（请说明）	1 = 村民小组 2 = 村委会 3 = 乡政府 4 = 县级机关 5 = 项目办 6 = 其他（请说明）
28. 修建牧场																
29. 文化活动场所																
29a. 老年人活动中心																

续表

项目内容				项目时间				项目大小							项目实施	
0	1	2	3	4	5	6	7	8	9	10	11	12	13	14	15	16
项目名称编码	1=有 2=没有	请用文字简单描述项目名称（如果是道路，请注明长宽）	项目最初的主要目标	该项投资何时开始？		何时结束？		投资总额（包括实物和现金）	其中：贷款数额	其中：村配套资金数额/用工（指无偿用工）		本村哪几个小组可从该项目受益？	本村多少户农户从该项目直接受益？	项目覆盖面积	项目资金来源（可多选）	项目组织实施单位（可多选）
			1=提高农民收入 2=改善生活质量 3=环境保护 4=增加就业 5=增加村财政收入 6=其他（请说明）	年	月	年	月	万元	万元	万元	工日	个	户	亩	1=世界银行 2=其他国际机构（请说明） 3=各级扶贫办 4=综合开发办 5=其他部委或下属单位（请说明） 6=以工代赈 7=村自己的 8=其他（请说明）	1=村民小组 2=村委会 3=乡政府 4=县级机关 5=项目办 6=其他（请说明）
29b. 村委会办公室																
29c. 居家养老服务站																
其他4:																
其他5:																
其他6:																

C. 2008—2011 年本村发展生产新投资（不包括村自己投资的项目，不包括维护）

项目内容				项目时间				项目大小							项目实施	
0	1	2	3	4	5	6	7	8	9	10	11	12	13	14	15	16
项目名称编码	1＝有 2＝没有	请用文字简单描述项目名称	项目最初的主要目标	该项投资何时开始？		何时结束？		投资总额（包括实物和现金）	其中：贷款数额	其中：村配套资金数额/用工		本村哪几个小组可从该项目受益？	本村多少户农户从该项目直接受益？	项目覆盖面积	项目资金来源（可多选）	项目组织实施单位（可多选）
			1＝提高农民收入 2＝改善生活质量 3＝环境保护 4＝增加就业 5＝增加村财政收入 6＝其他（请说明）	年	月	年	月	万元	万元	万元	工日	个	户	亩	1＝世界银行 2＝其他国际机构（请说明） 3＝各级扶贫办 4＝综合开发办 5＝其他部委或下属单位（请说明） 6＝以工代赈 7＝村自己的 8＝其他（请说明）	0＝村民小组 1＝村委会 2＝乡政府 3＝县级机关 4＝项目办 5＝其他（请说明）
30. 粮食作物																
31. 经济作物包括大田蔬菜																
32. 果园																
33. 大棚																

续表

项目内容				项目时间				项目大小							项目实施	
0	1	2	3	4	5	6	7	8	9	10	11	12	13	14	15	16
项目名称编码	1=有 2=没有	请用文字简单描述项目名称	项目最初的主要目标	该项投资何时开始?		何时结束?		投资总额(包括实物和现金)	其中:贷款数额	其中:村配套资金数额/用工		本村哪几个小组可从该项目受益?	本村多少户农户从该项目直接受益?	项目覆盖面积	项目资金来源(可多选)	项目组织实施单位(可多选)
			1=提高农民收入 2=改善生活质量 3=环境保护 4=增加就业 5=增加村财政收入 6=其他(请说明)	年	月	年	月	万元	万元	万元	工日	个	户	亩	1=世界银行 2=其他国际机构(请说明) 3=各级扶贫办 4=综合开发办 5=其他部委或下属单位(请说明) 6=以工代赈 7=村自己的 8=其他(请说明)	0=村民小组 1=村委会 2=乡政府 3=县级机关 4=项目办 5=其他(请说明)
34. 林木																
35. 家禽家畜																
36. 鱼塘水产																
37. 自营工商业																
38. 电脑																

续表

项目内容				项目时间				项目大小							项目实施	
0	1	2	3	4	5	6	7	8	9	10	11	12	13	14	15	16
项目名称编码	1 = 有 2 = 没有	请用文字简单描述项目名称	项目最初的主要目标	该项投资何时开始？		何时结束？		投资总额（包括实物和现金）	其中：贷款数额	其中：村配套资金数额/用工		本村哪几个小组可从该项目受益？	本村多少户农户从该项目直接受益？	项目覆盖面积	项目资金来源（可多选）	项目组织实施单位（可多选）
			1 = 提高农民收入 2 = 改善生活质量 3 = 环境保护 4 = 增加就业 5 = 增加村财政收入 6 = 其他（请说明）	年	月	年	月	万元	万元	万元	工日	个	户	亩	1 = 世界银行 2 = 其他国际机构（请说明） 3 = 各级扶贫办 4 = 综合开发办 5 = 其他部委或下属单位（请说明） 6 = 以工代赈 7 = 村自己的 8 = 其他（请说明）	0 = 村民小组 1 = 村委会 2 = 乡政府 3 = 县级机关 4 = 项目办 5 = 其他（请说明）
39. 小额信贷																
其他1：																
其他2：																
其他3：																
其他4：																

H. 项目评价与投资意愿

请依项目效益好坏次序，依次列出你所在村子的所有投资项目

（和表 B、表 C 对应）：

项目编码	此项目是否成功？1 = 是；2 = 否

项目名称	2008 年以来，是否有相关项目实施？1 = 是　2 = 否	村里如果有 5 万元，你愿意投资到哪里？（排序）（最重要的为 1，次重要的为 2，依次类推）	如果为了以下建设需每人集资 20 元，你愿意吗？1 = 愿意　2 = 不愿意
a. 道路			
b. 学校			
c. 灌溉			
d. 饮用水			
e. 诊所			
f. 生活垃圾处理			

续表

项目名称	2008 年以来，是否有相关项目实施？ 1 = 是　2 = 否	如果上级政府给村里 10 万元，你觉得这六类项目的投资优先顺序是怎样的？（1—6 排序，1 = 最先，2 = 其次，……）
a. 农村低保		
b. 环境改造		
c. 新型农村合作医疗		
d. 农业生产补贴		
e. 修公共设施		
f. 新型农村养老保险		

I. 村务管理	单位/编码	2011 年
1. 2011 年县乡镇一共组织村干部召开过多少次会议（不包括选举方面的会议）？	次	
2011 年县乡总共给村里发过多少个红头文件？	个	
2a. 2011 年你村是否进行过土地大调整？	1 = 是→第 4 题 2 = 否	
村里进行土地大调整是否需要乡里批准？	1 = 一定要 2 = 只要打招呼 3 = 不要	
一般来说，新娶进媳妇时能分到地吗？	1 = 立即分到 2 = 有地时能分到 3 = 只有到下次调整时 4 = 不能 5 = 其他（请说明）	
4a. 一般来说，嫁到村外的女子能否保留她在本村的土地？	1 = 保留 2 = 取决于婆家是否分到地 3 = 不能保留 4 = 其他（请说明）	
新出生的孩子能分到地吗？	1 = 立即分到 2 = 有地时能分到 3 = 只有到下次调整时 4 = 不能 5 = 其他（请说明）	
一般来说，家里有人去世的话，土地是否收回？	1 = 收回 2 = 不收回	

续表

I. 村务管理	单位/编码	2011 年
本村村民和城镇户口的人结婚后，能否保存她的那份地？	1 = 能 2 = 由家庭决定 3 = 收回土地 4 = 其他（请说明）	
本村有多少离婚的妇女？	人	
外村嫁到本村的妇女离婚后，能否保存她的那份地？	1 = 能 2 = 由家庭决定 3 = 收回土地 4 = 其他（请说明）	
嫁到外村的妇女，离婚后回到娘家，能否再分到地？	1 = 能 2 = 由家庭决定 3 = 不能 4 = 其他（请说明）	
妇女丧偶后，能否保存她的那份地？	1 = 能 2 = 由家庭决定 3 = 收回土地 4 = 其他（请说明）	
本村共有多少村民没有地？	人	
若本村有无地的村民，这些村民为什么没有地？（请按顺序列出最重要的原因、次重要的原因、第三重要的原因）	1 = 村民将土地还给村 2 = 村将土地收回 3 = 村里无土地可分 4 = 村外的人迁入本村 5 = 其他（请说明）	
在无地的村民中，有多少人是女性？	人	
这些无地的女村民中，她们当中有多少比例的人在娘家的村还有土地？	%	
对无地的妇女是否有补助措施？	1 = 有 2 = 没有	

J1.

2008 年以来历任村干部基本情况表

注：从 2008 年往 2011 年数，依次为 2008 年在任，第二任、第三任，以此类推。

	3	4	5	6	7	8	9	10	11	12	12a
	姓名	上任时间		卸任时间		性别	现在年龄	上任文化程度	上任前主要职业（可多选）	如何当选？	是否主任书记一肩挑？
		年	月	年 如果仍然在，写9999	月	1 = 男 2 = 女		1 = 文盲 2 = 小学 3 = 初中 4 = 高中，中专 5 = 大专及以上	1 = 只务农 2 = 打工 3 = 个体户、做生意 4 = 村/组干部 5 = 复员军人 6 = 其他（请说明）	1 = 村民直接选举产生 2 = 村委会选举产生 3 = 上级单位委任 4 = 村支部选举 5 = 其他（请说明）	1 = 是 2 = 否
村长：											
2008 年在任的村主任											
第二任村主任											
第三任村主任											
第四任村主任											
第五任村主任											
支书：											
2008 年在任的支书											
第二任村支书											
第三任村支书											
第四任村支书											
第五任村支书											

J2. **村干部工资、奖励情况**

		单位/编码	2011 年
1	村主任平均每年工资多少元?	(元/年)	
2	村主任最重要的考核指标?(只能单选)	1 = 计划生育; 2 = 税费收缴情况; 3 = 经济发展; 4 = 招商引资; 5 = 其他 (请说明)	
3	村主任考核指标和报酬挂钩吗?	1 = 是; 2 = 不是→第 5 题	
4	村主任完不成最重要的考核指标, 会扣工资的百分之多少?	1 = 少于 10%; 2 = 等于 10%; 3 = 大于 10%; 4 = 不扣	
4a	村主任完成最重要的考核指标, 会奖励工资的百分之多少?	1 = 少于 10%; 2 = 等于 10%; 3 = 大于 10%; 4 = 不奖励	
5	村支书平均每年工资多少元?	(元/年)	
6	村支书最重要的考核指标?(只能单选)	1 = 发展党员; 2 = 计划生育; 3 = 税费收缴情况; 4 = 经济发展; 5 = 招商引资; 6 = 其他 (请说明)	
7	村支书考核指标和报酬挂钩吗?	1 = 是; 2 = 不是→第 9a 题	
8	村支书完不成最重要的考核指标, 要扣工资的百分之多少?	1 = 少于 10%; 2 = 等于 10%; 3 = 大于 10%; 4 = 不扣	
8a	村支书完成最重要的考核指标, 要奖励工资的百分之多少?	1 = 少于 10%; 2 = 等于 10%; 3 = 大于 10%; 4 = 不奖励	
9a	2011 年村主任有没有完成考核指标?	1 = 完成; 2 = 没完成	
9b	2011 年村支书有没有完成考核指标?	1 = 完成; 2 = 没完成	

K.　　　　　　**土地利用变化情况**

1. 2008 年以来行政村或村民小组土地被征（占）用过或者改变过用途吗？____。

1 = 有，2 = 没有→表 L

		单位	第一次	第二次	第三次	第四次
2	征（占）地或用途变化年份	年				
3	征（占）或用途变化类型	1 = 征地→第 5 题；2 = 占地；3 = 土地入股；4 = 土地集体承包；5 = 其他（请说明）				
4	占地或利用变化期限共几年？	年，如果是永久性占用填 9999				
5	征（占）地或利用变化数量	亩				
6	所征（占）或利用变化土地类型	1 = 耕地；2 = 园地；3 = 林地；4 = 荒山；6 = 宅基地；6 = 其他（请说明）				
7	哪一级部门征（占）地或利用变化	1 = 小组或村，2 = 乡镇，3 = 县，4 = 县以上政府，5 = 其他（请说明）				
8	征（占）地或利用变化用途	1 = 修路和桥（铁路和公路）；2 = 建公益事业；3 = 企业用地；4 = 建开发区；5 = 宅基地；6 = 其他（请说明）				
9	影响到几个村民小组？	个				
10	影响到几个农户？	户				
11	收到多少补偿款、承包费或者红利？	万元				
12	其中：农户得到多少补偿款、承包费或者红利？	万元				
13	小组得到多少补偿款、承包费或者红利？	万元				
14	村集体得到多少补偿款、承包费或者红利？	万元				
15	补偿款、承包费或者红利的支付方式	1 = 一次性支付；2 = 分期支付；3 = 其他（请说明）				

L.　　环境污染问题

1 过去 4 年，以下污染是否恶化 1 = 是，2 = 否			2 主要由哪些原因引起？请排序（1 为最重要原因，依次递减）						3 污染的危害请描述	4 污染是否有季节性 1 = 是；2 = 否→下一行	5 为什么有季节性？请描述
			化肥使用	农药使用	工业发展	动物粪便	生活垃圾	其他			
1	土壤										
2	饮用水										
3	湖河水										
4	空气										

L1.　　垃圾收集、清运与处理

1	本村是否雇人收集垃圾	1 = 是；2 = 否→第 9 题	
2	垃圾收集方式	1 = 挨家挨户收→第 4 题；2 = 在指定的垃圾堆放点收； 3 = 其他，请说明→第 4 题	
3	共设有几个垃圾堆放点？	个	
4	雇人收垃圾一年总共花多少钱？	元/年	
5	钱从哪儿来？	1 = 村民集资；2 = 村里； 3 = 乡镇或街道办及以上政府；4 = 其他，请说明	
6	垃圾是否运送到垃圾处理厂处理？	1 = 是；2 = 否→第 9 题	
7	垃圾处理厂离村委会多远？	公里	
8	谁负责出钱运送垃圾？	1 = 村民集资；2 = 村里； 3 = 乡镇或街道办及以上政府；4 = 其他，请说明	
9	垃圾最终是如何处理的？	1 = 裸露或扔坑或沟里；2 = 掩埋； 3 = 焚烧；4 = 扔水里； 5 = 其他，请说明	
10	本村是否有专人负责清扫马路	1 = 是；2 = 否→第 13 题	
11	雇人清扫马路一年总共花多少钱？	元/年	
12	雇人清扫马路的钱从哪儿来？	1 = 村民集资；2 = 村里；3 = 乡镇或街道办及以上政府；4 = 其他，请说明	
13	政府对农户建卫生厕所有无补助？	1 = 有；2 = 没有→第 15 题	
14	有多少户拿到补贴？	户	
15	政府对农户建沼气有无补助？	1 = 有；2 = 没有→表 L2	
16	有多少户拿到补贴？	户	

L2. **工业发展情况**

1	你们村有没有企业或工厂（雇员 3 人以上）？1 = 是；2 = 否→第 7 题 __________				
2	请按企业规模列出前 4 个：	企业 1	企业 2	企业 3	企业 4
3	是什么企业？（请描述企业类型或所生产的产品）				
4	企业建立时间？（年份）				
5	雇员有多少人？（人）				
6	其中，多少雇员是本村人？（人）				
7	除以上企业外，附近是否有企业对本村有污染？1 = 是；2 = 否→第 13 题__________				
8	请按污染严重程度列出前 3 个：	企业 1	企业 2	企业 3	
9	是什么企业？（请描述企业类型或所生产的产品）				
10	企业建立时间？（年份）				
11	雇员有多少人？（人）				
12	其中，多少雇员是本村人？（人）				
13	近 10 年来有没有附近的污染企业搬迁走了？1 = 是；2 = 否→表 N __________				
14	请按污染严重程度列出前 3 个：	企业 1	企业 2	企业 3	
15	是什么企业？（请描述企业类型或所生产的产品）				
16	企业是哪一年迁走的？（年份）				
17	雇员有多少人？（人）				
18	其中，多少雇员是本村人？（人）				

N. **新型农村合作医疗（新农合）**

	问题	单位	2011 年
0	贵村有多少农业人口？	人	
5	村民参加新农合的保费是否是由村集体缴纳的？	1 = 是；2 = 否→第 7 题	
6	集体帮每位村民缴纳了多少钱？	元/人	
7	贵村有多少比例的村民参加了新农合？	%	
8	贵村村民参加新农合是以什么为基本单位？	1 = 户（全体家庭成员必须参加）；2 = 个人	
8a	您觉得与 2007 年相比，村民参合的积极性如何？	1 = 上升；2 = 不变→第 9a 题；3 = 下降	

续表

	问题	单位	2011 年
8b	变化的原因是什么？	请文字描述	
9a	贵村实施的新农合是否设有门诊统筹？	1 = 是；2 = 否	
10	贵村实施的新农合是否设有住院统筹？	1 = 是；2 = 否	
11	贵村实施的新农合是否设立了家庭账户？	1 = 是；2 = 否	
11a	2011 年贵村有多少村民从新农合报销了住院费？	人次	
11b	您估计自新农合实施以来，一共有多大比例的参合者曾从新农合报销过住院费？	%	
13	2011 年贵村新农合参合患者从新农合一次性报销最多的报回来多少钱？	元	
14	报销最多的这个参合患者患的是什么病？	1 = 感冒发烧； 2 = 腹泻和痢疾；3 = 工伤/打伤； 4 = 腰痛/风湿/关节炎； 5 = 呼吸道疾病（肺炎等）； 6 = 消化道疾病（肠胃炎等）； 7 = 高血压；8 = 心脏病；9 = 肺结核； 10 = 百日咳；11 = 脑膜炎；12 = 白喉； 13 = 皮肤病；14 = 妇科病； 15 = 阑尾炎；16 = 肝炎；17 = 疟疾； 18 = 癌症；19 = 残疾； 20 = 地方病，请注明； 21 = 其他，请注明	
15	报销最多的这个人在哪里看的病？	1 = 本村诊所； 2 = 外村诊所； 3 = 乡镇卫生院； 4 = 县医院； 5 = 县外医院； 6 = 其他，请注明	
16	报销最多的这个人看病的总费用是多少钱？	元	
17	你村是否有参加新型农村合作医疗的村民看了大病报销不了的情况？	1 = 有； 2 = 无→表 P	
18	为什么此人看了大病报销不了？	请文字说明	

P. **新型农村养老保险（新农保）**

P1. 新农保基本情况		单位/选项	答案	
1	2012 年贵村实施新型农村养老保险（以下简称“新农保”）了吗？	1 = 是→第 3 题； 2 = 否		
2	你认为贵村哪一年会开始实施新农保？	年→结束		
3	贵村从哪一年开始实施新农保的？	年		
4	该年贵村实施新农保了吗？	1 = 是； 2 = 否→下一年		
P2. 新农保基金筹集情况		**单位/选项**	**2009 年**	**2011 年**
5	该年贵村居民如果没有参与其他社会养老保险是否可以参加新农保？	1 = 是； 2 = 否		
6	该年贵村居民参加新农保时，是按户参保还是按个人参保？	1 = 按户； 2 = 按个人		
7	该年贵村符合新农保参保缴费条件的人中有多少人参加新农保并缴费？	人		
8	对于新农保的一般参保人，除了上级政府补贴外，该年贵村是否给他们个人代缴保费？	1 = 有； 2 = 没有		
9	对于新农保的一般参保人，除了上级政府补贴外，该年贵村对个人缴费有没有补助？	1 = 有； 2 = 没有→第 12 题		
10	该年贵村对个人缴纳保费最高那一档每人每年补助多少钱？	元/人/年		
11	该年贵村对个人缴纳保费最低那一档每人每年补助多少钱？	元/人/年		
12	对农村重度残疾人参加新农保，该年贵村会替他们代缴个人需缴纳的保费吗？	1 = 会； 2 = 不会→第 14 题		
13	对每个重度残疾人的个人缴费，该年贵村代缴了多少钱？	元/人/年		
14	对于低保户参加新农保，该年贵村会替他们代缴个人需缴纳的保费吗？	1 = 会；2 = 不会→第 16 题		
15	对每个低保对象的个人缴费，该年贵村代缴了多少钱？	元/人/年		
16	对于低保户、重度残疾以外的其他特殊人群参加新农保，该年贵村会替他们代缴个人需缴纳的保费吗？	1 = 会，请说明； 2 = 不会→第 18 题		
17	对每个特殊人群的个人缴费，该年贵村代缴了多少钱？	元/人/年		
18	该年贵村对于新农保参保人及其缴费情况进行公示吗？	1 = 是；2 = 否		

续表

	P3. 新农保养老金待遇及领取	单位/选项	2009 年	2011 年
19	该年贵村有多少人符合领取新农保养老金条件?	人		
20	该年贵村实际有多少人领取了新农保的养老金?	人		
21	对于不需缴新农保保费即可领取基础养老金的老年人，如果想领取新农保的基础养老金，该年贵村是否要求其符合参保条件的子女必须参与新农保?	1 = 是; 2 = 否		
22	该年村新农保参保人身故时，有多少丧葬补贴?	元		
	P4. 新农保基金管理	**单位/选项**	**2009 年**	**2011 年**
23	该年贵村新农保参保人去哪里缴纳个人保费?	1 = 本村; 2 = 到乡镇; 3 = 到县里; 4 = 其他，请说明		
24	该年贵村新农保参保人如何缴纳个人保费?	1 = 交给村协办员; 2 = 到乡镇劳保所缴纳; 3 = 县新农保中心; 4 = 银行等金融机构; 5 = 其他代办机构，请说明		
25	该年贵村新农保参保人可缴纳个人保费的时间?	1 = 必须在指定时间内缴纳; 2 = 全年随时可以缴纳 3 = 其他，请说明		
26	该年贵村是否允许新农保参保人变更个人缴费档次（即与上一年的缴费档次不一样）?	1 = 是; 2 = 否→第 28 题		
27	如果新农保参保人想变更个人缴费档次，该年贵村是否要求其提交书面申请?	1 = 是; 2 = 否		
28	该年贵村符合条件的人去哪里领取新农保的养老金?	1 = 本村; 2 = 到乡镇; 3 = 到县里; 4 = 其他，请说明		
29	该年贵村符合领取养老金条件的人多少个月可以领到一次新农保发放的养老金?	月		

续表

P5. 新农保人员配置及开展第一年的宣传推广		单位/选项	新农保第一年	
30	该年贵村共有多少新农保协办员？	人 如果填0，跳到第36题		
31	该年贵村的新农保协办员是否有固定的补助？	1 = 是；2 = 否→第33题		
32	对新农保协办员的固定补助金额多少？	元/月		
33	对于参保率高的村，上级政府是否对新农保协办员有奖励？	1 = 是；2 = 否→第36题		
34	是按户数奖励还是按人数奖励？	1 = 按户数；2 = 按人数		
35	奖励标准是多少？	元		
36	该年贵村宣传推广新农保采取了哪些方式？（可以多选）	1 = 宣传单、手册； 2 = 广播、电视； 3 = 宣传车； 4 = 标语、墙报； 5 = 其他，请说明		
37	该年贵村累计组织开展过多少次新农保的宣传活动？	次		
38	该年贵村每次新农保宣传活动平均持续多少天？	天		

问卷编码：□□□□□□

调查员互查__________，互查调查员签名__________

查表人一查__________，查表人签名__________

查表人二查__________，查表人签名__________

查表人三查__________，查表人签名__________

农户问卷

省：__________

市（地区）、县：__________

乡镇：__________

村：__________

组：__________

被访谈人姓名：__________

电话号码：__________

访谈日期：__________　　　　访谈员：__________

A.

2011 年底农户家庭基本情况

调查员请注意：1. 本研究所说的家庭成员包括：1）户主及其配偶本人。

2）户主及其配偶未分家（未出嫁）的子女（包括学生、军人、在外工作的人等等）。

3）如果子女已分家（出嫁），但仍然住在一起，而且在一起吃饭也是家庭成员；如果不住在一起，则不算。

4）其他亲戚或者非亲戚但在家住超过 3 个月的人，如保姆、孙子孙女等。

2. 对于 2008 年（或 2005 年）调查过的农户而且换户主的情况，下表 01 题中跟户主的关系可以变，但是个人编码不能变。

00 这是什么类型的农户？（　　　　）1 = 2005 年和 2008 年都调查过；2 = 仅 2008 年调查过；3 = 仅 2005 年调查过；4 = 2005 年和 2008 年都没有调查过。

个人编码	01 与户主的关系 代码 1	02 性别 1 = 男；2 = 女	03 年龄 周岁	03a 是否上过学？ 1 = 是 2 = 否→第 04 题	03b 还在上学吗？ 1 = 是》03d 2 = 否	03c 受教育程度→第 04 题 代码 2	03d 现在上几年级？ 代码 2	04 自 2008 年调查至今是否一直是家庭成员？ 1 = 2008 年和 2011 年都是；2 = 只有 2008 年是→下一人；3 = 只有 2011 年是；4 = 只有 2005 年是→下一人	06 户口类型 1 = 农业；2 = 非农业；3 = 没户口；4 = 其他，注明	06a 有没有地（包括娘家的地）？ 1 = 有；2 = 没有；3 = 其他，注明	07 是否村领导？ 1 = 是；2 = 否→第 09 题	08 担任何种村领导？职务？ 代码 3	09 是否党员？ 1 = 是；2 = 否
101													
102													
103													
104													
105													
106													
107													
108													

代码 1：1 = 户主；2 = 配偶；3 = 孩子；4 = 孙子；5 = 父母；6 = （外）祖父母；7 = 兄弟姐妹；8 = 儿媳女婿；9 = 亲戚；10 = 其他（请注明）＿＿＿＿＿。

代码 2：0 = 文盲；1 = 小学一年级；2 = 小学二年级；3 = 小学三年级；4 = 小学四年级；5 = 小学五年级；6 = 小学六年级；7 = 初中一年级；8 = 初中二年级；9 = 初中三年级；10 = 高中一年级；11 = 高中二年级；12 = 高中三年级；13 = 中专；14 = 大专；15 = 大学；21 = 学前班（不包括幼儿园）；22 = 其他（请注明）。

代码 3：1 = 支书；2 = 副支书；3 = 村主任；4 = 副村主任；5 = 文书；6 = 小组长；7 = 妇女主任；8 = 村民代表；9 = 包/驻村干部；10 = 其他（请注明）＿＿＿＿＿。

B. 就业

B1.

家庭成员就业情况

调查员请注意：1. 表 B1 调查所有 16 周岁以上而且出现在表 A 中的家庭成员，未满 16 岁的不问表 B1。

2. 自营工商业包括大规模饲养家禽或家畜等。“大规模”可以理解为“专业户”。

	01	02	02a　02b	03	04	05	按照从事时间长短来算，2011 年最主要的非种养工作			2011 年第二位重要的非种养业工作		
个人编码	是否本人回答问题？ 1 = 是 2 = 否	2011 年是否干活（包括务农及非农工作）？ 1 = 是→第 04 题 2 = 否	哪年哪月开始不干活？（如果是在校生，填 9999） 超过 2 年则不填写月数 年　　月	2011 年没干活的最主要原因 1 = 年老 2 = 身体不好 3 = 待业　4 = 只做家务 5 = 上学　6 = 其他（请注明）→下一人	2011 年是否务农？ 1 = 是 2 = 否	2011 年是否有非种养业收入？ 1 = 是 2 = 否→下一人	06 职业编码	07 具体工作说明（文字注明）	08 2011 年工作了几个月？ 月	09 是否有第二位的非种养业工作？ 1 = 是 2 = 否→表 B2 的第 12 题	10 2011 年从第二位重要工作收入现金多少钱？ 元	11 2011 年从第二位重要工作收入其他实物多少钱？ 元 →表 B2 的第 12 题
101												
102												
103												
104												
105												
106												
107												
108												

职业编码：1 = 农业务工；2 = 工厂工人；3 = 建筑业工人；4 = 工匠（木匠、泥水匠、瓦工等）；5 = 矿业工人；6 = 其他工人（请注明）；7 = 商业工作人员；8 = 企业管理人员；9 = 服务行业（美容、理发、餐厅服务员、司机、厨师、保安等）；10 = 办事人员（秘书、勤杂人员等）；11 = 村组干部；12 = 各类专业技术人员（教师、医生等）；13 = 党政企事业单位负责人；14 = 其他（请注明）。

B2.

2011 年最主要非种养业工作

调查员请注意：1. 表 B2 问表 B1 中有非种养业工作的人的最主要的非种养业工作。

2. 表 B2 只访谈出现在表 A 中的所有 16 周岁以上家庭成员。　　3. 自营工商业包括大规模（“专业户”）饲养家禽或家畜等。

	12	13	14	15	16	17	18	19	20	21	22	23	24	25
个人编码	平均每月工作天数 天	平均每天工作小时 小时	截至 2011 年底，在这个行业工作了多久？ 超过 2 年则不填写月数		2011 年工作地点	是给自家或联户企业工作吗？【联户也叫合伙】	2011 年累计按月发的现金收入？	2011 年累计不按月发的现金收入？	2011 年累计实物报酬？	雇主是否免费提供住房	2011 年雇主提供免费住房多长时间	2011 年雇主是否免费提供伙食	2011 年雇主提供免费伙食多长时间？	2011 年工作时是否住在家中？
			年	月	1 = 本村 2 = 本乡非本村 3 = 本县非本乡 4 = 本省非本县 5 = 外省 6 = 外国	1 = 是→下一人 2 = 否（指拿工资的）	包括计时工资，平均计件工资，奖金,月津贴,月补贴等 元/年	包括年终奖金,年津贴,医疗补助,年节补贴等 元/年	包括平时发的劳保福利卫生用品，也包括年节发的食品、饮料等各种实物 元/年	1 = 是 2 = 否→第 23 题	月	1 = 是 2 = 否→第 25 题	月	1 = 是 2 = 否
101														
102														
103														
104														
105														
106														
107														
108														

注：要交份钱的出租车司机视为“拿工资”。村小组长或者支书的工作时间：让他本人尽量估计每个月工作多少天，每天工作多少小时。

B3.

家庭成员的就业史（不包括家务劳动）

调查员请注意：表 B3 只访谈表 A 中年满 16 周岁以上的家庭成员。

个人编码	问题	单位/代码	2008 年	2009 年	2010 年
（ ）	01 是否自营工商业？	1 = 是 2 = 否			
	02 是否拿工资？	1 = 是 2 = 否			
	03 大部分时间（半年以上非农就业）是否住在家里？	1 = 是 2 = 否			
	04 从事农业程度	1 = 不务农；2 = 边工作边务农；3 = 只务农；4 = 其他，注明			
（ ）	05 是否自营工商业？	1 = 是 2 = 否			
	06 是否拿工资？	1 = 是 2 = 否			
	07 大部分时间（半年以上非农就业）是否住在家里？	1 = 是 2 = 否			
	08 从事农业程度	1 = 不务农；2 = 边工作边务农；3 = 只务农；4 = 其他，注明			
（ ）	09 是否自营工商业？	1 = 是 2 = 否			
	10 是否拿工资？	1 = 是 2 = 否			
	11 大部分时间（半年以上非农就业）是否住在家里？	1 = 是 2 = 否			
	12 从事农业程度	1 = 不务农；2 = 边工作边务农；3 = 只务农；4 = 其他，注明			
（ ）	13 是否自营工商业？	1 = 是 2 = 否			
	14 是否拿工资？	1 = 是 2 = 否			
	15 大部分时间（半年以上非农就业）是否住在家里？	1 = 是 2 = 否			
	16 从事农业程度	1 = 不务农；2 = 边工作边务农；3 = 只务农；4 = 其他，注明			
（ ）	17 是否自营工商业？	1 = 是 2 = 否			
	18 是否拿工资？	1 = 是 2 = 否			
	19 大部分时间（半年以上非农就业）是否住在家里？	1 = 是 2 = 否			
	20 从事农业程度	1 = 不务农；2 = 边工作边务农；3 = 只务农；4 = 其他，注明			
（ ）	21 是否自营工商业？	1 = 是 2 = 否			
	22 是否拿工资？	1 = 是 2 = 否			
	23 大部分时间（半年以上非农就业）是否住在家里？	1 = 是 2 = 否			
	24 从事农业程度	1 = 不务农；2 = 边工作边务农；3 = 只务农；4 = 其他，注明			

C. 2011 年底家庭资产情况

调查员注意：1. 期房填在住房情况部分。2. 对于民用和商用混在一起的资产，如果主要用途是民用，填在表 C2；如果主要用途是商用，则填在表 C4。

C1. **2011 年底年住房情况**

	单位 /代码	第一处住房	第二处住房	第三处住房
01 你家有几间正房？	间			
02 你家有几间厢房？	间			
02b 建筑面积有多大？	平方米（1 亩 =667 平方米，1 亩 =10 分；1 米 =3 尺；1 丈 =10 尺）			
02a 宅基地面积有多大？	平方米			
03 房产现值？	万元			
04 房子结构？	1 = 草房；2 = 土房；3 = 木房；4 = 砖瓦房；5 = 混凝土房；6 = 其他（请注明）________			

C2.

2011 年底农具、役畜和家具

调查员注意：表 C2 所说的是役畜，不要与一般肉用畜禽混淆！如果某项物品是农户与别人合买的，填写该农户可得的钱数。

生产工具	数量	现在卖，值多少元？	生产工具	数量	现在卖，值多少元？	其他生产工具	数量	现在卖，值多少元？
拖拉机			手扶拖拉机			马/驴/骡		
联合收割机			汽车后拖车			耕牛		
打谷机或脱粒机			马车			母猪		
扬场机或风车			船			奶牛		
耕地机器或器械			机井			其他役畜		
家畜饲料加工机			水泵			其他 2（说明，　　　）		
米面磨坊、食品加工机			其他 1（说明，　　　）			其他 3（说明，　　　）		
资产名称	**数量**	**现在卖，值多少元？**	**资产名称**	**数量**	**现在卖，值多少元？**	**资产名称**	**数量**	**现在卖，值多少元？**
电视机			煤气或液化气炉具（含抽油烟机）			热水器		
照相机			小汽车			其他 1，（如古董或琴等，注明）		
洗衣机			摩托车或电动车			其他 2（　　　）		
电脑			抽水马桶			其他 3（　　　）		
电冰箱或冰柜			修房建材			其他 4（　　　）		

C3. **2011 年其他财产情况表（包括养殖禽畜存量、商业经营资产存量）**

调查员注意：1. 表 C3 所说的畜禽不能与表 C2（见第 6 页）中的役畜重复。2. 表 C3 中的金额是指总额，不是指单位畜禽的金额。3. 净赚指的是扣除物质成本。4. 如果 2011 年什么都没有养，则填 0，并跳到表 C4。

		畜禽 1	畜禽 2	畜禽 3	畜禽 4	畜禽 5	畜禽 6	畜禽 7	其他畜禽
		禽畜代码：____	禽畜代码：____	禽畜代码：____	禽畜代码：____	禽畜代码：____	禽畜代码：____	禽畜代码：____	禽畜代码：____
00. 2011 年存栏最多时有多少头（只）									
2011 年底存栏	如果出售，可净赚多少钱？（元）								
出售	净赚多少钱？（元）【亏本填负值】								
自食	如果出售，可净赚多少钱？（元）								
死亡	净损失多少钱？（元）								
其他（例如互赠，赠出用负值记入）	净赚多少钱？（元）								
饲养方式	1 = 家庭散养；2 = 圈养；3 = 草场牧养；4 = 圈养和牧养结合，圈养为主；5 = 圈养和牧养结合，牧养为主								
粪便处理方式（指最主要的）	1 = 堆肥后还田；2 = 直接还田；3 = 出售；4 = 送人或付费请人拉走；5 = 沼气；6 = 其他，请注明								
如果有粪便被卖掉，单价多少？	元/吨【1 吨 = 1000 公斤】								

禽畜代码：1 = 肉猪；2 = 仔猪；3 = 羊；4 = 肉牛；5 = 鸡；6 = 鸭；7 = 鹅；8 = 蛋禽；9 = 其他（请注明）。

C4.　**2011 年底自营工商业的资产（自营工商业包括联户经营的）**

调查员注意：如果是有厂房出租收租金的，厂房部分填到 C4 这里。

类别/名称	现在卖掉资产，你家会得多少钱？ （如果已经卖了填实际卖了多少钱）（元）	你家会分摊多少负债？ （如果已经卖了填实际负债数）（元）

C5.

其他废弃物处理（2011 年的情况）

1	村里有没有派人收集垃圾？	1 = 有；2 = 没有→第 6 题	
2	夏天平均多长时间收集一次？（如回答满了就收，要追问出平均天数）	1 =1—2 天一次；2 =3—7 天一次；3 =7 天以上，请注明	
3	你家把垃圾放到了指定收集点吗？	1 = 是；2 = 否	
4	你家距离最近的指定堆放点有多远？	米	
5	你家交了垃圾费吗？	1 = 是→第 8 题；2 = 否	
6	如果村里雇人每天运走垃圾，条件是每户每月交 5 元钱，你愿意吗？	1 = 是》8 题；2 = 否	
7	如果村里雇人每天运走垃圾，条件是每户每月交 2 元钱，你愿意吗？	1 = 是；2 = 否	
8	厨余垃圾处理方式（剩饭、菜叶梗、肉类残余等）	1 = 扔掉；2 = 堆肥；3 = 沼气；4 = 饲料；5 = 其他，请注明	
9	可回收垃圾处理方式（纸、瓶子、金属等）	1 = 扔掉；2 = 出售；3 = 燃烧；4 = 其他，请注明	
10	不可回收垃圾处理方式（包装袋、玻璃等）	1 = 扔掉；2 = 掩埋；3 = 燃烧；4 = 其他，请注明	
11	你家厕所类型	1 = 水冲；2 = 旱厕；3 = 自家没厕所→第 13 题；4 = 其他，请注明	
12	你家建厕所是否得到了政府补助？	1 = 是；2 = 否	
13	粪便最终是如何处理的？（＊堆肥也称沤肥，指用有机垃圾、粪便和泥土混合在一起，经过发酵而制成的有机肥料）	1 = 堆肥后还田；2 = 未经过堆肥直接还田；3 = 出售；4 = 送人或付费请人拉走；5 = 沼气；6 = 水冲走或渗透到地下；7 = 其他，请注明	
14	10 年前粪便是如何处理的？	1 = 堆肥后还田；2 = 未经过堆肥直接还田；3 = 出售；4 = 送人或付费请人拉走；5 = 沼气；6 = 水冲走或渗透到地下；7 = 其他，请注明	

C6. **环境污染（2011 年的情况）**

1	你家附近有没有中小企业或工厂污染（雇员 3 人以上）？1 = 有；2 = 无→第 6 题 ____		
2	请按照污染严重程度列出前 3 个：	企业 1	企业 2	企业 3
3	是什么企业？（请描述企业类型或所生产的产品）			
4	自建立以来污染程度如何变化？1 = 减轻；2 = 不变；3 = 更严重			
5	你们小组有多大比例的农户受到污染？（%）			
6	您家附近是否有工业以外的其他污染源？1 = 有；2 = 无→表 D			
7	有哪些污染？请描述			

D.

2011 年耕地情况

注意："承包"指的是农户从村或者小组集体包的；转出转入指的是农户之间的。切记不能重复计算。

承包费、转出费和转入费指的是总的费用，而不是单位面积的费用。

问题	2011 年						
	责任田/地（亩）	承包田/地（亩）【如果是0，不用问承包费】	承包费（元）	转出田/地（亩）【如果是0，不用问转出费】	转出费（元）	转入田/地（亩）【如果是0，不用问转入费】	转入费（元）
1. 你家有多少亩耕地？							
2. 你家有多少亩果、茶、桑园？							
3. 你家有多少亩林地？							
4. 你家有多少亩草地？							
5. 你家有多少亩鱼塘？							
6. 你家有多少亩大棚？							
7. 其他，注明（　　　）							

E.

责任田调整或用途变化

01. 你家的责任田从 2008 年初到 2011 年底总共调整了多少次（包括征地、土地入股或集体承包）？__________次（如果 0 次→表 F）

02. 调整的年份是__________年，__________年，__________年。

	单位/代码	耕地调整或用途变化年份（从离现在最近的年份开始往前排）			果茶桑园地调整或用途变化年份（从离现在最近的年份开始往前排）		
		（　）年	（　）年	（　）年	（　）年	（　）年	（　）年
03 耕地调整时谁决定地块的分配？	1 = 村干部；2 = 抓阄；3 = 其他（请注明）						
04 调整前的面积？	亩						
05 调整前的地块数？	块						
06 调整后的面积？	亩						
07 调整后的地块数？	块						
08a 调入多少亩？【08a—08d 可以反映调整所涉及的地块和面积】	亩						
08b 调出多少亩？	亩						
08c 调入几块地 ？	块						
08d 调出几块地？	块						
09 土地变化的原因？	代码 1						
10 土地是否被征用或占用？	1 = 是；2 = 否→第 12a 题						
11 土地被征用或占用时，是否有现金补偿？	1 = 有；2 = 无→第 12a 题						
12 你家得到多少现金补偿？	元						
12a 土地是否入股？	1 = 是；2 = 否→第 12d 题						

续表

	单位/代码	耕地调整或用途变化年份（从离现在最近的年份开始往前排）			果茶桑园地调整或用途变化年份（从离现在最近的年份开始往前排）		
		（　）年	（　）年	（　）年	（　）年	（　）年	（　）年
12b 入股多少面积？	亩						
12c 土地入股，你家得到多少分红？	元						
12d 土地是否集体承包？	1 = 是；2 = 否→第 13 题						
12e 集体承包多少面积？	亩						
12f 集体承包，你家得到多少承包费？	元						
13 调整土地是由谁来决策的？	代码 2						
14 调整前对调出地进行了哪些投资？	代码 3						
15 调整后对调入地进行了哪些投资？	代码 3						

代码 1：1 = 村组土地调整；2 = 人口增减；3 = 土地被征用、占用；4 = 土地利用方式变化（比如：退耕还林、耕地变园地、新开垦的土地等）；5 = 自愿把土地交还给村；6 = 分家；7 = 土地入股；8 = 土地集体承包；9 = 其他（请注明）

代码 2：1 = 农户自己；2 = 全体村民；3 = 小组长；4 = 村主任；5 = 村委会；6 = 村支书；7 = 村支部；8 = 乡镇及以上政府；9 = 其他（请注明）__________

代码 3：1 = 没有投资；2 = 建引水渠；3 = 建排水沟；4 = 排水设备；5 = 建蓄水库；6 = 建水泥渠堤；7 = 修路；8 = 平整土地；9 = 改良土壤；10 = 兴修梯田；11 = 耕地改鱼塘；12 = 耕地改果园；13 = 塑料大棚；14 = 田边防护林；15 = 种经济林；16 = 修篱笆；17 = 打井；18 = 其他（请注明）__________

F. **项目参与情况**

F1. **2008 年初到 2011 年底你们村的公共投资项目总体情况**

调查员注意：1. 不管钱是谁投的，主要关注有没有这类公共投资项目。

2. 大型的公共维护算，小型（1 万元以下的）公共维护不算。

3. 一家一户的维护不管多大都不算。

项目编码	2008 年以来，在你村范围内是否有以下项目？ 1 = 是；2 = 否；999 = 不知道	请文字描述具体是什么项目	项目编码	2008 年以来，在你村范围内是否有以下项目？ 1 = 是；2 = 否；999 = 不知道	请文字描述具体是什么项目
11 修路/修桥			22 修建梯田		
12 修建学校			23 环境整治		
13 修建诊所（卫生室）			24 封山育林		
14 生活用水			25 公益林		
15 灌溉设施			26 退耕还林		
16 排水设施			27 修建牧场		
17 电力设施			28 文化活动场所		
18 电话线路			29 其他 1，请注明＿＿＿＿		
19 广播电视（有线电视）			30 其他 2，请注明＿＿＿＿		
20 土壤改良			31 其他 3，请注明＿＿＿＿		
21 小流域治理			32 其他 4，请注明＿＿＿＿		

注：“其他”，例如老年人活动中心、党员活动室、路灯、建垃圾站、安装垃圾箱，等等。

F2.

项目参与情况（2008—2011 年的项目）

注意：如果遇到有多个项目属于同一类，将各个项目用 A、B、C、D 区分开，如 11A、11B，等等。如果项目仍然在建，则结束年份写“9999”，结束月份写“99”。

项目编码表

11. 修路/修桥	12. 修建学校	13. 修建诊所（卫生室）	14. 生活用水	15. 灌溉设施	16. 排水设施	17. 电力设施
18. 电话线路	19. 广播电视（有线电视）	20. 土壤改良	21. 小流域治理	22. 修建梯田	23. 环境整治	24. 封山育林
25. 公益林	26. 退耕还林	27. 修建牧场	28. 文化活动场所	29. 其他 1（ ）	30. 其他 2（ ）	31. 其他 3（ ）

项目编码	1		2		3	4	5	6	7	8	9	10	11	12	13	14	15	16	17
	何时开始?		何时结束?		你所在小组受益吗?	你家受益吗?	项目实施前，你知道这个项目吗?	是谁监督工程质量?	项目实施前，是否有人征求过你的意见?	你的具体意见	你家是否投入资金?	你家投入资金总额	你家是否投入材料?	你家投入材料价值	你家是否投义务工?	在实施中你家投了多少义务工?	2011 年你是否参与项目维护?	2011 年在维护中你投入了多少钱?	2011 年在维护中你投入了多少天义务工?
	年	月	年	月	1 = 是 2 = 否	1 = 是 2 = 否	1 = 知道 2 = 不知道	1 = 村干部；2 = 村民代表；3 = 民间组织；4 = 其他，请说明	1 = 是； 2 = 否→第 9 题	1 = 非常赞成； 2 = 无所谓；3 = 坚决反对	1 = 是； 2 = 否→第 11 题	元	1 = 是； 2 = 否→第 13 题	元	1 = 是； 2 = 否→第 15 题	工日	1 = 是； 2 = 否→下一行	元	工日

G.　**农户对 2008—2011 年实施项目的评价与农户的投资意愿**

11. 修路/修桥	12. 修建学校	13. 修建诊所（卫生室）	14. 生活用水	15. 灌溉设施	16. 排水设施	17. 电力设施
18. 电话线路	19. 广播电视（有线电视）	20. 土壤改良	21. 小流域治理	22. 修建梯田	23. 环境整治	24. 封山育林
25. 公益林	26. 退耕还林	27. 修建牧场	28. 文化活动场所	29. 其他 1（　　）	30. 其他 2（　　）	31. 其他 3（　　）

G1.　**请按照项目效益好坏次序依次列出 2008—2011 年你村投资的所有投资项目的效益**

项目编码	01 此项目是否成功？ 1 = 是→第 03 题，2 = 否，999 = 不知道	02 请简单描述失败或不知道原因	03 效益次序：最有用，用处最大 1 = 最好，2 = 次好……

G2. **公共项目投资方向和优先序（注意："修建"包括翻修和新建）**

项目名称	01 村里如果现有 5 万元，你觉得在列出的项目中进行投资的优先顺序是？ （1—5 排序，1 = 最先，2 = 其次……）	02 村里如果需要每人集资 20 元来做所列的项目，你是否愿意出资？ （1 = 是，2 = 否）
a. 修建道路		
b. 修建学校		
c. 修建灌溉水利		
d. 修建饮用水设施		
e. 修建诊所		

G3. **公共资金投资方向和优先序**

项目名称	如果上级政府给村里 10 万元，你觉得这五类项目的投资优先顺序是怎样？（1—5 排序，1 = 最先，2 = 其次……）
a. 农村低保	
b. 环境改造	
c. 新型农村合作医疗	
d. 农业生产补贴	
e. 修公共设施	

H.

对公共服务的评价和比较（不要与前面问的具体项目联系起来）

调查员请注意：此处指村民所享受的公共服务，而不是指具体的某项公共设施（如某一条路）。所以，即便村里没某项硬件设施，仍然要问村民对该项公共服务的评价。

服务类型	01 满意程度？ 1 = 很满意；2 = 满意；3 = 不满意； 4 = 很不满意；5 = 无所谓； 999 = 不知道	02 与 3 年前相比？ 1 = 更好；2 = 一样； 3 = 更差； 999 = 不知道	03 与隔壁村相比？ 1 = 更好；2 = 一样； 3 = 更差；999 = 不知道
a. 道路			
b. 学校【如果村里没有学校，问多数小孩上学的学校】			
c. 诊所（卫生室）			
d. 生活用水			
e. 灌溉设施			
f. 排水设施			
g. 社区组织，如农民专业技术协会等			
h. 老年协会			
i. 其他 1，注明（　　　　）			
j. 其他 2，注明（　　　　）			
k. 其他 3，注明（　　　　）			

I. 养老保险情况

I1. **农户对新型农村养老保险的认识与参与（2011 年的情况）**

00. 被访者的个人编码（见第 2 页表 A）□□□。

	基本情况	单位/编码	2011 年
01	2011 年你们村是否实行了新型农村养老保险（以下简称“新农保”）?	1 = 是；2 = 否→第 31 题	
02	您收到过新农保的宣传单或宣传手册吗?	1 = 收到过；2 = 没收到过	
03	如果你家里有一个人想参加新农保，是不是家里符合新农保参保条件的人都必须参加?	1 = 是；2 = 否	
	对筹资情况的了解	单位/编码	2011 年
04	你知不知道新农保个人缴费分几档?	1 = 知道；2 = 不知道→第 08 题	
05	你们村新型农村养老保险个人缴费分几档?	档	
06	最高那一档每人每年缴纳多少保费?	元/人/年	
07	最低那一档每人每年缴纳多少保费?	元/人/年	
08	上级政府对参加新农保的个人缴纳保费有没有补贴?	1 = 有；2 = 没有→第 11 题；3 = 不知道→第 11 题	
09	上级政府对个人缴纳保费最高那一档每人每年补贴多少钱?	元/人/年	
10	上级政府对个人缴纳保费最低那一档每人每年补贴多少钱?	元/人/年	
11	你们村集体对参加新农保的个人缴纳保费有没有补助?	1 = 有；2 = 没有→第 14 题；3 = 不知道→第 14 题	
12	村集体对个人缴纳保费最高那一档每人每年补助多少钱?	元/人/年	
13	村集体对个人缴纳保费最低那一档每人每年补助多少钱?	元/人/年	

续表

	对筹资情况的了解	单位/编码	2011 年
14	新农保个人账户资金里面包括哪几类资金？【可以多选】	1 = 个人缴费；2 = 各级政府补贴；3 = 集体补助；4 = 其他，请注明	
15	你知不知道新农保有最低缴费年限？	1 = 知道；2 = 不知道→第 17 题	
16	新农保对符合新农保参保条件的居民要求的最低缴费年限是多少年？	年	
17	对于按年缴费后仍达不到最低缴费年限的居民，是否允许补缴？	1 = 是；2 = 否→第 20 题 ；3 = 不知道→第 20 题	
18	对于愿意补缴新农保保费的人，最高允许补缴满多少年？	年	
19	对于个人补缴的新农保保费，政府是否有补贴？	1 = 是；2 = 否；3 = 不知道	
20	是否要求中间断保的新农保参保人必须补缴断保期间的保费？	1 = 是；2 = 否→第 22 题；3 = 不知道→第 22 题	
21	对于断保期间补缴的保费，政府是否有补贴？	1 = 是；2 = 否；3 = 不知道	
	对养老金待遇及领取的了解	单位/编码	2011 年
22	你们村男性参保人年满多少岁可以开始领取养老金？	岁	
23	你们村女性参保人年满多少岁可以开始领取养老金？	岁	
24	如果你家里有人达到领养老金的年龄，是不是需要家里符合条件的人都参加新农保，他每个月才可以领到养老金？	1 = 是；2 = 否；3 = 不知道	
25	他每个月可以领到多少养老金？	元/月	
26	你知不知道新农保的基础养老金？	1 = 知道；2 = 不知道→第 28 题	
27	新农保的基础养老金为每人每月多少元？	元/月	
28	迄今为止，你们村是否有人从新型农村养老保险领取了养老金？	1 = 有；2 = 没有→第 30 题；3 = 不知道→第 30 题	

续表

对养老金待遇及领取的了解		单位/编码	2011 年
29	2011 年你家是否有人从新型农村养老保险领取过养老金？	1 = 是；2 = 否	
30	根据你个人新农保的缴费情况，到时候你每个月能够领取多少养老金？	元/月	
其他问题		单位/编码	2011 年
31	你觉得你 60 岁时，每个月最少要多少钱才能满足你个人最基本的生活需要（衣食住行）？【如果被访谈对象已经 60 岁，则问他现在的情况】	元/月	
32	如果可能的话，根据你的情况，你个人愿意每年缴纳多少保费？	元/年	
33	假设有一张新型彩票的中奖金额为 2000 元，中奖的可能性是 50%，你最多愿意支付多少钱购买这张彩票？【如果被访谈对象说什么都不愿意买，则填 0】	元	
34	假设政府要给你一笔钱，有两种给法：一种是今天给你 1000 元，另一种是一个月以后给你 1250 元。你喜欢哪一种？【单选题】	1 = 今天的 1000 元；2 = 一月后的 1250 元；3 = 两个都一样	
35	假设有一种一年后可以兑换 1000 元（包括本钱和利息）的国库券，你现在最多愿意用多少钱购买这 1000 元的国库券？【如果被访谈对象说什么都不愿意买，则填 0】	元	
36	改革开放以前你们家是什么成分？	1 = 贫农；2 = 下中农；3 = 中农；4 = 上中农；5 = 富农；6 = 地主；7 = 资本家；8 = 其他，请注明	

I2.　　农户参加农村养老保险基本情况（家庭成员中为在校学生、军人和年龄在 16 周岁以下的不用问）

调查员请注意：表 I2 需要收集表 A（见第 2 页）中所列的全部家庭成员的相关信息；如果表 I2 中的信息农户回答说“不知道”，请填“999”。

	01	02	03	04	05	06	07	08	09	10	11	12	13	14	15	16	17	18	19
16 周岁及以上个人编码	该年是否参加了新型农村养老保险（简称“新农保”）？ 1 = 参加→第 05 题； 2 = 没参加			2011 年没参加新农保的原因？ 代码 1→第 11 题	2011 年参加新农保个人一年缴纳多少保费？ 元/年/人	2011 年是否自愿参加新农保？ 1 = 是 2 = 否	2011 年参加新农保，各级政府是否对个人缴费有补贴？ 1 = 是 2 = 否→第 09 题	各级政府对个人缴费补贴多少钱？ 元/年/人	2011 年参加新农保，集体是否给个人缴费有补助？ 1 = 是 2 = 否→第 11 题	集体给个人缴费补助多少钱？ 元/年/人	是否参加过老农保？ 1 = 是→第 13 题 2 = 否	没有参加过老农保的原因？ 代码 1→下一人	哪年开始参加老农保？ 年	参加老农保时个人一年交多少钱？ 元/年/人	参加老农保时，各级政府是否给个人缴费有补贴？ 1 = 是 2 = 否→第 17 题	各级政府一年给个人缴费补贴多少钱？ 元/年/人	参加老农保时，集体是否给个人缴费有补助？ 1 = 是 2 = 否→下一人	集体一年给个人缴费补助多少钱？ 元/年/人	是否直接将老农保的个人缴费直接转移到新农保账户？ 1 = 是 2 = 否
	2009 年	2010 年	2011 年																

代码 1（未参加原因代码）：1 = 没有这种养老保险；2 = 没资格；3 = 经济负担重，交不起钱；4 = 不了解这方面的政策；5 = 手续太复杂；6 = 对上缴的保险费的管理不信任；7 = 其他，请注明。

I3. **农户参加其他养老保险基本情况（家庭成员中为在校学生、军人和年龄在16周岁以下的不用问）**

调查员请注意：该表需要收集表A（见第2页）中所列的全部家庭成员的相关信息；如果该表中的信息农户回答说“不知道”，请填“999”。

16周岁及以上个人编码	目前是否参加新农保和老农保以外的什么养老保险？ 1 = 参加→第03题；2 = 没参加	为什么没有参加其他养老保险？【单选】 代码1→下一人	参加了哪种养老保险？【可以多选】 1 = 被征地农民养老保险； 2 = 城镇居民养老保险； 3 = 城镇职工养老保险 4 = 农民工养老保险； 5 = 城乡居民养老保险； 6 = 公务员养老保险； 7 = 国企职工养老保险； 8 = 商业养老保险； 9 = 其他（请注明）	哪年参加的这种养老保险？ 年	是否知道个人每年缴纳多少保费？ 1 = 是； 2 = 否→第07题	个人每年缴纳多少保费？ 元/年	用工单位是否每年给个人缴纳多少保费？ 1 = 是； 2 = 否→第09题	用工单位每年给个人缴纳多少保费？ 元/年	各级政府是否每年给个人补贴缴纳多少保费？ 1 = 是； 2 = 否→第11题	各级政府每年给个人补贴缴纳多少保费？ 元/年	集体是否给个人补助缴纳保费？ 1 = 是； 2 = 否→下一人	集体每年给个人补助缴纳多少保费？ 元/年

代码1（未参加原因代码）：1 = 没有这种养老保险；2 = 没资格；3 = 用工单位不给交；4 = 经济负担重，交不起钱；5 = 不了解这方面的政策；6 = 手续太复杂；7 = 已经在领养老金；8 = 对上缴的保险费的管理不信任；9 = 其他，请注明。

J.

家庭税费及开支项目情况

注意：如果下列某项开支是用某项收入来抵，该项开支应该在此体现，不能因为钱没有经过农户的手就说农户没有该项开支。这里指事实上发生的现金支出。

开支项目	01 2011 年你家 有这方面的开支吗？ 1 = 是　2 = 否→下一行	02 2011 年 交了几次？ 次	03 2011 年交给谁？ 1 = 乡镇；2 = 村；3 = 小组； 4 = 个人；5 = 其他（请注明）	05 2011 年 一共交了多少钱？ 元
a. 合作医疗费				
b. 环境卫生费				
c. 电费				
d. 水费				
e. 电话费（含手机费）				
f. 动物防疫费				
g. 统一经营（收割、病虫害防治等）				
h. 灌溉费				
l. 集资办公益项目【公共项目】				
m. 承包费				
n. 工商税				
o. 新农保个人缴费				
p. 有线电视费				
q. 网络费				
r. 学费、学校杂费				
s. 礼金				
t. 农业生产雇工费用				
u. 其他 1（请注明　　　　）				
v. 其他 2（请注明　　　　）				
w. 其他 3（请注明　　　　）				
x. 其他 4（请注明　　　　）				
y. 其他 5（请注明　　　　）				

K. 农户健康状况

K0. 公共卫生服务

	一般健康管理方面	单位/编码	2011 年
01	您是否听说过居民健康档案？	1 = 是；2 = 否→第 03 题	
02	您们村卫生室是否为您建立了健康档案？	1 = 是；2 = 否；3 = 不知道	
03	您参加过村卫生室组织的健康咨询或健康讲座活动吗？	1 = 参加过；2 = 没有参加过	
04	您参加过乡镇卫生院组织的健康咨询或健康讲座活动吗？	1 = 参加过；2 = 没有参加过	
	妇幼保健方面	单位/编码	2011 年
05	您家在 2011 年有人怀孕或者生孩子吗？	1 = 有；2 = 没有→第 10 题	
06	村卫生室是否对此孕妇/产妇提供过健康教育或指导？	1 = 是；2 = 否	
07	此孕妇/产妇从怀孕到生产期一共接受过几次孕期健康检查？	次	
08	此孕妇/产妇在哪里做的上述检查？【可以多选】	1 = 本村诊所；2 = 乡镇卫生院；3 = 县医院；4 = 县外医院；5 = 其他，请注明	
09	此孕妇/产妇 2011 年怀孕和生孩子期间一共花了多少钱（不包括交通、吃饭等费用）？	元	
10	您知道国家有免费的针对孕产妇的孕期检查和健康指导服务吗？	1 = 知道；2 = 不知道	
	儿童免疫	单位/编码	2011 年
11	你家有几个 0—6 岁的孩子？	0 =0 个→第 22 题；1 =1 个；2 =2 个；3 = 3 个；4 = 其他，请注明	
12	0—6 岁孩子的个人编码	【参见第 2 页表 A】	
13	这个孩子在 2011 年是否接受过体检（不包括生病做的检查和新农合提供的体检）？	1 = 是；2 = 否→第 17 题	
14	这个孩子 2011 年最后一次体检是在哪里做的？	1 = 本村诊所；2 = 乡镇卫生院；3 = 县医院；4 = 县外医院；5 = 其他，请注明	
15	这个孩子 2011 年最后一次体检是否收费？	1 = 是；2 = 否→第 17 题	
16	2011 年这个孩子最后一次体检的收费价格	元	
17	这个孩子在 2011 年是否接种过疫苗？	1 = 是；2 = 否→第 22 题	

续表

儿童免疫		单位/编码	2011 年
18	2011 年这个孩子最后一次接种的疫苗的名称？	1 = 乙肝疫苗；2 = 卡介苗；3 = 脊灰疫苗；4 = 百白破疫苗；5 = 白破疫苗；6 = 麻风疫苗；7 = 麻腮风疫苗；8 = 乙脑疫苗；9 = 流脑疫苗 A；10 = 流脑疫苗 A + C；11 = 甲肝（减毒）疫苗；12 = 出血热疫苗（双价）；13 = 炭疽疫苗；14 = 钩体疫苗；15 = 乙脑灭活疫苗；16 = 甲肝灭活疫苗；17 = 其他，请注明	
19	2011 年这个孩子最后一次是在哪里接种的疫苗？	1 = 本村诊所；2 = 乡镇卫生院；3 = 县医院；4 = 县外医院；5 = 其他，请注明	
20	2011 年这个孩子最后一次接种的疫苗是否收费？	1 = 是；2 = 否→第 22 题	
21	2011 年这个孩子最后一次接种的疫苗的收费价格？	元	
22	您知道国家有为 0—6 岁儿童免费接种疫苗的健康服务吗？	1 = 知道；2 = 不知道	
23	您知道国家有为 0—6 岁的孩子的每年至少做一次免费体检的政策吗？	1 = 知道；2 = 不知道	
特殊病人保健方面		单位/编码	2011 年
24	您知道国家有专门针对老年人的健康服务吗？	1 = 知道；2 = 不知道	
25	您家里有高血压患者吗？	1 = 有；2 = 没有→第 28 题	
26	2011 年乡镇卫生院或村卫生室的医生是否对他/她进行定期访问，了解他的病情和康复状况？	1 = 是；2 = 否→第 28 题	
27	2011 年对他/她进行定期访问，了解他的病情和康复状况多少次？	次	
28	您知道国家有针对高血压患者的免费健康服务吗？	1 = 知道；2 = 不知道	
29	您家里有Ⅱ型糖尿病患者吗？	1 = 有；2 = 没有→第 32 题	
30	2011 年乡镇卫生院或村卫生室的医生是否对他/她进行定期访问，了解他的病情和康复状况？	1 = 是；2 = 否→第 28 题	
31	2011 年对他/她进行定期访问，了解他的病情和康复状况多少次？	次	
32	您知道国家有针对Ⅱ型糖尿病的免费健康服务吗？	1 = 知道；2 = 不知道	

K1. **农户对新型农村合作医疗的认识与参与（2011 年的情况）**

被访者的个人编码（见第 2 页表 A）□□□

	对筹资等情况的了解	单位/编码	2011 年
02	在你们村，如果一个人想参加新型农村合作医疗，是不是全家人都必须参加？	1 = 是；2 = 否；3 = 不知道	
02a	2011 年参加新农合，一个人要交多少钱？	元/人/年	
02b	各级政府有补贴吗？	1 = 有；2 = 没有→第 03 题；3 = 不知道→第 03 题	
02c	各级政府对每个参合农民补贴了多少钱？	元/人/年	
03	2011 年您是否曾收到新型农村合作医疗的宣传单/宣传手册？	1 = 是；2 = 否；3 = 不知道	
05	你所参加的新型农村合作医疗在乡镇卫生院住院的起付线是多少？	元	
06	如果村里有人在乡镇卫生院住院花了 2000 元，他报销的比例是多少？	%	
07	你所参加的新型农村合作医疗在县医院住院的起付线是多少？	元	
08	如果村里有人在县医院住院花了 2000 元，他报销的比例是多少？	%	
08c	你们县的乡镇卫生院是否实施了单病种付费？	1 = 是；2 = 否；3 = 不知道	
09	如果在本省外县住院，是否能够报销？	1 = 能；2 = 不能；3 = 不知道	
10	如果在外省住院，是否能够报销？	1 = 能；2 = 不能→第 12a 题；3 = 不知道→第 12a 题	
10a	所参加的新型农村合作医疗在省外的医院住院的起付线是多少？	元	
10b	如果村里有人在省外的医院住院花了 2000 元，他报销的比例是多少？	%	
11	如果从外省住院回来报销，报销程序是否简便？	1 = 有点麻烦；2 = 不太麻烦；3 = 方便；4 = 非常方便；5 = 不知道	

续表

	家庭参合与报销概况	单位/编码	2011 年
12a	2011 年你家有人参加新农合了吗?	1 = 参加；2 = 没参加→第 24i 题	
15a	2011 年你家是否有人从新型农村合作医疗报销过住院费?	1 = 是；2 = 否→19a	
18a	2011 年单次报销住院费最多（指报销拿到钱最多）那次，从你家里人看完病后从交上报销单据到从农村合作医疗拿到报销的医药费花了多少天?	天	
19a	2011 年你所参加的新型农村合作医疗是否设有家庭账户?	1 = 有；2 = 没有→第 24b 题；3 = 不知道→第 24b 题	
22a	2011 年你家是否使用了家庭账户中的钱?	1 = 是；2 = 否	
24a	如果你家的家庭账户的钱当年没有用完，结余如何处理?	1 = 结转下一年家庭账户；2 = 抵作下一年参加新型农村合作医疗的交费；3 = 不能再使用；4 = 其他，注明	
24b	2011 年您所参加的新农合是否设有门诊统筹?	1 = 是；2 = 否→表 K2 - 1；3 = 不知道→表 K2 - 1	
24c	2011 年门诊统筹是否设有报销封顶线?	1 = 是；2 = 否→第 24e 题；3 = 不知道→第 24e 题	
24d	2011 年门诊统筹报销封顶线的金额	元	
24e	2011 年在哪些医疗机构看病可以使用门诊统筹的钱?【可多选】	1 = 非定点诊所；2 = 村内定点诊所 ；3 = 本县非本村定点诊所；4 = 乡镇卫生院；5 = 县医院；6 = 其他（请注明）	
24f	2011 年你家是否有人从门诊统筹报销了医疗费用?	1 = 是；2 = 否→表 K2 - 1	
24g	2011 年全家一共从新农合门诊统筹报销了多少门诊费用?	元	
24h	2011 年单次报销门诊费最多那次，从你家里人看完病后从交上报销单据到从农村合作医疗拿到报销的医药费花了多少天?	天→表 K2 - 1	
24i	如果 2011 年您家没有人参加新农合，您在家庭账户中的结余如何处理了?	1 = 以前没有家庭账户；2 = 以前没有结余；3 = 继续使用，直到用完；4 = 不能再使用了；5 = 其他，请注明	

K2－1.

农户健康基本情况

调查员请注意：表 K2－1 需要收集表 A（见第 2 页）中所列的全部家庭成员的相关信息；如果表 K2－1 中的信息农户回答说“不知道”，请填“999”。）

	25	26	27	27a	28	29	30	31	32	33	34a	35	36	37	38	39	40	41
个人编码	该年是否参加了新型农村合作医疗？1＝参加→第 29 题；2＝没参加				2011 年没参加新型合作医疗原因 代码 1→第 30 题	2011 年是否自愿参加合作医疗？ 1＝自愿；2＝非自愿	2011 年的健康状况：1＝很好；2＝较好；3＝一般；4＝较差；5＝很差	2011 年是否生过病、受过伤？ 1＝是；2＝否→下一人	2011 年一共生病或受伤几次？ 次	2011 年是否去看过医生？ 1＝是；2＝否→第 42 题	2011 年是否住过院？ 1＝是；2＝否	2011 年医疗总花费（包括治疗费、医药费、住院费和检查费等医疗花费，不包括相关的吃饭、护理、交通费等） 元	其中，在村诊所看病花了多少钱？ 元	2011 年医疗总花费的来源渠道【注：35＝37＋38＋39＋40＋41】				
	2008 年	2009 年	2010 年	2011 年										新型合作医疗报销 元	家里的积蓄 元	借钱或者贷款 元	变卖家中财产 元	其他，如医疗救助等，请注明 元
101																		
102																		
103																		
104																		
105																		
106																		
107																		
108																		

代码 1（未参加合作医疗原因代码）：0＝政策变化太快；1＝没有合作医疗；2＝报销手续太复杂；3＝报销比例太小；4＝该家庭成员很少生病；5＝对上缴的保险费的管理不信任；6＝合作医疗定点医疗机构医疗水平差；7＝其他（请注明）。

K2－2.　　2011 年农户最后一次生病（受伤）的就诊信息

	问题	单位/编码	家庭成员							
			101	102	103	104	105	106	107	108
42	2011 年最后一次生病（受伤）的类型？	1＝感冒发烧；2＝腹泻和痢疾；3＝工伤/打伤；4＝腰痛/风湿/关节炎；5＝呼吸道疾病（肺炎等）；6＝消化道疾病（肠胃炎等）；7＝高血压；8＝心脏病；9＝肺结核；10＝百日咳；11＝脑膜炎；12＝白喉；13＝皮肤病；14＝妇科病；15＝阑尾炎；16＝肝炎；17＝疟疾；18＝癌症；19＝残疾；20＝地方病（注明）；21＝其他（注明）								
43	2011 年最后一次生病是否是慢性病？	1＝是；2＝否								
44	2011 年最后一次生病（受伤）病情如何？	1＝很轻；2＝一般；3＝严重；4＝很严重；5＝十分严重								
45	2011 年最后一次生病（受伤）去看医生了吗？	1＝看了→第 45b 题；2＝没有看；3＝仅到药店买药→第 57a 题								
45a	没去看医生的原因	代码 3→第 61 题								
45b	2011 年最后一次生病从发现病情到第一次就诊间隔了多长时间？	天								
45c	2011 年最后一次生病看过几次医生？	次								
46	2011 年最后一次生病最初在什么地方看的？	0＝药店买药→第 48 题；1＝本村诊所；2＝外村诊所；3＝乡镇卫生院→第 48 题；4＝县医院→第 48 题；5＝县外医院→第 48 题；6＝其他（注明）→第 48 题								
47	村医姓名	文字记录								
47a	村医代码	村诊所调查员晚上回来填写								
48	最后一次生病期间转诊了几次？	1＝0 次→第 52 题；2＝1 次；3＝2 次；4＝3 次；5＝3 次以上								
49	谁建议转诊的？（可多选）	1＝自己决定的；2＝亲戚朋友；3＝其他病人；4＝村诊所；5＝乡镇卫生院；6＝县医院；7＝县外医院；8＝其他，请注明								
50	2011 年最后一次生病最后在什么地方看的？	0＝药店买药→第 52 题；1＝本村诊所；2＝外村诊所；3＝乡镇卫生院→第 52 题；4＝县医院→第 52 题；5＝县外医院→第 52 题；6＝其他（注明）→第 52 题								

续表

	问题	单位/编码	家庭成员							
			101	102	103	104	105	106	107	108
51	村医姓名	文字记录								
51a	村医代码	村诊所调查员晚上回来填写								
52	最后就诊的医疗机构是新农合的定点机构吗?	1 = 是→第 54 题；2 = 不是								
53	为什么没有去定点医疗机构就诊?	1 = 定点医疗机构的医生治不好；2 = 定点医疗机构收费高；3 = 距离太远；4 = 不在报销范围内；5 = 在报销范围内但达不到起付线；6 = 其他（请注明）								
54	2011 年最后一次生病（受伤）是否住院?	1 = 是→第 56 题；2 = 否								
55	没住院的原因	代码 4→第 58a 题								
56	2011 年最后一次生病住院多少天?	天								
57a	2011 年最后一次生病一共花了多少钱?	（不包括相关的吃饭、护理、交通费等）元								
57	其中：住院费多少钱?	元								
58a	门诊费多少钱?	元								
58b	2011 年最后一次生病从新农合报销了多少钱?	元								
59	您觉得给您看病的医生的医疗技术水平如何?	1 = 很高；2 = 比较高；3 = 一般；4 = 比较低；5 = 很低								
60	您觉得给您看病的医生的服务态度如何?	1 = 很高；2 = 比较高；3 = 一般；4 = 比较低；5 = 很低								

代码 3（未就诊代码）：1 = 自感病轻；2 = 太远；3 = 没有钱；4 = 看不好；5 = 其他（请注明）。

代码 4（未住院代码）：1 = 自感病轻；2 = 太远；3 = 没有钱；4 = 看不好；5 = 没床位；6 = 其他（请注明）。

K2－3.　**2011 年农户最严重的一次生病（受伤）的就诊信息**

	问题	单位/编码	家庭成员							
			101	102	103	104	105	106	107	108
61	2011 最后一次生病是否当年最严重的一次生病？	1 = 是→下一人；2 = 否								
62	2011 年最严重那次生病生的是什么病？（并文字注明具体疾病名）	1 = 感冒发烧；2 = 腹泻和痢疾；3 = 工伤/打伤；4 = 腰痛/风湿/关节炎；5 = 呼吸道疾病（肺炎等）；6 = 消化道疾病（肠胃炎等）；7 = 高血压；8 = 心脏病；9 = 肺结核；10 = 百日咳；11 = 脑膜炎；12 = 白喉；13 = 皮肤病；14 = 妇科病；15 = 阑尾炎；16 = 肝炎；17 = 疟疾；18 = 癌症；19 = 残疾；20 = 地方病（注明）；21 = 其他（注明）								
63	2011 年最严重那次生病是不是慢性病？	1 = 是；2 = 否								
64	2011 年最严重那次生病的病情严重吗？	1 = 很轻；2 = 一般；3 = 严重；4 = 很严重；5 = 十分严重								
65	2011 年最严重那次生病去看了医生吗？	1 = 看了→第 65b 题；2 = 没有看；3 = 仅在药店买药→第 77a 题								
65a	没去看医生的原因	代码 3→下一人								
65b	2011 年最严重那次生病从发现病情到第一次就诊间隔多少天？	天								
65c	2011 年最严重那次生病去看了几次医生？	次								
66	2011 年最严重那次生病最初是在什么地方看的？	0 = 药店买药→第 68 题；1 = 本村诊所；2 = 外村诊所；3 = 乡镇卫生院→第 68 题；4 = 县医院→第 68 题；5 = 县外医院→第 68 题；6 = 其他（注明）→第 68 题								
67	村医姓名	文字记录								
67a	村医代码	村诊所调查员晚上回来填写								
68	2011 年最严重那次生病转诊了几次？	1 = 0 次→第 72 题；2 = 1 次；3 = 2 次；4 = 3 次；5 = 3 次以上								

续表

	问题	单位/编码	家庭成员							
			101	102	103	104	105	106	107	108
69	谁建议转诊的？（可多选）	1 = 自己决定的；2 = 亲戚朋友；3 = 其他病人；4 = 村诊所；5 = 乡镇卫生院；6 = 县医院；7 = 县外医院；8 = 其他，请注明								
70	2011 年最严重那次生病最后是在什么地方看的？	0 = 药店买药→第 72 题；1 = 本村诊所；2 = 外村诊所；3 = 乡镇卫生院→第 72 题；4 = 县医院→第 72 题；5 = 县外医院→第 72 题；6 = 其他（注明）→第 72 题								
71	村医姓名	文字记录								
71a	村医代码	村诊所调查员晚上回来填写								
72	最后就诊的医疗机构是新农合定点机构吗？	1 = 是→第 74 题；2 = 不是								
73	为什么没有去定点医疗机构就诊？	1 = 定点医疗机构的医生治不好；2 = 定点医疗机构收费高；3 = 距离太远；4 = 不在报销范围内；5 = 在报销范围内，但达不到起付线；6 = 其他（注明）								
74	2011 年最严重那次生病（受伤）是否住院？	1 = 是→第 76 题；2 = 否								
75	没住院的原因	代码 4→第 78a 题								
76	2011 年最严重那次生病（受伤）住了多少天院？	天								
77a	2011 年最严重那次生病一共花了多少钱？	（不包括相关的吃饭、护理、交通费等）元								
77	其中：住院费	元								
78a	门诊费	元								
78b	2011 年最严重那次生病从新农合报销了多少钱？	元								
79	您觉得给您看病的医生的医疗技术水平如何？	1 = 很高；2 = 比较高；3 = 一般；4 = 比较低；5 = 很低								
80	您觉得给您看病的医生的服务态度如何？	1 = 很高；2 = 比较高；3 = 一般；4 = 比较低；5 = 很低								

代码 3（未就诊代码）：1 = 自感病轻；2 = 太远；3 = 没有钱；4 = 看不好；5 = 其他（注明）。

代码 4（未住院代码）：1 = 自感病轻；2 = 太远；3 = 没有钱；4 = 看不好；5 = 没床位；6 = 其他（注明）。

K2－4.

中老年人健康和养老保障状况（此处问年龄在50岁以上的人口）

	01	02	03	04	05	06	07	08	09	10	11	12	13	14	15	16	17
50岁以上家庭成员编码	走一公里有困难吗？ 1＝有； 2＝没有	能保持直立较长时间吗？（15分钟） 1＝能； 2＝不能	能拎起一个5公斤的东西吗？ 1＝能； 2＝不能	蹲下、弯腰等动作有困难吗？ 1＝有； 2＝没有	能自己洗澡吗？ 1＝能； 2＝不能； 3＝部分能	能自理饮食吗？ 1＝能； 2＝不能； 3＝部分能	能自己穿衣吗？ 1＝能； 2＝不能； 3＝部分能	能自己上厕所吗？ 1＝能； 2＝不能； 3＝部分能	你平时看病、打针、吃药的钱从哪里来？ 1＝个人积蓄； 2＝子女的钱； 3＝其他亲属的钱； 4＝其他，请注明	2011年你的子女一共给你多少养老费（实物折算成现金）？ 元	2007年你的子女一共给你多少养老费（实物折算成现金）？ 元	2011年你平均一个月吃过几次肉做的菜？ 次	2007年你平均一个月吃过几次肉做的菜？ 次	2011年你全年买几次新衣服？ 次	2007年你全年买几次新衣服？ 次	2011年是否接受过体检（不包括生病做的检查和新农合提供的体检） 1＝是； 2＝否→第20题	2011年最后一次体检在哪里做的？ 1＝本村诊所； 2＝乡镇卫生院； 3＝县医院； 4＝县外医院； 5＝其他，请注明

续表

18	19	20	21	22	23	24	25	26	27	28	29	30	31	32
50岁以上家庭成员编码	2011年最后一次体检是否收费？ 1=是；2=否→第20题	2011年最后一次体检的收费价格？ 元	目前参加了哪种形式的养老保险？【可以多选】 1=新农保；2=老农保；3=农民工养老保险；4=被征地农民养老保险；5=城镇居民养老保险；6=职工基本养老保险；7=商业性养老保险；8=其他，请注明	开始领养老金了吗？ 1=是；2=否→第31题	哪年哪月开始领养老金？ 年 月	每个月领多少养老金？ 元/年	多少个月发一次养老金？ 月	上哪里领取养老金？ 1=本村；2=乡镇；3=县里；4=其他，请注明	领取养老金的地方离你的住处有多少公里？ 公里	领取养老金遇到的主要困难？【最多选3个】 1=不了解相关政策；2=路程太远；3=手续太复杂；4=操作困难（如问询、提取）；5=等待时间太长；6=其他，请注明	养老金主要花在哪个方面？【单选题】 1=吃饭；2=医疗保健；3=购买生产资料；4=孩子教育；5=存起来；6=其他，请注明	这笔养老金够不够维持你本人最基本的生活？ 1=足够；2=刚刚好；3=不够	在你看来，自己将来主要靠什么养老？【最多选3个】 1=养老金；2=子女；3=储蓄；4=政府救济；5=社会救助；6=土地；7=其他，请注明	你有几个子女？ 人

K3. 农户视力健康

K3－1. 家庭成员佩戴眼镜的情况（被访者的个人编码（见第 2 页表 A）□□□）

	1	2	3	4	5	6	7	8	9	10	11	12	13	14	15	16	17	18	19	20	21	22
							您在以下时候一般是否戴眼镜？1＝是；2＝否（第 11 题问完后跳到第 15 题）															
农户个人编码	您不戴眼镜看东西是否有困难？ 1＝是 2＝否	您现在是否戴眼镜（不包括太阳镜）？ 1＝是 2＝否→第 12 题	您戴什么眼镜（不包括太阳镜）？ 1＝老花镜 2＝近视眼镜 3＝散光眼镜 4＝其他，请注明	您买眼镜花了多少钱？ 元	您买这副眼镜前是否验过光（不包括用视力表做的检查）？ 1＝是 2＝否	您什么时候开始戴眼镜的？ 年份	全天	工作或干农活的时候	学校学习的时候	家里做家务的时候	家里看电视或从事其他娱乐活动的时候	您过去是否戴眼镜？ 1＝是 2＝否→第 15 题	您什么时候开始不再戴眼镜的？ 年份	您为什么不再戴眼镜了？ 代码 1	您是否用以下设备做过视力检查？（可多选） 1＝视力表 2＝验光仪器 3＝以上都没做过→第 22 题	您最近一次做视力检查是哪一年？ 年份	您最近一次视力检查是用什么仪器做的？ 1＝视力表 2＝验光仪 3＝其他，请注明	您在什么地方做的视力检查？ 1＝学校或单位体检 2＝眼镜店 3＝村诊所 4＝乡镇卫生院 5＝县医院 6＝其他，请注明	视力检查的具体地点？ 1＝本村 2＝本乡外村 3＝本县外乡 4＝本省外县 5＝外省 6＝外国	您最近一次做视力检查是否免费？ 1＝是 2＝否	医生是否要求您配眼镜？ 1＝是 2＝否	您平时是否戴太阳镜？ 1＝是 2＝否
101																						
102																						
103																						
104																						
105																						
106																						
107																						
108																						

代码 1：1＝视力恢复正常；2＝戴眼镜时曾被别人嘲笑；3＝戴眼镜太麻烦；4＝觉得戴眼镜对视力不好；5＝家里人不让戴了；6＝其他，请注明。

K3－2. **被访者对佩戴眼镜的态度**

	问题	单位/编码	2011 年
1	您认为学校的眼保健操能够促进学生的眼睛健康吗?	1＝可以；2＝不可以	
2	如果一个 10 岁的小孩坐在教室的中部时看不清黑板上的字，您认为他/她应该佩戴眼镜吗?	1＝应该→第 4 题；2＝不应该；3＝到医院检查后再定	
3	是不是因为他才 10 岁就近视了，戴眼镜只会让他近视越来越严重?	1＝是；2＝否	
4	除了眼镜店，您从以下哪些地方可以买到眼镜?【可多选】	0＝以下地方都买不到；1＝县医院；2＝乡镇卫生院；3＝村诊所；4＝县里的杂货店；5＝镇上的杂货铺；6＝镇上的集市；7＝村里的小卖部	

L.　**2011 年农户对村诊所的评价（请记下表 K2－2 和 K2－3 中家庭成员去看过的医生的名字）**

	1	1a	2	2a	3	4	5	6	7	9	10	10a	11	12	15	16
诊所	2008—2011 年你或你家人去看过病的村诊所的名称	村诊所代码	村医姓名	村医代码	你家到这个村诊所的距离?	这个诊所是新型农村合作医疗的定点医疗机构吗?	你是否知道这个村医有没有行医执照?	2011 年这个村医有行医执照吗?	2011 年你或你的家人生病了最常去的是这个诊所吗?	病人在这个诊所看病可以赊账吗?	2008—2011 年你或你家人在这个诊所看病是否赊过账?	2008—2011 年，你们家在这个诊所看病赊过多少钱的账?	医疗设备情况（与同级诊所相比）	药品供应情况（与同级诊所相比）	服务质量	收费是否合理
		由村诊所调查员填写	文字记录	由村诊所调查员填写	公里	1＝是；2＝不是；3＝不知道	1＝知道；2＝不知道→第 7 题	1＝有；2＝没有	1＝是；2＝不是	1＝可以；2＝不可以→第 11 题	1＝是；2＝否→第 11 题	元	1＝很好；2＝好；3＝一般；4＝简陋；5＝很简陋	1＝很充足；2＝满足基本需要；3＝药品短缺	1＝好；2＝一般；3＝不好	1＝合理；2＝不合理；3＝不知道
村诊所 1																
村诊所 2																
村诊所 3																
村诊所 4																
村诊所 5																
村诊所 6																

17. 您家到你们乡镇卫生院的距离　　　　　　　公里。

18. 您家到你们县医院的距离　　　　　　　公里。

回答表 M 及其以下问题的被访者个人编码（见位于第 2 页的表 A）□□□

请调查员切记：一定要让一个人去回答所有的问题，如果回答不上来，就填999!!!

M. **出资办公共项目等方面的意愿**

	1	2	3	4
问题	如果乡镇要求村里做一个对村民没有太多好处的公共项目，如修座公共厕所，但是农民家里都有，不太用得上，你觉得村民有义务出工，出钱，出钱又出工，还是什么都不出？	如果村里打算做一个对本村有好处的公共项目，但这个项目并没征求村民们的意见，你觉得村民有义务出工，出钱，出钱又出工，还是什么都不出？	如果村里打算做一个对本村有好处的公共项目，但是这个项目你家并不能直接得到好处，如修一条你家不怎么走的路。你的态度是？	上级政府现在打算给农村年投资 20 万元，而且只有 20 万元，并且要求只能投在以下三个方面中的一个，你希望将这笔钱投在哪方面？
选项	1 = 只出工； 2 = 只出钱； 3 = 出工又出钱； 4 = 什么都不出	1 = 只出工； 2 = 只出钱； 3 = 出工又出钱； 4 = 什么都不出	1 = 只愿意出工； 2 = 只愿意出钱； 3 = 愿意出工且出钱； 4 = 不愿意参加	1 = 给村民补贴，发到每家每户； 2 = 办公共项目，如给村里修路、自来水等； 3 = 给困难户，如低保户和五保户等
回答				

Y.

对公共服务和福利的满意程度

	14	15	16	17	18	19	20	21	22
问题	你是否听说过低保户和五保户？	你是否知道上级政府每月大概给低保户和五保户多少钱？	如果不知道，假如每月给低保户和五保户每人100元左右，你觉得上级政府给的钱偏高，正好，还是偏低？	2011年你家是五保户吗？	2011年你家拿到多少五保户补贴（包括现金和实物）？	这些五保户补贴对你家的经济情况有多大改善？	2011年你家是低保户吗？	2011年你家拿到多少低保户补贴（包括现金和实物）？	这些低保户补贴对你家的经济情况有多大改善？
选项	1＝听说过； 2＝没听说过→第22a题	1＝知道→第17题； 2＝不知道	1＝偏高； 2＝正好； 3＝偏低	1＝是； 2＝不是→第20题	元	1＝很多； 2＝有一点； 3＝很少； 4＝没有	1＝是； 2＝不是→第22a题	元	1＝很多； 2＝有一点； 3＝很少； 4＝没有
回答									

续表

		22a	23	24	25	26	27	28
	问题	是否享受该补贴?	2011 年你家拿到多少这种补贴?	这种补贴对你家的经济情况有多大改善?	你觉得政府给农民的这种补贴偏高，正好，还是偏低?	你觉得上级政府应不应该给农民这种补贴?	你觉得上级政府今后会不会继续给农民这种补贴?	你觉得这种补贴会更多，更少，还是不变?
	补贴种类	1 = 有； 2 = 没有→下一种补贴	元，如果是 0，跳转到 25 题	1 = 很多； 2 = 有一点； 3 = 很少； 4 = 没有	1 = 偏高； 2 = 正好； 3 = 偏低	1 = 是； 2 = 否	1 = 会； 2 = 不会→下一种补贴	1 = 更多； 2 = 更少； 3 = 不变
1	粮食直补							
2	良种补贴							
3	农机具购置补贴							
4	农资综合补贴							
5	农机燃油补贴							
6	能繁母猪补贴							
7	退耕还林补贴							
8	家电/机动车下乡补贴							
9	移民补贴【如库区移民、生态移民】							
10	其他 1，请注明							
11	其他 2，请注明							
12	其他 3，请注明							

Z.　**个人计划（如果已经是 60 岁以上的老人，则问现在的情况）**

	问题	选项	答案
1	你觉得 10 年之后你自己还会住在农村吗？	1 = 会　2 = 不会	
2	你觉得你会在农村养老吗？	1 = 会　2 = 不会	
3	你认为在你 60 岁以后，你的子女会住在农村吗？【如果被访谈对象已经 60 岁，则问他现在的情况】	1 = 会　2 = 不会	
4	你家现在面临的最大困难是什么？	请描述	

后　记

本书的主要内容是以本人博士学位论文为基础修改而成的。

时光荏苒，岁月如歌，转眼间，我已到而立之年，回首过去，我失败过，成功过，辉煌过，也落寞过，我遇到过很多人、经历了许多事，这些都留给了我无穷的回忆。借此机会，向那些在我求学历程中帮助过我的老师、同学、朋友一一表示感谢。

在我读硕士期间，偶然的机会遇到并且认识了史耀疆教授，也就是这个偶然的机会让我有了继续攻读博士的念头。史耀疆教授的研究方向非常接地气，非常实在，是实实在在地做事，也是实实在在地做研究，在这里，我接触到了中国最贫困农村的一草一木，切身感受到中国广大农村的贫穷和落后，这些年我们只看到媒体上报道的光鲜的GDP增速，却没有近距离接触到贫困农村地区的真实，这种真实让人有些心疼，那种被人遗忘的心疼。通过下乡调研，我接触到了形形色色的人，遇到了各种各样的事，也学到了如何解决问题。史老师常常问我们：你的目标是什么？没错，做任何事都要有一个坚定的目标，如果没有目标或者中途没有坚持目标，那么你什么事也做不成。史老师是一位人生阅历非常丰富的人，从他身上可以学到很多书本上学不到的东西，不论是学术科研还是待人接物，他都豪不吝惜地将自己的经验教训传授给我们，让我们受益匪浅。这本书能够顺利出版，要非常感谢史老师对我的指导和栽培，感谢史老师一手创立的西北社会经济发展研究中心、陕西师范大学教育实验经济研究所和农村教育行动项目（REAP）给我提供了广阔的学术平台，让我见识到国际领先的发展经济学研究方法，也让我结识了一大批国内外知名的老师。

提到 REAP，我首先要感谢 Scott Rozelle 教授，他风趣幽默但又不失严谨和认真，他是国际上发展经济学领域的大师，认识他并得到他的指导我感到非常荣幸。从他身上我学到了如何开展学术研究，如何写出一篇高质量的 SSCI 论文。其次我要感谢张林秀教授，张老师在学术上孜孜不倦，在做项目上给我们指明了方向，对待学生和蔼可亲、笑容满面，让我感受到 REAP 这个大家庭带来的家的温暖。再次，我要感谢 REAP Stanford 办公室的所有帮助过我的老师：James Chu，Sean Sylvia，Prashant Loyalka，Matthew Boswell，Alexis Medina，Natalie Johnson，莫迪，马晓晨。最后，我还要感谢 REAP CCAP 办公室（中国科学院农业政策研究中心）的所有帮助过我的老师：罗仁福老师、刘承芳老师、易红梅老师、曲清和老师等。

在我赴美国留学期间，我结识了许多教授，他们在学习上给了我很大帮助，在科研上给了我很多指导和意见，从他们身上我学到了很多知识，也让我进一步了解了美国文化。他们是匹兹堡大学的 James Cook 教授、Pierre Landry 教授和 Thomas Rawski 教授，以及堪萨斯大学的 John Kennedy 教授。在美期间，有许多朋友给予了我很多生活上的帮助，在此也一并表示感谢，他们是：我的室友王宇翔和代津，朋友 Brian Greene 和张婷以及 Barb Lanser 和 Rod Lanser 夫妇。

感谢我的合作导师孟春教授，虽然导师工作繁忙，但仍然经常关心我的学习和生活，对本书提出许多意见和建议，再次表示感谢。另外，感谢西北大学经济管理学院指导过我的各位老师，他们是：白永秀教授、任保平教授、赵守国教授、惠宁教授、何炼成教授、何爱平教授、王满仓教授、杨建飞教授、岳利萍副教授、刘瑞明副教授、杜勇老师、杨军良老师、安树军老师、史暐老师等。感谢对本书提出中肯意见的各位老师：西安交通大学的冯根福教授、陕西师范大学的郭剑雄教授。本书的部分内容已经发表在一些刊物上，在此感谢匿名审稿人的修改意见，也要感谢编辑老师的辛苦工作，当然文责自负。感谢西安石油大学经济管理学院对本书出版给予的鼓励和支持，感谢王君萍院长，感谢人力资源系肖焰主任。感谢各位前辈和同事对我热心的指引和帮助。

最后，我要感谢我的父母和家人，感谢他们支持我的求学梦想，感谢他们在生活上给我无微不至的照顾和关怀。我会在今后的人生道路上不断努力前行，来回报你们对我的爱。

杨　矗

2016 年 5 月 1 日于西安